U0668567

面向“十二五”高职高专精品规划教材·经管系列

经济法实务教程

李文花　主　编

吕　媛　张宇轩　副主编

清华大学出版社

北　京

内 容 简 介

本书是以最新的经济法律法规为依据，结合我国高职高专经济管理类专业教学的实际需要，在立足于培养高职高专“应用型、技能型”人才的基础上编写的。

本书共分为四个教学项目，其中：项目一，市场主体规制法律制度，介绍了公司法律制度、合伙企业法律制度、个人独资企业法律制度和外商投资企业法律制度等内容；项目二，市场主体经营行为法律制度，介绍了合同法律制度和票据法律制度等内容；项目三，市场管理法律制度，介绍了反垄断法律制度、反不正当竞争法律制度、消费者权益保护法律制度、产品质量法律制度和证券法律制度等内容；项目四，宏观调控法律制度，介绍了国有资产法律制度和税收法律制度等内容。

本书可以作为高职高专院校相关专业的经济法教材，也可以作为各类成人院校及企业职工的培训教材，还可以作为其他相关人士学习提高经济法知识、考取有关资格证书的自学教材，也是法律初学者的理想选择。

图书在版编目(CIP)数据

经济法实务教程/李文花主编. —北京：清华大学出版社，2014（2019.9重印）
(面向“十二五”高职高专精品规划教材 • 经管系列)
ISBN 978-7-302-33712-6

Ⅰ. ①经… Ⅱ. ①李… Ⅲ. ①经济法—中国—高等职业教育—教材 Ⅳ. ①D922.29

中国版本图书馆 CIP 数据核字(2013)第 204658 号

责任编辑： 李玉萍
封面设计： 刘孝琼
责任校对： 周剑云
责任印制： 李红英
出版发行： 清华大学出版社
网 址：http://www.tup.com.cn, http://www.wqbook.com
地 址：北京清华大学学研大厦 A 座　　邮 编：100084
社 总 机：010-62770175　　邮 购：010-62786544
投稿与读者服务：010-62776969, c-service@tup.tsinghua.edu.cn
质量反馈：010-62772015, zhiliang@tup.tsinghua.edu.cn
课件下载：http://www.tup.com.cn, 010-62791865
印 装 者： 三河市金元印装有限公司
经　　销： 全国新华书店
开　　本： 185mm×260mm　　**印　张：** 17.5　　**字　数：** 418 千字
版　　次： 2014 年 1 月第 1 版　　**印　次：** 2019 年 9 月第 6 次印刷
定　　价： 45.00 元

产品编号：051389-02

前　言

经济法是研究经济法律制度及其发展规律的重要的法学学科，是调整人们经济生活的重要法律规范，也是非法学专业尤其是经济管理类专业的基础课程，是会计师、注册会计师、注册税务师等职业资格考试的必考科目。一般的经济法教材过多强调法学理论性，忽视了高职高专的实用性特点，为此，在定位于满足高职高专应用型、技能型人才培养需要的基础上，结合经济管理类专业经济法课程教学的实际特点，我们编写了本书。

本书由市场主体规制法律制度、市场主体经营行为法律制度、市场管理法律制度和宏观调控法律制度四个教学项目构成，每个教学项目里面设置若干任务，每个任务又由若干学习情境和相应的技能训练组成。具体来说：项目一，市场主体规制法律制度由公司法律制度、合伙企业法律制度、个人独资企业法律制度和外商投资企业法律制度四个任务组成；项目二，市场主体经营行为法律制度由合同法律制度和票据法律制度两个任务组成；项目三，市场管理法律制度由反垄断法律制度、反不正当竞争法律制度、消费者权益保护法律制度、产品质量法律制度和证券法律制度五个任务组成；项目四，宏观调控法律制度由国有资产法律制度和税收法律制度两个任务组成。

高职高专教育人才培养总目标应该是在掌握必要的专业理论知识的基础上，重点掌握未来从事本专业实际岗位所需的基本知识和专业技能。基于此，本书侧重于对实际经济生活问题的探究，突出高职高专的实用性、应用性特点，采用直接切入学生所需的知识点为展开线索的编写模式，摆脱以知识体系的逻辑为展开线索的传统编写模式，用简洁的语言阐述复杂的法律原理，进而提高了本书的实效性。本书内容紧扣最新的法律法规和最热的社会焦点问题，突出时效性的特点。

本书可以作为高职高专院校相关专业的经济法教材，也可以作为各类成人院校及企业职工的培训教材，是相关人士自学经济法的理想教材。

本书由李文花担任主编，吕媛、张宇轩担任副主编。李文花确立了本书的编写大纲并负责全书的统稿和最后的定稿工作。具体编写分工如下：项目一由李文花和吕媛编写，其中吕媛编写任务一、任务三和任务四，李文花编写了任务二；项目二由李文花和吕媛编写，其中吕媛编写任务一，李文花编写了任务二；项目三由张宇轩编写；项目四由李文花编写。

在本书的编写过程中，编者所在的部门领导给予了大力支持，对此表示深深的谢意。同时也参考了大量的教材、著作和网络上的一些资料，在此向这些原著作者表示深深的感谢。由于编者的学识和认知水平有限，书中难免有不足之处，敬请广大读者批评指正。

编　者

目　　录

项目一　市场主体规制法律制度

通过学习，了解公司的概念与种类，理解公司法的概念与性质，掌握有限责任公司与股份有限公司的设立及组织机构、公司财务会计、公司合并及分立、增资及减资、公司解散和清算、违反公司法的法律责任等内容。

学习合伙企业法律制度，需要在理解合伙本质含义的基础上对合伙企业的设立条件、合伙企业的财产、合伙企业事务的执行、合伙企业与第三人的关系、合伙企业的入伙与退伙、合伙企业的解散与清算等方面全面了解。

学习个人独资企业法律制度重点是了解我国个人独资企业的特征、个人独资企业的债务承担问题、个人独资企业事务管理方式、受托或者聘用人员的义务、涉及交易中第三人的问题、个人独资企业解散问题以及个人独资企业相关的法律责任问题。

学习外商投资企业法律制度，掌握外商投资企业设立的条件和程序；掌握外商投资企业的组织形式、注册资本和投资总额的相关要求；理解外商投资企业的期限、解散和清算的相关做法；了解中外合资经营企业、中外合作经营企业和外资企业的不同特点。

任务一　公司法律制度

学习情境一　公司及公司法

【案例 1-1】

甲、乙、丙、丁四个人就有关公司的分类展开了讨论：甲认为一人公司是典型的人合公司；丙认为上市公司是典型的资合公司；丙认为非上市股份有限公司是资合为主兼具人合性质的公司；丁认为有限责任公司是以人合为主兼具资合性质的公司。

【问题】 甲、乙、丙、丁四个人的观点是否正确？

【结论】 甲的观点是错误的。一人公司股东只有一个人，缺乏股东间的结合，不是典型的人合公司。

乙的观点是正确的。股份有限公司是典型的资合公司，股份有限公司根据股份的转让方式的不同，划分为上市公司和非上市公司，上市公司的股份流动性大，资本制度要求完备，是最为典型的资合公司。

丙的观点是正确的。人合兼资合公司是指公司的设立和经营同时依赖于股东个人信用和公司资本规模，从而兼有两种公司的特点。非上市公司是股份有限公司的一种形式，因此具有鲜明的资合特征，但是由于其发行的股份不能上市交易，在一定程度上影响了其股份的流动性和股东的构成，因此具有了一定人合性的特征。

丁的观点是正确的。有限责任公司一方面股东人数较少，股权转让受到一定限制，并且不得向社会公开募集股份，因而具有较强的人合性，但同时有限责任公司的资本又构成对外承担责任的重要基础，因而具有资合性。

(一)公司的概念

公司是指依法成立的，以营利为目的的企业法人。

(二)公司的特征

公司一般具有以下特征。

1. 公司依法设立

《中华人民共和国公司法》(以下简称《公司法》)第二条规定："本法所称公司是指在中国设立的有限责任公司和股份有限公司。"第六条规定："设立公司，应当依法向公司登记机关申请设立登记。符合本法规定的设立条件的，由公司登记机关分别登记为有限责任公司或者股份有限公司；不符合本法规定的设立条件的，不得登记为有限责任公司或者股份有限公司。"因此，公司的设立必须依法定条件、法定程序进行。如果公司的设立必须符合其他法律规定的，还应当依照其他法律规定，如中华人民共和国商业银行法、中华人民共和国保险法、中华人民共和国证券法等。

2. 公司以营利为目的

股东设立公司的目的是为了通过公司的经营活动获取利润，因此，以营利为目的是公司企业性的重要表现。公司为了满足股东营利性的要求，也必须最大限度地追求经济利益。同时，公司的营利目的不仅要求公司本身为营利而活动，而且要求公司有盈利时应当分配给股东。某些具有营利活动的组织，获得的盈利用于社会公益等其他目的，而不分配给投资者，则属于公益性法人，这种组织不能称之为公司。此外，公司的营利活动应当具有连续性和稳定性，一次性、间歇性的营利行为不构成界定公司所称的营利活动。

3. 公司是法人

公司必须依法成立，有自己的名称和组织机构，有独立的财产，能以自己的名义享有权利、承担义务。

(三)公司的分类

1. 以公司股东的责任范围为标准

以公司股东的责任范围为标准，可将公司分为无限责任公司、两合公司、股份两合公司、股份有限公司和有限责任公司。这是最主要的公司分类。

无限责任公司是指由两个以上股东组成、全体股东对公司债务负连带无限责任的公司。

两合公司是指部分无限责任股东和部分有限责任股东共同组成，前者对公司债务负连带无限责任，后者仅以出资额为限承担责任的公司。

股份两合公司是指由部分对公司债务负连带无限责任的股东和部分仅以所持股份对公司债务承担有限责任的股东共同组建。

股份有限公司是指由 2 人以上人数组成，公司全部资本分为等额股份，股东以其所持股份对公司承担责任，公司以其全部资产对公司债务承担责任的公司。

有限责任公司是指股东仅以其出资额为限对公司承担责任，公司以其全部资产对公司债务承担责任的公司。

2. 以公司的信用基础为标准

以公司的信用基础为标准，可将公司分为人合公司与资合公司以及人合兼资合公司。

人合公司是指公司的经营活动以股东个人信用而非公司资本的多寡为基础的公司。人合公司的对外信用主要取决于股东个人的信用状况，故人合公司的股东之间通常存在特殊的人身信任或人身依附关系。无限责任公司是典型的人合公司。

资合公司是指公司的经营活动以公司的资本规模而非股东个人信用为基础的公司。由于资合公司的对外信用和债务清偿保障主要取决于公司的资本总额及其现有财产状况，因此，为防止公司由于资本不足而损害公司债权人利益，各国法律都对资合公司的设立和运行作了较严的规定，如强调最低注册资本额、法定公示制度等。股份有限公司是典型的资合公司。

人合兼资合公司是指公司的设立和经营同时依赖于股东个人信用和公司资本规模，从而兼有两种公司的特点。两合公司、股份两合公司和有限责任公司均属此类公司。

3. 以公司之间的关系为标准

以公司之间的关系为标准分类，可将公司分为总公司与分公司、母公司与子公司。

总公司又称本公司，是指依法设立共管辖公司全部组织的具有企业法人资格的总机构。总公司通常先于分公司而设立，在公司内部管辖系统中，处于领导、支配地位。分公司是指在业务、资金、人事等方面受本公司管辖而不具有法人资格的分支机构。分公司不具有法律上和经济上的独立地位，但其设立程序简单。我国《公司法》第十四条规定，公司可以设立分公司。设立分公司需要向公司登记机关申请登记，领取营业执照。分公司不具有企业法人资格，其民事责任由公司承担。但是，需要注意的是，分公司尽管不具有法人资格，不享有独立的财产权利，不能独立承担民事责任，但分公司能够以自己的名义从事法律行为，有相应的权利能力和行为能力。在民法的民事主体理论上，分公司可以归入非法人组织之中，非法人组织属于既不同于自然人又不同于法人的另外一类法律主体。

母公司是指拥有其他公司一定数额的股份或根据协议，能够控制、支配其他公司的人事、财务、业务等事项的公司。母公司最基本的特征，不在于其是否持有子公司的股份，而在于是否参与子公司业务经营。子公司是指一定数额的股份被另一公司控制或依照协议被另一公司实际控制、支配的公司。子公司具有独立法人资格，拥有自己所有的财产，具有自己的公司名称、章程和董事会，对外独立开展业务和承担责任。但涉及公司利益的重大决策或重大人事安排，仍要由母公司决定。我国公司法第 14 条第 2 款规定："公司可以设立子公司，子公司具有法人资格，依法独立承担民事责任。"

4. 以公司的国籍为标准

以公司的国籍为标准，可将公司分为本国公司、外国公司和跨国公司。

本国公司是指国籍隶属于本国的公司，根据我国法律规定，凡是依照中国法律、在中国境内设立登记的公司，即为中国公司，而无论其资本构成是否有外资成分。

外国公司是指国籍隶属于外国的公司，根据我国法律规定，凡是依照外国法律、在中国境外设立登记的公司，即为外国公司。

跨国公司是指以本国为基地或中心，在不同国家和地区设立分公司、子公司或投资企业，从事国际生产经营活动的经济组织。

(四)公司法的概念

公司法是调整公司在其设立、经营、变更、终止过程中所发生的经济关系的法律规范的总称。公司法有广义和狭义之分，狭义的公司法是指《中华人民共和国公司法》，于 1993 年 12 月 29 日第八届全国人民代表大会常务委员会第五次会议通过，1994 年 7 月 1 日起施行。根据 1999 年 12 月 25 日第九届全国人民代表大会常务委员会第十三次会议第一次修正，2004 年 8 月 28 日第十届全国人民代表大会常务委员会第十一次会议第二次修正，2005 年 10 月 27 日第十届全国人民代表大会常务委员会第十八次会议修订，2006 年 1 月 1 日起施行。广义的公司法是指规定公司的设立、组织、活动、解散及其他对内对外关系的法律规范的总称。它除包括《公司法》外，还包括其他法律，行政法规中有关公司的规定，如《中华人民共和国公司登记管理条例》(以下简称《公司登记管理条例》)、《中华人民共和国证券法》(以下简称《证券法》)等。

(五)公司法的适用范围

《中华人民共和国公司法》适用于在中国境内设立的有限责任公司和股份有限公司。

学习情境二　有限责任公司

【案例 1-2】 某有限责任公司董事长李某认为该公司的章程已经不符合公司发展的需要，因此决定召开临时股东会议，修改公司章程。2005 年 12 月 5 日，股东张某等 9 人收到了仅由李某署名，没有董事会署名的会议通知，并于 12 月 7 日参加了股东会。在股东会

上，李某宣读了公司章程修改草案，该草案引起了激烈的争论，李某等代表 3/5 股权的 5 名股东投票同意，张某等代表 2/5 股权的 4 名股东则投了反对票。最后，会议主持人李某宣布，按照少数服从多数的原则，公司章程修改案通过。

【问题】 此案中哪些做法违反现行法律规定？为什么？

【结论】 (1) 股东会临时会议根据代表 1/4 以上表决权的股东，1/3 以上的董事或者监事的提议召开。董事长有主持会议的权力，但无权独立决定并召集董事会。本案例中董事长李某决定并召集股东会是违法的。

(2) 召开股东会议，应于会议召开 15 日以前通知全体股东，本案例中股东 12 月 5 日接到通知，12 月 7 日就召开股东会，这也是违法的。

(3) 修改公司章程的决议，必须经过代表 2/3 以上表决权的股东通过，本案例中仅代表 3/5 表决权的股东同意，董事长就宣布章程修改案通过，所以也是违法的。

(一)有限责任公司的概念和特征

1. 概念

有限责任公司，简称有限公司，是指在中国境内设立的，股东以其认缴的出资额为限对公司承担责任，公司以其全部资产为限对公司的债务承担责任的企业法人。

2. 特征

(1) 责任的有限性。有限公司的股东以其出资额为限对公司承担责任，公司以其全部资产为限对公司承担责任。

(2) 股东人数有上限。有限公司的股东人数不得超过 50 个。

(3) 设立程序较为简单。

(二)有限责任公司的设立条件

(1) 股东符合法定人数。

有限责任公司由 50 个以下股东出资设立。股东可以是自然人，也可以是法人。

(2) 股东出资达到法定资本最低限额。

有限责任公司的注册资本为在公司登记机关登记的全体股东认缴的出资额。公司全体股东的首次出资额不得低于注册资本的 20%，也不得低于法定的注册资本最低限额，其余部分由股东自公司成立之日起 2 年内缴足；其中，投资公司可以在 5 年内缴足。有限责任公司注册资本的最低限额为人民币 3 万元。法律、行政法规对有限责任公司注册资本的最低限额有较高规定的，从其规定。

股东可以用货币出资，也可以用实物、知识产权、土地使用权等可以用货币估价并可以依法转让的非货币财产作价出资；但是，法律、行政法规规定不得作为出资的财产除外。

对作为出资的非货币财产应当评估作价，核实财产，不得高估或者低估作价。法律、行政法规对评估作价有规定的，从其规定。

全体股东的货币出资金额不得低于有限责任公司注册资本的30%。

(3) 股东共同制定公司章程。

有限责任公司章程应当载明下列事项：①公司名称和住所；②公司经营范围；③公司注册资本；④股东的姓名或者名称；⑤股东的出资方式、出资额和出资时间；⑥公司的机构及其产生办法、职权、议事规则；⑦公司法定代表人；⑧股东会会议认为需要规定的其他事项。

股东应当在公司章程上签名、盖章。

(4) 有公司名称，建立符合有限责任公司要求的组织机构。

有限责任公司必须选定自己的名称，以保障公司及公司交易对象的合法权益，维护社会经济秩序。

依法设立的有限责任公司，必须在公司名称中标明有限责任公司或者有限公司字样。在有限责任公司还要设立相应的组织机构，一般为股东会、董事会及监事会三机构，使各部门各司其职、各负其责、互相制衡。

(5) 有公司住所。

有稳定的住所，公司才能进行生产，开展经营。《公司法》十一条规定公司以其主要办事机构所在地为住所。

(三)有限责任公司的股东及股权

1. 股东

有限责任公司的出资人在公司成立后就成为股东。有限责任公司成立后，应当向股东签发出资证明书。出资证明书，是证明投资人已经依法履行缴付出资义务，成为有限责任公司股东的法律文件，是股东对公司享有权利、承担责任的重要依据。出资证明书应当载明下列事项：①公司名称；②公司成立日期；③公司注册资本；④股东的姓名或者名称、缴纳的出资额和出资日期；⑤出资证明书的编号和核发日期。出资证明书由公司盖章。

2. 股东的权利与义务

1) 股东的权利

有限责任公司股东依法享有股权，包括：①按照出资比例在股东会会议上行使表决权，公司章程另有规定的除外；②股东有权查阅、复制公司章程、股东会会议记录、董事会会议决议、监事会会议决议和财务会计报告；③股东可以要求查阅公司会计账簿。股东要求查阅公司会计账簿的，应当向公司提出书面请求，说明目的。公司有合理根据认为股东查阅会计账簿有不正当目的，可能损害公司合法利益的，可以拒绝提供查阅，并应当自股东提出书面请求之日起 15 日内书面答复股东并说明理由。公司拒绝提供查阅的，股东可以请求人民法院要求公司提供查阅。④股东按照实缴的出资比例分取红利；公司新增资本时，股东有权优先按照实缴的出资比例认缴出资。但是，全体股东约定不按照出资比例分取红利或者不按照出资比例优先认缴出资的除外。⑤其他权利。股东依照《公司法》及公司章程的规定转让出资，并在同等条件下其他股东享有优先购买权；股东享有公司章程规定的其他权利等。

2) 股东的义务

① 按期足额缴纳公司章程中规定的各自认缴的出资额；②依其所认缴的出资额承担公司债务；③公司成立后不得抽逃出资；④公司章程规定的其他义务。

3. 股权的转让

有限责任公司的股东之间可以相互转让其全部或者部分股权。

股东向股东以外的人转让股权，应当经其他股东过半数同意。股东应就其股权转让事项书面通知其他股东征求同意，其他股东自接到书面通知之日起满三十日未答复的，视为同意转让。其他股东半数以上不同意转让的，不同意的股东应当购买该转让的股权；不购买的，视为同意转让。经股东同意转让的股权，在同等条件下，其他股东有优先购买权。两个以上股东主张行使优先购买权的，协商确定各自的购买比例；协商不成的，按照转让时各自的出资比例行使优先购买权。公司章程对股权转让另有规定的，从其规定。

人民法院依照法律规定的强制执行程序转让股东的股权时，应当通知公司及全体股东，其他股东在同等条件下有优先购买权。其他股东自人民法院通知之日起满 20 日不行使优先购买权的，视为放弃优先购买权。

转让股权后，公司应当注销原股东的出资证明书，向新股东签发出资证明书，并相应修改公司章程和股东名册中有关股东及其出资额的记载。对公司章程的该项修改不需再由股东会表决。

自然人股东死亡后，其合法继承人可以继承股东资格；但是，公司章程另有规定的除外。

(四)有限公司的组织机构

1. 股东会

有限责任公司股东会由全体股东组成，股东会是有限责任公司的最高权力机构。股东会行使下列职权：①决定公司的经营方针和投资计划；②选举和更换非由职工代表担任的董事、监事，决定有关董事、监事的报酬事项；③审议批准董事会的报告；④审议批准监事会或者监事的报告；⑤审议批准公司的年度财务预算方案、决算方案；⑥审议批准公司的利润分配方案和弥补亏损方案；⑦对公司增加或者减少注册资本作出决议；⑧对发行公司债券作出决议；⑨对公司合并、分立、变更公司形式、解散和清算等事项作出决议；

⑩修改公司章程；⑪公司章程规定的其他职权。对上述所列事项股东以书面形式一致表示同意的，可以不召开股东会会议，直接作出决定，并由全体股东在决定文件上签名、盖章。

首次股东会会议由出资最多的股东召集和主持，依照本法规定行使职权。股东会会议分为定期会议和临时会议。定期会议应当按照公司章程的规定按时召开。代表 1/10 以上表决权的股东，1/3 以上的董事，监事会或者不设监事会的公司的监事提议召开临时会议的，应当召开临时会议。

有限责任公司设立董事会的，股东会会议由董事会召集，董事长主持；董事长不能履行职务或者不履行职务的，由副董事长主持；副董事长不能履行职务或者不履行职务的，由半数以上董事共同推举一名董事主持。有限责任公司不设董事会的，股东会会议由执行董事召集和主持。董事会或者执行董事不能履行或者不履行召集股东会会议职责的，由监事会或者不设监事会的公司的监事召集和主持；监事会或者监事不召集和主持的，代表 1/10 以上表决权的股东可以自行召集和主持。

召开股东会会议，应当于会议召开十五日以前通知全体股东；但是，公司章程另有规定或者全体股东另有约定的除外。股东会应当对所议事项的决定作成会议记录，出席会议的股东应当在会议记录上签名。股东会会议由股东按照出资比例行使表决权；但是，公司章程另有规定的除外。股东会的议事方式和表决程序，除本法有规定的外，由公司章程规定。

股东会会议作出修改公司章程、增加或者减少注册资本的决议，以及公司合并、分立、解散或者变更公司形式的决议，必须经代表 2/3 以上表决权的股东通过。

2. 董事会

有限责任公司设董事会，其成员为 3～13 人。股东人数较少或者规模较小的有限责任公司，可以设一名执行董事，不设立董事会。执行董事可以兼任公司经理。执行董事的职权由公司章程规定。两个以上的国有企业或者其他两个以上的国有投资主体投资设立的有限责任公司，其董事会成员中应当有公司职工代表；其他有限责任公司董事会成员中也可以有公司职工代表。董事会中的职工代表由公司职工通过职工代表大会、职工大会或者其他形式民主选举产生。

董事会对股东会负责，行使下列职权：①召集股东会会议，并向股东会报告工作；②执行股东会的决议；③决定公司的经营计划和投资方案；④制订公司的年度财务预算方案、决算方案；⑤制订公司的利润分配方案和弥补亏损方案；⑥制订公司增加或者减少注册资本以及发行公司债券的方案；⑦制订公司合并、分立、变更公司形式、解散的方案；⑧决定公司内部管理机构的设置；⑨决定聘任或者解聘公司经理及其报酬事项，并根据经理的提名决定聘任或者解聘公司副经理、财务负责人及其报酬事项；⑩制定公司的基本管理制度；⑪公司章程规定的其他职权。

董事会设董事长一人，可以设副董事长。董事长、副董事长的产生办法由公司章程规定。董事任期由公司章程规定，但每届任期不得超过三年。董事任期届满，连选可以连任。董事任期届满未及时改选，或者董事在任期内辞职导致董事会成员低于法定人数的，在改选出的董事就任前，原董事仍应当依照法律、行政法规和公司章程的规定，履行董事职务。

董事会会议由董事长召集和主持；董事长不能履行职务或者不履行职务的，由副董事长召集和主持；副董事长不能履行职务或者不履行职务的，由半数以上董事共同推举一名董事召集和主持。董事会的议事方式和表决程序，除法律另有规定的外，由公司章程规定。董事会应当对所议事项的决定作成会议记录，出席会议的董事应当在会议记录上签名。董事会决议的表决，实行一人一票。

3. 经理

有限责任公司可以设经理，由董事会决定聘任或者解聘。经理对董事会负责，行使下列职权：①主持公司的生产经营管理工作，组织实施董事会决议；②组织实施公司年度经营计划和投资方案；③拟订公司内部管理机构设置方案；④拟订公司的基本管理制度；⑤制定公司的具体规章；⑥提请聘任或者解聘公司副经理、财务负责人；⑦决定聘任或者解聘除应由董事会决定聘任或者解聘以外的负责管理人员；⑧董事会授予的其他职权。公司章程对经理职权另有规定的，从其规定。

经理列席董事会会议。

4. 监事会

有限责任公司设立监事会，其成员不得少于 3 人。股东人数较少或者规模较小的有限责任公司，可以设 1 至 2 名监事，不设立监事会。监事会应当包括股东代表和适当比例的公司职工代表，其中职工代表的比例不得低于 1/3，具体比例由公司章程规定。监事会中的职工代表由公司职工通过职工代表大会、职工大会或者其他形式民主选举产生。

监事会设主席一人，由全体监事过半数选举产生。监事会主席召集和主持监事会会议；监事会主席不能履行职务或者不履行职务的，由半数以上监事共同推举一名监事召集和主持监事会会议。董事、高级管理人员不得兼任监事。监事的任期每届为 3 年。监事任期届满，连选可以连任。监事任期届满未及时改选，或者监事在任期内辞职导致监事会成员低于法定人数的，在改选出的监事就任前，原监事仍应当依照法律、行政法规和公司章程的规定，履行监事职务。

监事会、不设监事会的公司的监事行使下列职权：①检查公司财务；②对董事、高级管理人员执行公司职务的行为进行监督，对违反法律、行政法规、公司章程或者股东会决议的董事、高级管理人员提出罢免的建议；③当董事、高级管理人员的行为损害公司的利益时，要求董事、高级管理人员予以纠正；④提议召开临时股东会会议，在董事会不履行本法规定的召集和主持股东会会议职责时召集和主持股东会会议；⑤向股东会会议提出提案；⑥依照法律规定，对董事、高级管理人员提起诉讼；⑦公司章程规定的其他职权。

监事可以列席董事会会议，并对董事会决议事项提出质询或者建议。监事会、不设监事会的公司的监事发现公司经营情况异常，可以进行调查；必要时，可以聘请会计师事务所等协助其工作，费用由公司承担。

监事会每年度至少召开一次会议，监事可以提议召开临时监事会会议。监事会的议事方式和表决程序，除法律另有规定的外，由公司章程规定。监事会决议应当经半数以上监事通过。监事会应当对所议事项的决定作成会议记录，出席会议的监事应当在会议记录上签名。监事会、不设监事会的公司的监事行使职权所必需的费用，由公司承担。

(五)一人有限责任公司的特别规定

1. 一人有限责任公司的概念

一人有限责任公司是指只有一个自然人股东或者一个法人股东的有限责任公司。

2. 一人有限责任公司的设立

(1) 一人有限责任公司的注册资本最低限额为人民币 10 万元。股东应当一次足额缴纳公司章程规定的出资额。

(2) 一个自然人只能投资设立一个一人有限责任公司。该一人有限责任公司不能投资设立新的一人有限责任公司。

(3) 一人有限责任公司应当在公司登记中注明自然人独资或者法人独资，并在公司营业执照中载明。

3. 一人有限责任公司的组织机构及财务制度

一人有限责任公司不设股东会，章程由股东制定。股东决定关于公司的经营方针和投资计划等事项时，应当采用书面形式，并由股东签字后置备于公司。

一人有限责任公司应当在每一会计年度终了时编制财务会计报告，并经会计师事务所审计。

一人有限责任公司的股东不能证明公司财产独立于股东自己财产的，应当对公司债务承担连带责任。

(六)国有独资公司的特别规定

1. 国有独资公司的概念及特征

国有独资公司，是指国家单独出资，由国务院或者地方人民政府委托本级人民政府国有资产监督管理机构履行出资人职责的有限责任公司。国有独资公司的特征如下。

(1) 全部资本由国家投入。国家拥有对公司投资财产的所有权，国有独资公司是一种国有企业。

(2) 股东只有一个。作为国有独资公司的股东，国家授权投资的机构(如国家设立的国有资产投资公司)或者国家授权的部门(如国家的国有资产管理部)是唯一的投资主体和利益主体。

(3) 公司投资者承担有限责任。虽然国有独资企业的投资者是国家，但国家仅以其投入公司的特定财产金额为限对公司的债务负责，而不承担无限责任。

2. 国有独资公司的组织机构

(1) 国有独资公司不设股东会，由国有资产监督管理机构行使股东会职权。国有资产监督管理机构可以授权公司董事会行使股东会的部分职权，决定公司的重大事项，但公司的合并、分立、解散、增减注册资本和发行公司债券，必须由国有资产监督管理机构决定；其中，重要的国有独资公司合并、分立、解散、申请破产的，应当由国有资产监督管理机构审核后，报本级人民政府批准。重要的国有独资公司，按照国务院的规定确定。

(2) 国有独资公司设立董事会。董事每届任期不得超过 3 年。董事会成员中应当有公司职工代表。董事会成员由国有资产监督管理机构委派；但是，董事会成员中的职工代表由公司职工代表大会选举产生。董事会设董事长 1 人，可以设副董事长。董事长、副董事长由国有资产监督管理机构从董事会成员中指定。

(3) 国有独资公司设经理，由董事会聘任或者解聘。国有独资公司的经理与一般有限公司经理行使相同的职权。经国有资产监督管理机构同意，董事会成员可以兼任经理。

(4) 国有独资公司的董事长、副董事长、董事、高级管理人员，未经国有资产监督管理机构同意，不得在其他有限责任公司、股份有限公司或者其他经济组织兼职。

(5) 国有独资公司监事会成员不得少于 5 人，其中职工代表的比例不得低于 1/3，具体比例由公司章程规定。监事会成员由国有资产监督管理机构委派；但是，监事会中的职工代表由公司职工代表大会选举产生。监事会主席由国有资产监督管理机构从监事会成员中指定。监事会的职权包括：①检查公司财务；②对董事、高级管理人员执行公司职务的行为进行监督，对违反法律、行政法规、公司章程或者股东会决议的董事、高级管理人员提出罢免的建议；③当董事、高级管理人员的行为损害公司的利益时，要求董事、高级管理人员予以纠正；④国务院规定的其他职权。

学习情境三　股份有限公司

【案例 1-3】 甲股份有限公司董事会由 11 名董事组成。2005 年 5 月 10 日，公司董事长张某召集并主持召开董事会会议，出席会议的共 8 名董事，另有 3 位董事因事请假；董事会会议讨论的下列事项，经表决有 6 名董事同意而获通过。

(1) 鉴于公司董事会成员工作任务加重，决定给每位董事会成员涨工资 30%；

(2) 鉴于监事会成员中的职工代表李某生病，决定由本公司职工王某参加监事会；

(3) 鉴于公司的财务会计工作任务日益繁重，拟将财务科升格为财务部，并面向社会公开招聘会计人员 3 人，招聘会计人员事宜及财务科升格为财务部的方案经股东大会通过后付诸实施。

【问题】(1) 甲公司董事会会议的召开和表决程序是否符合法律规定？为什么？

(2) 甲公司董事会通过的事项有无不符合法律规定之处？请分别说明理由。

【结论】(1) 甲公司董事会会议的召开和表决程序符合法律规定按照《公司法》规定，股份有限公司董事会须由 1/2 以上的董事出席方可举行，董事会会议由董事长召集并主持；董事会决议必须经全体董事的过半数通过。

(2) 甲公司董事会通过的事项有不符合法律之处，具体为：①董事会决定给每位董事涨工资的决定违法。根据《公司法》的规定，决定董事的报酬属于公司股东大会的职权。② 董事会决定由公司职工王某参加监事会的决定违法。根据《公司法》的规定，选举和更换由职工代表出任的监事应由公司职工民主选举决定。③ 董事会认为将公司财务科升格为财务部的方案须经公司股东大会通过的观点不符合法律规定。根据《公司法》规定，公司董事会有权决定公司内部管理机构的设置。

(一) 股份有限公司的概念和特征

1. 概念

股份有限公司是指将全部资本划分为等额股份，股东以其认购的股份为限对公司承担责任，公司以全部财产对公司债务承担责任的企业法人。

2. 特征

(1) 公司全部资本划分为均等股份。股份是构成股份有限公司资本、表示权利义务的基本单位。为了便于股份的募集、流通转让以及股利的分派、表决权的行使，股份有限公司的资本划分为若干股份，每股金额均等。

(2) 责任的有限性。股份有限公司的股东以其认购的股份为限对公司承担责任，公司以其全部财产对公司的债务承担责任。

(3) 股东人数无上限。

(二)股份有限公司的设立

1. 股份有限公司的设立方式

(1) 发起设立。发起设立是指由发起人认购公司应发行的全部股份而设立公司。

(2) 募集设立。募集设立是指由发起人认购公司应发行股份的一部分，其余股份向社会公开募集或者向特定对象募集而设立公司。

2. 股份有限公司的设立条件

(1) 发起人符合法定人数。

设立股份有限公司，应当有 2 人以上 200 人以下的发起人，其中须有半数以上的发起人在中国境内有住所。发起人承担公司筹办事务，应当签订发起人协议，明确各自在公司设立过程中的权利和义务。

股份有限公司的发起人应当承担下列责任：①公司不能成立时，对设立行为所产生的债务和费用负连带责任；②公司不能成立时，对认股人已缴纳的股款，负返还股款并加算银行同期存款利息的连带责任；③在公司设立过程中，由于发起人的过失致使公司利益受到损害的，应当对公司承担赔偿责任。

(2) 发起人认购和募集的股本达到法定资本最低限额。

股份有限公司注册资本的最低限额为人民币 500 万元。

股份有限公司采取发起设立方式设立的，注册资本为在公司登记机关登记的全体发起人认购的股本总额。公司全体发起人的首次出资额不得低于注册资本的 20%，其余部分由发起人自公司成立之日起 2 年内缴足；其中，投资公司可以在 5 年内缴足。在缴足前，不得向他人募集股份。

股份有限公司采取募集方式设立的，注册资本为在公司登记机关登记的实收股本总额。以募集设立方式设立股份有限公司的，发起人认购的股份不得少于公司股份总数的 35%；但是，法律、行政法规另有规定的，从其规定。

(3) 股份发行、筹办事项符合法律规定。

(4) 发起人制订公司章程，采用募集方式设立的经创立大会通过。

股份有限公司章程应当载明下列事项：①公司名称和住所；②公司经营范围；③公司设立方式；④公司股份总数、每股金额和注册资本；⑤发起人的姓名或者名称、认购的股份数、出资方式和出资时间；⑥董事会的组成、职权和议事规则；⑦公司法定代表人；⑧监事会的组成、职权和议事规则；⑨公司利润分配办法；⑩公司的解散事由与清算办法；⑪公司的通知和公告办法；⑫股东大会会议认为需要规定的其他事项。

发起人应当在发行股份的股款缴足后 30 日内主持召开公司创立大会。创立大会由认股人组成。发行的股份超过招股说明书规定的截止期限尚未募足的，或者发行股份的股款缴足后，发起人在 30 日内未召开创立大会的，认股人可以按照所缴股款并加算银行同期存款利息，要求发起人返还。发起人应当在创立大会召开 15 日前将会议日期通知各认股人或者予以公告。创立大会应有代表股份总数过半数的认股人出席，方可举行。创立大会行使下列职权：①审议发起人关于公司筹办情况的报告；②通过公司章程；③选举董事会成员；④选举监事会成员；⑤对公司的设立费用进行审核；⑥对发起人用于抵作股款的财产的作价进行审核；⑦发生不可抗力或者经营条件发生重大变化直接影响公司设立的，可以作出不设立公司的决议。创立大会对前款所列事项作出决议，必须经出席会议的认股人所持表决权过半数通过。

(5) 有公司名称，建立符合股份有限公司要求的组织机构。

(6) 有公司住所。

3. 股份有限公司的设立程序

1) 发起设立的程序

(1) 制订公司章程。

(2) 发起人认足股份。以发起设立方式设立股份有限公司的，发起人应当书面认足公司章程规定其认购的股份；一次缴纳的，应即缴纳全部出资；分期缴纳的，应即缴纳首期出资。以非货币财产出资的，应当依法办理其财产权的转移手续。

(3) 选举董事会和监事会。发起人首次缴纳出资后，应当选举董事会和监事会。

(4) 申请设立登记。董事会向公司登记机关报送公司章程、由依法设定的验资机构出具的验资证明以及法律、行政法规规定的其他文件，申请设立登记。

2) 募集设立的程序

(1) 制订公司章程。

(2) 发起人认购法定数额的股份。以募集设立方式设立股份有限公司的，发起人认购的股份不得少于公司股份总数的35%；但是，法律、行政法规另有规定的，从其规定。

(3) 认股缴款。发起人向社会公开募集股份，必须公告招股说明书，并制作认股书。招股说明书应当附有发起人制订的公司章程，并载明下列事项：①发起人认购的股份数；②每股的票面金额和发行价格；③无记名股票的发行总数；④募集资金的用途；⑤认股人的权利、义务；⑥本次募股的起止期限及逾期未募足时认股人可以撤回所认股份的说明。认股书由认股人填写认购股数、金额、住所，并签名、盖章。认股人按照所认购股数缴纳股款。

(4) 召开创立大会。

(5) 申请设立登记。董事会应于创立大会结束后30日内，向公司登记机关报送下列文件，申请设立登记：①公司登记申请书；②创立大会的会议记录；③公司章程；④验资证明；⑤法定代表人、董事、监事的任职文件及其身份证明；⑥发起人的法人资格证明或者自然人身份证明；⑦公司住所证明。以募集方式设立股份有限公司公开发行股票的，还应当向公司登记机关报送国务院证券监督管理机构的核准文件。

(三)股份有限公司的组织机构

1. 股东大会

股份有限公司股东大会由全体股东组成，股东大会是公司的权力机构。有限责任公司

股东会职权的规定适用于股份有限公司股东大会。

股东大会分为年会和临时会议。股东大会应当每年召开一次年会。有下列情形之一的，应当在两个月内召开临时股东大会：①董事人数不足本法规定人数或者公司章程所定人数的 2/3 时；②公司未弥补的亏损达实收股本总额 1/3 时；③单独或者合计持有公司 10%以上股份的股东请求时；④董事会认为必要时；⑤监事会提议召开时；⑥公司章程规定的其他情形。

股东大会会议由董事会召集，董事长主持；董事长不能履行职务或者不履行职务的，由副董事长主持；副董事长不能履行职务或者不履行职务的，由半数以上董事共同推举一名董事主持。董事会不能履行或者不履行召集股东大会会议职责的，监事会应当及时召集和主持；监事会不召集和主持的，连续 90 日以上单独或者合计持有公司 10%以上股份的股东可以自行召集和主持。

股东出席股东大会会议，所持每一股份有一表决权。但是，公司持有的本公司股份没有表决权。股东大会作出决议，必须经出席会议的股东所持表决权过半数通过。但是，股东大会作出修改公司章程、增加或者减少注册资本的决议，以及公司合并、分立、解散或者变更公司形式的决议，必须经出席会议的股东所持表决权的 2/3 以上通过。股东可以委托代理人出席股东大会会议，代理人应当向公司提交股东授权委托书，并在授权范围内行使表决权。

股东大会应当对所议事项的决定作成会议记录，主持人、出席会议的董事应当在会议记录上签名。会议记录应当与出席股东的签名册及代理出席的委托书一并保存。

2. 董事会

股份有限公司设董事会的成员为 5～19 人。董事会成员中可以有公司职工代表。董事会中的职工代表由公司职工通过职工代表大会、职工大会或者其他形式民主选举产生。

关于有限责任公司董事会职权、董事任期的规定适用于股份有限公司。

董事会设董事长一人，可以设副董事长。董事长和副董事长由董事会以全体董事的过半数选举产生。董事长召集和主持董事会会议，检查董事会决议的实施情况。副董事长协助董事长工作，董事长不能履行职务或者不履行职务的，由副董事长履行职务；副董事长不能履行职务或者不履行职务的，由半数以上董事共同推举一名董事履行职务。

董事会每年度至少召开 2 次会议，每次会议应当于会议召开 10 日前通知全体董事和监事。代表 1/10 以上表决权的股东、1/3 以上董事或者监事会，可以提议召开董事会临时会议。董事长应当自接到提议后 10 日内，召集和主持董事会会议。董事会召开临时会议，可以另定召集董事会的通知方式和通知时限。

董事会会议应有过半数的董事出席方可举行。董事会作出决议，必须经全体董事的过半数通过。董事会决议的表决，实行一人一票。董事会会议，应由董事本人出席；董事因

故不能出席，可以书面委托其他董事代为出席，委托书中应载明授权范围。

董事会应当对会议所议事项的决定作成会议记录，出席会议的董事应当在会议记录上签名。董事应当对董事会的决议承担责任。董事会的决议违反法律、行政法规或者公司章程、股东大会决议，致使公司遭受严重损失的，参与决议的董事对公司负赔偿责任。但经证明在表决时曾表明异议并记载于会议记录的，该董事可以免除责任。

3. 经理

股份有限公司设经理，由董事会决定聘任或者解聘。关于有限责任公司经理职权的规定适用于股份有限公司。

4. 监事会

股份有限公司设立监事会，其成员不得少于 3 人。监事会应当包括股东代表和适当比例的公司职工代表，其中职工代表的比例不得低于 1/3，具体比例由公司章程规定。监事会中的职工代表由公司职工通过职工代表大会、职工大会或者其他形式民主选举产生。监事会设主席 1 人，可以设副主席。监事会主席和副主席由全体监事过半数选举产生。监事会主席召集和主持监事会会议；监事会主席不能履行职务或者不履行职务的，由监事会副主席召集和主持监事会会议；监事会副主席不能履行职务或者不履行职务的，由半数以上监事共同推举 1 名监事召集和主持监事会会议。

董事、高级管理人员不得兼任监事。

监事会每六个月至少召开一次会议。监事可以提议召开临时监事会会议。监事会的议事方式和表决程序，除法律另有规定的外，由公司章程规定。

关于有限责任公司监事会职权、监事任期的规定适用于股份有限公司。监事会行使职权所必需的费用由公司承担。

监事会应当对所议事项的决定作成会议记录，出席会议的监事应当在会议记录上签名。

(四)股份有限公司的股份发行和转让

股份是股东持有的公司资本的基本构成单位，也是划分股东权利义务的基本构成单位。股份有限公司的资本划分为股份，每一股的金额相等。股份的特征如下。

(1) 不可分性。股份的含义还表示是公司资本的最小计算单位，其金额不得再行分割。

(2) 平等性。一是体现在股份所代表的资本额相等，同次发行的同种类股份，其发行条件及价格相同。即每股票面金额一律相等。二是体现了同一种类的股份每股所包含的股东权利义务的一律平等，即同股同权。

(3) 可转让性。股东持有的股份可以依法转让。

公司的股份采取股票的形式。股票是公司签发的证明股东所持股份的凭证。股票的分类：①按股东权益不同，分为普通股和优先股；②按投资主体的身份不同，分为国家股、

法人股、个人股和外资股；③按票面是否标明股东姓名，可以分为记名股和无记名股；④按票面上是否载明股份金额，分为额面股和无额面股。

1. 股份有限公司股份的发行

股份的发行，实行公平、公正的原则，同种类的每一股份应当具有同等权利。同次发行的同种类股票，每股的发行条件和价格应当相同；任何单位或者个人所认购的股份，每股应当支付相同价额。

根据股份发行时公司所处的不同阶段，股份发行可以分为设立发行和新股发行。设立发行是指为了设立股份有限公司而在设立过程中发行股份的行为。新股发行是指公司成立后，为了扩充资本、追加投资等原因而发行的股份。股票发行价格可以按票面金额，也可以超过票面金额，但不得低于票面金额。股票采用纸面形式或者国务院证券监督管理机构规定的其他形式。公司发行的股票，可以为记名股票，也可以为无记名股票。公司向发起人、法人发行的股票，应当为记名股票。

公司发行新股，依照公司章程的规定由股东大会或者董事会对下列事项作出决议：①新股种类及数额；②新股发行价格；③新股发行的起止日期；④向原有股东发行新股的种类及数额。

公司公开发行新股，应当符合下列条件：①具备健全且运行良好的组织机构；②具有持续盈利能力，财务状况良好；③最近三年财务会计文件无虚假记载，无其他重大违法行为；④经国务院批准的国务院证券监督管理机构规定的其他条件。

2. 股份的转让

股东持有的股份可以依法转让。股东转让其股份，应当在依法设立的证券交易场所进行或者按照国务院规定的其他方式进行。

记名股票，由股东以背书方式或者法律、行政法规规定的其他方式转让；转让后由公司将受让人的姓名或者名称及住所记载于股东名册。股东大会召开前 20 日内或者公司决定分配股利的基准日前 5 日内，不得进行前款规定的股东名册的变更登记。但是，法律对上市公司股东名册变更登记另有规定的，从其规定。无记名股票的转让，由股东将该股票交付给受让人后即发生转让的效力。

发起人持有的本公司股份，自公司成立之日起 1 年内不得转让。公司公开发行股份前已发行的股份，自公司股票在证券交易所上市交易之日起 1 年内不得转让。公司董事、监事、高级管理人员应当向公司申报所持有的本公司的股份及其变动情况，在任职期间每年转让的股份不得超过其所持有本公司股份总数的 25%；所持本公司股份自公司股票上市交易之日起 1 年内不得转让。上述人员离职后半年内，不得转让其所持有的本公司股份。公司章程可以对公司董事、监事、高级管理人员转让其所持有的本公司股份作出其他限制性规定。

公司不得收购本公司股份。但是，有下列情形之一的除外：①减少公司注册资本；②与持有本公司股份的其他公司合并；③将股份奖励给本公司职工；④股东因对股东大会作出的公司合并、分立决议持异议，要求公司收购其股份的。

(五)上市公司的特别规定

上市公司是指其股票在证券交易所上市交易的股份有限公司。上市公司设立独立董事，具体办法由国务院规定。上市公司设立董事会秘书，负责公司股东大会和董事会会议的筹备、文件保管以及公司股权管理，办理信息披露事务等事宜。

上市公司在一年内购买、出售重大资产或者担保金额超过公司资产总额30%的，应当由股东大会作出决议，并经出席会议的股东所持表决权的2/3以上通过。

上市公司董事与董事会会议决议事项所涉及的企业有关联关系的，不得对该项决议行使表决权，也不得代理其他董事行使表决权。该董事会会议由过半数的无关联关系董事出席即可举行，董事会会议所作决议须经无关联关系董事过半数通过。出席董事会的无关联关系董事人数不足3人的，应将该事项提交上市公司股东大会审议。

学习情境四　公司董事、监事、高级管理人员的资格和义务

【案例 1-4】 李某曾担任企业负责人，因重大工程事故于2005年8月被判处有期徒刑3年，2008年刑满释放。

【问题】 李某能担任公司的高级管理人员吗？

【结论】 李某可以担任公司的高级管理人员。李某是因重大工程事故被判处刑罚的，不是因贪污、贿赂、侵占财产、挪用财产或者破坏社会主义市场经济秩序被判处刑罚，执行期满且未逾5年。

高级管理人员，是指公司的经理、副经理、财务负责人，上市公司董事会秘书和公司章程规定的其他人员。

(一)董事、监事、高级管理人员的任职资格

有下列情形之一的，不得担任公司的董事、监事、高级管理人员。

(1) 无民事行为能力或者限制民事行为能力。

(2) 因贪污、贿赂、侵占财产、挪用财产或者破坏社会主义市场经济秩序，被判处刑罚，执行期满未逾五年，或者因犯罪被剥夺政治权利，执行期满未逾五年。

(3) 担任破产清算的公司、企业的董事或者厂长、经理，对该公司、企业的破产负有个人责任的，自该公司、企业破产清算完结之日起未逾三年。

(4) 担任因违法被吊销营业执照、责令关闭的公司、企业的法定代表人，并负有个人责任的，自该公司、企业被吊销营业执照之日起未逾三年。

(5) 个人所负数额较大的债务到期未清偿，公司违反前款规定选举、委派董事、监事或者聘任高级管理人员的，该选举、委派或者聘任无效。董事、监事、高级管理人员在任职期间出现本条第一款所列情形的，公司应当解除其职务。

(二)董事、监事、高级管理人员的义务

董事、监事、高级管理人员应当遵守法律、行政法规和公司章程，对公司负有忠实义务和勤勉义务。 董事、监事、高级管理人员不得利用职权收受贿赂或者其他非法收入，不得侵占公司的财产。

董事、高级管理人员不得有下列行为。

(1) 挪用公司资金。

(2) 将公司资金以其个人名义或者以其他个人名义开立账户存储。

(3) 违反公司章程的规定，未经股东会、股东大会或者董事会同意，将公司资金借贷给他人或者以公司财产为他人提供担保。

(4) 违反公司章程的规定或者未经股东会、股东大会同意，与本公司订立合同或者进行交易。

(5) 未经股东会或者股东大会同意，利用职务便利为自己或者他人谋取属于公司的商业机会，自营或者为他人经营与所任职公司同类的业务。

(6) 接受他人与公司交易的佣金归为己有。

(7) 擅自披露公司秘密。

(8) 违反对公司忠实义务的其他行为。董事、高级管理人员违反前款规定所得的收入应当归公司所有。

董事、监事、高级管理人员执行公司职务时违反法律、行政法规或者公司章程的规定，给公司造成损失的，应当承担赔偿责任。

股东会或者股东大会要求董事、监事、高级管理人员列席会议的，董事、监事、高级管理人员应当列席并接受股东的质询。董事、高级管理人员应当如实向监事会或者不设监事会的有限责任公司的监事提供有关情况和资料，不得妨碍监事会或者监事行使职权。

学习情境五　公司债券

【案例 1-5】 某上市公司，为筹集生产经营资金，2009 年 2 月发行了 3000 万元可转换公司债券。2010 年 10 月，因公司发生资金困难，决定将可转换公司债券转换为股票，规定可转换公司债券持有人必须 10 天内办妥手续，否则可转换公司债券作废。

【问题】 公司是否有权强行转换公司债券?

【结论】 公司发行可转换股票的公司债券，债券持有人有对转换股票或者不转换股票的选择权。

(一)公司债券的概念及特征

公司债券是指公司依照法定程序发行、约定在一定期限还本付息的有价证券。

公司债券特征是：①公司债券是有价证券；②公司债券的发行对象不特定；③公司债券要定期还本付息。

(二)公司债券的种类

依照不同的标准，对公司债券可作以下分类。

(1) 依据债券是否记载持有人的姓名或名称为标准，分为记名公司债券和无记名公司债券。

① 记名公司债券是指在公司债券上记载债权人姓名或者名称的债券。记名公司债券的转让，转让人须在债券上背书。

② 无记名公司债券是指在公司债券上不记载债权人姓名或者名称的债券。无记名公司债券的转让，转让人交付债券即发生转让的法律效力。

(2) 依据公司债券是否可以转换成股票，分为可转换公司债券和不可转换公司债券。

① 可转换公司债券是指可以转换为公司股票的公司债券。这种公司债券在发行时规定了转换为公司股票的条件与办法。当条件具备时，债券持有人拥有将公司债券转换为公司股票的选择权。

② 不可转换公司债券是指不能转换为公司股票的公司债券。凡在发行债券时未作出转换约定的，均为不可转换公司债券。

(三)公司债券与股票的区别

1. 主体地位不同

债券的发行主体既可以是股份有限公司也可以是有限责任公司，公司债券的持有人是公司的债权人，对于公司享有民法上规定的债权人的所有权利。股票的发行主体仅限于股份有限公司，股票的持有人是公司的股东，享有《公司法》所规定的股东权利。

2. 期限不同

公司债券到了约定期限，公司必须偿还债券本金及利息。而股票持有人只有在公司终止并偿还所有债务后，才可就剩余财产请求分配。

3. 风险不同

公司债券的利率一般是固定不变的，风险较小，到了约定期限，公司必须还本付息。股票持有人则必须在公司有盈利时才能依法获得股利分配，当公司经营不善发生亏损甚至破产时，股票持有人不但不能得到预期股息，还可能会损失本金。可见股票股利分配的高

低，与公司经营好坏密切相关，故常有变动，风险较大。

(四)公司债券的发行

公司发行公司债券应当符合《证券法》规定的发行条件。发行公司债券的申请经国务院授权的部门核准后，应当公告公司债券募集办法。公司债券募集办法中应当载明下列主要事项：①公司名称；②债券募集资金的用途；③债券总额和债券的票面金额；④债券利率的确定方式；⑤还本付息的期限和方式；⑥债券担保情况；⑦债券的发行价格、发行的起止日期；⑧公司净资产额；⑨已发行的尚未到期的公司债券总额；⑩公司债券的承销机构。公司以实物券方式发行公司债券的，必须在债券上载明公司名称、债券票面金额、利率、偿还期限等事项，并由法定代表人签名，公司盖章。

上市公司经股东大会决议可以发行可转换为股票的公司债券，并在公司债券募集办法中规定具体的转换办法。上市公司发行可转换为股票的公司债券，应当报国务院证券监督管理机构核准。发行可转换为股票的公司债券，应当在债券上标明可转换公司债券字样，并在公司债券存根簿上载明可转换公司债券的数额。发行可转换为股票的公司债券的，公司应当按照其转换办法向债券持有人换发股票，但债券持有人对转换股票或者不转换股票有选择权。

(五)公司债券的管理

公司发行公司债券应当置备公司债券存根簿。

公司债券，可以为记名债券，也可以为无记名债券。发行记名公司债券的，应当在公司债券存根簿上载明下列事项：①债券持有人的姓名或者名称及住所；②债券持有人取得债券的日期及债券的编号；③债券总额，债券的票面金额、利率、还本付息的期限和方式；④债券的发行日期。发行无记名公司债券的，应当在公司债券存根簿上载明债券总额、利率、偿还期限和方式、发行日期及债券的编号。记名公司债券的登记结算机构应当建立债券登记、存管、付息、兑付等相关制度。

(六)公司债券的转让

公司债券可以转让，转让价格由转让人与受让人约定。公司债券在证券交易所上市交易的，按照证券交易所的交易规则转让。记名公司债券，由债券持有人以背书方式或者法律、行政法规规定的其他方式转让；转让后由公司将受让人的姓名或者名称及住所记载于公司债券存根簿。无记名公司债券的转让，由债券持有人将该债券交付给受让人后即发生转让的效力。

学习情境六　公司的财务会计

【案例 1-6】 某股份有限公司的注册资本为 6000 万元，2007 年末的净资产为 80 000

万元，法定公积金余额为 3000 万元。2008 年年初，经股东大会决议通过，拟将部分法定公积金转增股本。

【问题】 对于此次转增股本最多不得超过多少？

【结论】 法定公积金转增资本时，转增后所留存的该项公积金不得少于转增前公司注册资本的 25%，3000−6000×25%=1500。

(一)财务、会计制度

公司应当依照法律、行政法规和国务院财政部门的规定建立本公司的财务、会计制度。公司应当在每一会计年度终了时编制财务会计报告，并依法经会计师事务所审计。财务会计报告应当依照法律、行政法规和国务院财政部门的规定制作。有限责任公司应当按照公司章程规定的期限将财务会计报告送交各股东。股份有限公司的财务会计报告应当在召开股东大会年会的 20 日前置备于本公司，供股东查阅；公开发行股票的股份有限公司必须公告其财务会计报告。

公司应当向聘用的会计师事务所提供真实、完整的会计凭证、会计账簿、财务会计报告及其他会计资料，不得拒绝、隐匿、谎报。公司除法定的会计账簿外，不得另立会计账簿。

对公司资产，不得以任何个人名义开立账户存储。

(二)利润分配

1. 税后利润的分配顺序

(1) 被没收财物损失，违反税法支付的滞纳金和罚款。

(2) 弥补以前年度亏损。

(3) 提取法定公积金。公司分配当年税后利润时，应当提取利润的 10%列入公司法定公积金。公司法定公积金累计额为公司注册资本的 50%以上的，可以不再提取。

(4) 提取任意公积金。

(5)分配股利。

股东会、股东大会或者董事会违反规定，在公司弥补亏损和提取法定公积金之前向股东分配利润的，股东必须将违反规定分配的利润退还公司。公司持有的本公司股份不得分配利润。

2. 提取公积金

公积金包括法定公积金、任意公积金和资本公积金。

公司的公积金用于弥补公司的亏损、扩大公司生产经营或者转为增加公司资本。但是，资本公积金不得用于弥补公司的亏损。

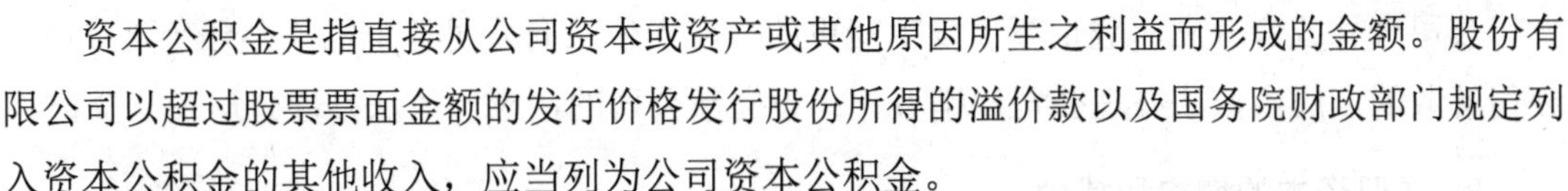

资本公积金是指直接从公司资本或资产或其他原因所生之利益而形成的金额。股份有限公司以超过股票票面金额的发行价格发行股份所得的溢价款以及国务院财政部门规定列入资本公积金的其他收入，应当列为公司资本公积金。

法定公积金转为资本时，所留存的该项公积金不得少于转增前公司注册资本的25%。

学习情境七　公司的变更、解散和清算

【案例1-7】 甲公司是一家有限责任公司，因经营需要准备与乙公司合并，但是甲公司部分股东对合并持有异议，反对该决议。

【问题】 反对合并的股东应如何维护自己的权益？

【结论】 (1) 要求法院宣布合并无效。

(2) 要求公司以合理价格收购其股份。

(3) 要求公司退股。

(一)公司的变更

1. 合并

公司合并是指两个以上的公司订立合并协议，依照公司法的规定，不经过清算程序而合并成为一个公司。公司合并可以采取吸收合并或者新设合并。吸收合并是指两个或两个以上的公司中，一个公司存续，其他公司解散，存续的公司吸收解散的公司，即兼并。新设合并，两个或两个以上的公司中，各个公司解散，另外组建一个新公司。公司合并时，合并各方的债权、债务，应当由合并后存续的公司或者新设的公司承继。

公司合并，应当由合并各方签订合并协议，并编制资产负债表及财产清单。公司应当自作出合并决议之日起10日内通知债权人，并于30日内在报纸上公告。债权人自接到通知书之日起30日内，未接到通知书的自公告之日起45日内，可以要求公司清偿债务或者提供相应的担保。

2. 分立

公司分立是指一个公司通过订立协议，依照公司法的规定，不经过清算程序分成两个或两个以上的公司。公司分立可以采取存续分立(又称派生分立)和解散分立(又称新设分立)两种形式。存续分立是指一个公司分离成两个以上公司，本公司继续存在并设立一个以上新的公司。解散分立是指一个公司分解为两个以上公司，本公司解散并设立两个以上新的公司。公司分立前的债务由分立后的公司承担连带责任。但是，公司在分立前与债权人就债务清偿达成的书面协议另有约定的除外。

公司分立，其财产作相应的分割。公司分立，应当编制资产负债表及财产清单。公司应当自作出分立决议之日起10日内通知债权人，并于30日内在报纸上公告。

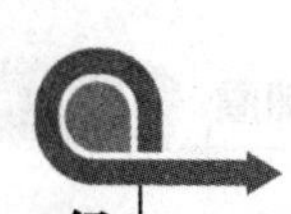

公司合并或者分立，登记事项发生变更的，应当依法向公司登记机关办理变更登记；公司解散的，应当依法办理公司注销登记；设立新公司的，应当依法办理公司设立登记。

3. 注册资本的增加和减少

有限责任公司增加注册资本时，股东认缴新增资本的出资，依照设立有限责任公司缴纳出资的有关规定执行。股份有限公司为增加注册资本发行新股时，股东认购新股，依照设立股份有限公司缴纳股款的有关规定执行。

公司需要减少注册资本时，必须编制资产负债表及财产清单。公司应当自作出减少注册资本决议之日起 10 日内通知债权人，并于 30 日内在报纸上公告。债权人自接到通知书之日起 30 日内，未接到通知书的自公告之日起 45 日内，有权要求公司清偿债务或者提供相应的担保。公司减资后的注册资本不得低于法定的最低限额。

公司增加或者减少注册资本，应当依法向公司登记机关办理变更登记。

(二)公司的解散和清算

1. 公司的解散

公司因下列原因解散：①公司章程规定的营业期限届满或者公司章程规定的其他解散事由出现；②股东会或者股东大会决议解散；③因公司合并或者分立需要解散；④依法被吊销营业执照、责令关闭或者被撤销；⑤公司经营管理发生严重困难，继续存续会使股东利益受到重大损失，通过其他途径不能解决的，持有公司全部股东表决权 10%以上的股东，可以请求人民法院解散公司。

公司章程规定的营业期限届满或者公司章程规定的其他解散事由出现，可以通过修改公司章程而使公司存续。修改公司章程，有限责任公司须经持有 2/3 以上表决权的股东通过，股份有限公司须经出席股东大会会议的股东所持表决权的 2/3 以上通过。

2. 清算

(1) 清算组的成立。

除因合并或者分立需要解散外，公司因其他原因解散的，应当在解散事由出现之日起 15 日内成立清算组，开始清算。清算组是依法成立的，以接管解散公司、负责解散公司财产的保管、清理、估价、处理、分配等事务的专门机构。

有限责任公司的清算组由股东组成，股份有限公司的清算组由股东大会确定其人选，如果在解散原因出现后 15 日内不成立清算组的，公司债权人可以申请人民法院指定有关人员组成清算组。有关人员包括公司董事、股东、上级主管部门、工商行政管理部门等人员。宣告破产时，人民法院应依据所适用的破产法律的规定组织股东、有关机关(上级主管、财政机关)、有关专业人员(会计师、审计师、律师等)成立破产清算组。

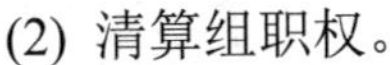

(2) 清算组职权。

清算组在清算期间行使下列职权：①清理公司财产，分别编制资产负债表和财产清单；②通知、公告债权人；③处理与清算有关的公司未了结的业务；④清缴所欠税款以及清算过程中产生的税款；⑤清理债权、债务；⑥处理公司清偿债务后的剩余财产；⑦代表公司参与民事诉讼活动。

清算组应当自成立之日起 10 日内通知债权人，并于 60 日内在报纸上公告。债权人应当自接到通知书之日起 30 日内，未接到通知书的自公告之日起 45 日内，向清算组申报其债权。债权人申报债权，应当说明债权的有关事项，并提供证明材料。清算组应当对债权进行登记。在申报债权期间，清算组不得对债权人进行清偿。

清算组成员应当忠于职守，依法履行清算义务。清算组成员不得利用职权收受贿赂或者其他非法收入，不得侵占公司财产。清算组成员因故意或者重大过失给公司或者债权人造成损失的，应当承担赔偿责任。

(3) 公司债务清偿。

公司财产在优先支付清算费用后，按照下列顺序清偿：①支付职工工资和社会保险费用；②缴纳税款；③清偿债务；④分派剩余财产(有限责任公司按股东出资比例分配；股份有限公司按股东持股比例分配)。

清算组在清理公司财产及编制资产负债表和财产清单后，应当制订清算方案，并报股东会、股东大会或者人民法院确认。

清算组在清理公司财产及编制资产负债表和财产清单后，发现公司财产不足清偿债务的，应当依法向人民法院申请宣告破产。公司经人民法院裁定宣告破产后，清算组应当将清算事务移交给人民法院。

(4) 注销登记。

公司清算结束后，清算组应当制作清算报告，报股东会、股东大会或者人民法院确认，并报送公司登记机关，申请注销公司登记，公告公司终止。

◎ 情境综述

公司法律制度主要阐述了公司的概念、特征设立条件和程序，公司的组织机构，公司的财务会计制度以及公司的合并、分立和解散等内容，重点讲述了我国的有限责任公司和股份有限公司的相关法律规定。

◎ 技能训练

一、单项选择题

1. 公司取得民事主体资格的日期为(　　)。

A. 公司营业执照签发之日　　B. 公司批准证书下达之日

C. 公司创立大会召开之日　　D. 公司成立公告发布之日

2. 募集设立的股份有限公司，认股人从(　　)不得抽回出资。

A. 公司营业执照签发之后　　B. 创立大会召开之后

C. 认股之后　　D. 缴纳出资之后

3. 有限责任公司章程制定之后，(　　)在章程上签名盖章。

A. 经理　　B. 董事　　C. 监事　　D. 股东

4. 有限责任公司股东会首次会议由(　　)主持。

A. 董事长　　B. 监事会召集人

C. 股东会选举的股东　　D. 出资最多的股东

5. 可以兼任公司监事的人员是(　　)。

A. 董事　　B. 经理　　C. 职工　　D. 财务负责人

6. 自股款缴足之日起(　　)日内发起人未召开创立大会的，认股人可以要求发起人连本带利返还。

A. 10　　B. 5　　C. 30　　D. 15

7. 下列有关监事会的表述中正确的是(　　)。

A. 监事会每年度至少召开一次会议

B. 监事会主席和副主席由出席会议的监事过半数选举产生

C. 监事会中必有职工代表

D. 监事会成员必须全部由股东大会选举产生

8. 下列属于有限责任公司股东会职权的是(　　)。

A. 对股东向股东以外的人转让出资作出决议

B. 对发行公司债券作出决议

C. 选举和更换全部董事

D. 决定公司的经营计划和投资方案

9. 一年前成立的某一人公司的注册资本为人民币30万元，由于经营不善，亏损严重，现公司净资产只剩18万元，因此，公司决定减资。下列减资方案中正确的是(　　)。

A. 将注册资本减为3万元　　B. 将注册资本减为6万元

C. 将注册资本减为8万元　　D. 将注册资本减为10万元

10. 股份有限公司中有权发行公司债权的是(　　)。

A. 董事会　　B. 职工代表大会

C. 股东大会　　D. 监事会

二、多项选择题

1. 下列有关分公司法律地位的表述中，正确的是(　　)。

A. 分公司可以依法独立从事生产经营活动

B. 分公司从事经营活动的民事责任由其总公司承担

C. 分公司具有独立的法人资格

D. 分公司独立承担民事责任

2. 下列人员受公司章程约束的有(　　)。

A. 公司的副经理　　B. 公司的经理

C. 公司的董事　　D. 公司的财务负责人

3. 股东的出资方式可以是(　　)。

A. 货币　　B. 实物　　C. 工业产权　　D. 土地所有权

4. 某股份有限公司董事会由11名董事组成，下列情形中，能使董事会决议顺利通过的有(　　)。

A. 11名董事出席会议，7名同意　　B. 6名董事出席会议，一致同意

C. 7名董事出席会议，5名同意　　D. 6名董事出席会议，5名同意

5. 下列(　　)公司可以不设董事会，(　　)可以不设股东会。

A. 规模较小的有限责任公司　　B. 国有独资公司

C. 一人有限责任公司　　D. 注册资本额较少的有限责任公司

6. 下列(　　)公司可以不设股东会。

A. 规模较小的有限责任公司　　B. 国有独资公司

C. 一人有限责任公司　　D. 注册资本额较少的有限责任公司

7. 甲公司吸收合并乙公司，合并完成后，乙公司解散，甲公司存续。根据我国《公司法》的规定，合并各方必须进行的程序有(　　)。

A. 甲公司办理变更登记　　B. 甲公司办理注销登记

C. 乙公司办理变更登记　　D. 乙公司办理注销登记

E. 乙公司进行清算

8. 甲是A有限责任公司的小股东。根据我国《公司法》的规定，下列有关甲查阅权的表述中正确的有(　　)。

A. 有权查阅和复制 A 公司的章程、股东会会议记录、董事会会议决议以及监事

会会议决议

B. 若要求查阅A公司账簿，应当向公司提出书面申请并说明目的

C. 甲有权查阅A公司的财务会计报告，但无权复制

D. A公司在有合理根据的情况下，可以拒绝向甲提供查阅公司账簿，并应当自股东提出书面请求之日起30日书面答复甲，同时说明理由

E. 若A公司拒绝提供查阅公司账簿，甲可以请求人民法院要求A公司提供查阅

9. 一枝花有限公司因营业期限届满解散，并依法成立了清算组，该清算组在清算过程中实施的下列(　　)行为是合法的。

A. 为使公司股东分配到更多的剩余财产，将公司的库房出租给甲公司收取租金

B. 为减少债务利息，在债权申报期间清偿了可以确定的乙公司债务

C. 通知公司的合作伙伴丙公司解除双方之间的供货合同，并对其作出相应赔偿

D. 代表公司参加了一项仲裁活动，并与对方当事人达成和解协议

10. 下列关于股份有限公司股份转让的说法正确的是(　　)。

A. 董事所持有的本公司股份自公司股票上市交易之日起满一年，可以自由转让

B. 董事所持有的本公司股份自公司股票上市交易之日起一年内不得转让

C. 董事在任职期间不得转让其所持有的本公司股份

D. 董事离职后半年内，不得转让其所持有的本公司股份

三、综合题

1. 甲公司欲作为发起人募集设立一股份有限公司，其拟定的基本构想包括以下内容。

(1) 为了吸引外资，开拓国际市场，7个发起人中有4个住所地在境外的发起人，这为公司的国际化打下良好的基础。

(2) 公司的注册资本是8000万元，其中7个发起人认购2500万元，由于公司所选项目有非常好的发展前景，其余的5500万元向社会公开募集。

(3) 由于是募集设立的股份有限公司，因此所有的出资必须是货币。

(4) 由于发起人认为发行工作很重要，因此决定成立专门小组，自己发行股份。

(5) 认股人在缴纳股款后，在任何情况下，都不可以要求发起人返还股款。

(6) 创立大会可以根据需要，结合市场情况由发起人决定召开的时间。

(7) 如果公司不能设立，发起人和缴足股款的认股人会共同承担相应的法律责任。

要求：根据上述材料分析甲公司拟定的基本构想中哪些不符合法律规定？

2. 乐哈哈公司是一家有限责任公司，生产的薯片一直很受市场欢迎。2002年年底，公司发现销售额持续下降。经查，原来是公司董事陈某与几个朋友出资设立了家家宝公司，该公司生产经营的薯片在原料、工艺、口味上与乐哈哈公司生产的薯片相差无几，挤占了乐哈哈公司的一部分市场份额。乐哈哈公司于是召开董事会，作出两项决议：①免去陈某

的董事职务，增补王某为董事；②要求陈某将其从家家宝公司获得的收入上交乐哈哈公司。

要求： 根据上述情况和公司法律制度的有关规定，回答下列问题。

(1) 陈某与朋友出资设立家家宝公司生产经营薯片的行为是否合法？为什么？

(2) 乐哈哈公司董事会作出的两项决议是否合法？为什么？

任务二　合伙企业法律制度

合伙是一个古老的法律制度，是指两人以上共同出资、共同经营、共享收益和共担风险。

合伙企业分为普通合伙企业和有限合伙企业。普通合伙企业由普通合伙人组成，合伙人对合伙企业债务承担无限连带责任。《中华人民共和国合伙企业法》(以下简称《合伙企业法》)对普通合伙人承担责任的形式有特别规定的，从其规定。有限合伙企业由普通合伙人和有限合伙人组成，普通合伙人对合伙企业债务承担无限连带责任，有限合伙人以其认缴的出资额为限对合伙企业债务承担责任。

学习情境一　普通合伙企业的设立

【案例 1-8】 2012 年 1 月，甲、乙、丙三人拟出资设立一普通合伙企业。合伙协议约定如下。

(1) 甲以货币出资 5 万元；乙以劳务出资，经甲乙同意作价为 4 万元；丙以自有的房屋出资，经评估部门评估作价为 20 万元。

(2) 拟定合伙企业名称：中国神话科技服务有限责任公司。

(3) 甲、乙、丙三人平均进行损益分配。

以上合伙协议经甲、乙、丙三人签字盖章后，三人即按照合伙企业的名义对外进行经济活动。

【问题】 (1) 甲、乙、丙三人的出资方式是否符合法律规定？为什么？

(2) 合伙企业的名称是否符合法律规定？为什么？

(3) 合伙企业的损益分配原则是否符合法律规定？为什么？

(4) 甲、乙、丙三人能否以合伙企业的名义对外行事？

【结论】 (1) 三人的出资方式符合法律规定，因为合伙人可以用货币、实物、知识产权、土地使用权或者其他财产权利出资，也可以用劳务出资。

(2) 合伙企业的名称不符合法律规定，因为不能使用“中国”、“有限责任”和“公司”字样，并且应当标明“普通合伙”字样。

(3) 合伙企业的损益分配原则符合法律规定，因为普通合伙企业的实质就是共享收益、共担风险。

(4) 甲、乙、丙三人不能以合伙企业的名义对外行事，因为合伙企业经工商部门登记，发给营业执照后方成立。

(一)普通合伙企业设立的条件

1. 有两个以上合伙人

合伙人是自然人的，应当具有完全民事行为能力。合伙企业的合伙人至少为两人以上。对于合伙企业的合伙人数的最高限额，我国《合伙企业法》未作规定，完全由设立人根据所设企业的具体情况决定。 关于合伙人的资格，《合伙企业法》作了以下限定：①合伙人可以是自然人，也可以是法人或者其他经济组织。如何组成，除法律另有规定外不受限制。②合伙人是自然人的，应当具有完全民事行为能力。无民事行为能力人和限制民事行为能力人不得成为合伙企业的合伙人。③国有独资公司、国有企业、上市公司以及公益性和事业单位、社会团体不得成为普通合伙人。

2. 有书面合伙协议

合伙协议是指由各合伙人通过协商，共同决定相互间的权利义务，达成的具有法律约束力的协议。合伙协议应当依法由全体合伙人协商一致，以书面形式订立。合伙协议经全体合伙人签名、盖章后生效。

3. 有合伙人认缴或者实际缴付的出资

合伙人可以用货币、实物、知识产权、土地使用权或者其他财产权利出资，也可以用劳务出资。合伙人以实物、知识产权、土地使用权或者其他财产权利出资，需要评估作价的，可以由全体合伙人协商确定，也可以由全体合伙人委托法定评估机构评估。合伙人以劳务出资的，其评估办法由全体合伙人协商确定，并在合伙协议中载明。以非货币财产出资的，依照法律、行政法规的规定，需要办理财产权转移手续的，应当依法办理。

4. 有合伙企业的名称和生产经营场所

普通合伙企业应当在其名称中标明“普通合伙”字样。其中，特殊的普通合伙企业，应当在其名称中标明“特殊普通合伙”字样，合伙企业的名称必须和“合伙”联系起来，名称中必须有“合伙”二字。经企业登记机关登记的合伙企业，其主要经营场所只能有一个，并且应当在其企业登记机关登记管辖区域内。

5. 法律、行政法规规定的其他条件

(二)普通合伙企业的设立程序

申请设立合伙企业，应当向企业登记机关提交登记申请书、合伙协议书、合伙人身份证明等文件。合伙企业的经营范围中有属于法律、行政法规规定在登记前须经批准的项目

的，该项经营业务应当依法经过批准，并在登记时提交批准文件。

申请人提交的登记申请材料齐全、符合法定形式，企业登记机关能够当场登记的，应予当场登记，并发给营业执照。不能当场登记发给营业执照的，企业登记机关应当自受理申请之日起二十日内，作出是否登记的决定。予以登记的，发给营业执照；不予登记的，应当给予书面答复，并说明理由。

合伙企业的营业执照签发日期为合伙企业成立日期。合伙企业领取营业执照前，合伙人不得以合伙企业名义从事合伙业务。

合伙企业设立分支机构，应当向分支机构所在地的企业登记机关申请登记，领取营业执照。

合伙企业登记事项发生变更的，执行合伙事务的合伙人应当自作出变更决定或者发生变更事由之日起十五日内，向企业登记机关申请办理变更登记。

学习情境二　普通合伙企业的财产

【案例 1-9】 2010 年 1 月，甲、乙、丙、丁、戊五人投资设立了一家普通合伙企业，运营良好。2011 年 10 月，甲因出国定居就想把自己的一部分财产份额转让给王某，甲书面通知乙、丙、丁、戊转让事宜，乙表示反对，丙、丁、戊表示同意。基于合伙协议约定合伙人向合伙人以外的人转让财产份额须经全体合伙人过半数同意，于是甲就决定将自己在合伙企业中的全部财产份额转让给王某，但在转让过程中，合伙人乙表示愿意购买该财产份额。最终王某凭借比乙的出价高而获得甲的财产份额转让。

【问题】 (1) 在丁和戊未表态的情形下，甲能否将自己的财产份额转让给王某？

(2) 乙在表示反对转让的情形下，能否有权去购买甲的财产份额？

(3) 王某最终获得财产份额转让是否符合法律规定？

【结论】 (1) 除合伙协议另有约定外，合伙人向合伙人以外的人转让其在合伙企业中的全部或者部分财产份额时，须经其他合伙人一致同意。本案中合伙协议明确约定合伙人向合伙人以外的人转让财产份额须经全体合伙人过半数同意，丙、丁、戊三人表示同意转让已过半数，因此，甲能够转让自己的财产份额给王某。

(2) 合伙人向合伙人以外的人转让其在合伙企业中的财产份额的，在同等条件下，其他合伙人有优先购买权，所以乙可以去购买甲的出资份额。

(3) 王某出价高于乙，所以王某最终才能获得财产份额转让。

合伙人向合伙人以外的人转让其在合伙企业中的财产份额的，在同等条件下，其他合伙人有优先购买权。本案中的王某出价高于乙，乙不能享有优先购买权，因此王某最终获得甲的财产份额转让。

(一)普通合伙企业财产的构成

1. 合伙人的出资

《合伙企业法》规定，合伙人可以用货币、实物、知识产权、土地使用权或者其他财产权利出资，也可以用劳务出资。这些出资形成合伙企业的原始财产。需要注意的是，合伙企业的原始财产是全体合伙人“认缴”的财产，而非各合伙人“实际缴纳”的财产。

2. 以合伙企业名义取得的收益

合伙企业作为一个独立的经济实体， 可以有自己的独立利益，因此，以其名义取得的收益作为合伙企业获得的财产，当然归属于合伙企业，成为合伙财产的一部分。以合伙企业名义取得的收益，主要包括合伙企业的公共积累资金、未分配的盈余、合伙企业债权、合伙企业取得的工业产权和非专利技术等财产权利。

3. 依法取得的其他财产

依法取得的其他财产即根据法律、行政法规的规定合法取得的其他财产，如合法接受赠与的财产等。

(二)普通合伙企业财产的性质

合伙企业的财产具有独立性和完整性两方面的特征。所谓独立性，是指合伙企业的财产独立于合伙人，合伙人出资以后，一般说来，便丧失了对其作为出资部分的财产的所有权或者持有权、占有权，合伙企业的财产权主体是合伙企业，而不是单独的每一个合伙人。所谓完整性，是指合伙企业的财产作为一个完整的统一体而存在，合伙人对合伙企业财产权益的表现形式，仅是依照合伙协议所确定的财产收益份额或者比例。

合伙人在合伙企业清算前，不得请求分割合伙企业的财产；但是，法律另有规定的除外。

(三)普通合伙企业的合伙人财产份额的转让与出质

1. 普通合伙人财产份额的转让

由于合伙人财产份额的转让将会影响到合伙企业以及各合伙人的切身利益，因此，《合伙企业法》对合伙人财产份额的转让作了限制性规定：①除合伙协议另有约定外，合伙人向合伙人以外的人转让其在合伙企业中的全部或者部分财产份额时，须经其他合伙人一致同意。②合伙人之间转让在合伙企业中的全部或者部分财产份额时，应当通知其他合伙人。③合伙人向合伙人以外的人转让其在合伙企业中的财产份额的，在同等条件下，其他合伙人有优先购买权；但是，合伙协议另有约定的除外。

2．普通合伙人财产份额的出质

合伙人以其在合伙企业中的财产份额出质的，须经其他合伙人一致同意；未经其他合伙人一致同意，其行为无效，由此给善意第三人造成损失的，由行为人依法承担赔偿责任。

(四)普通合伙企业的损益分配

《合伙企业法》第三十三条规定：合伙企业的利润分配、亏损分担，按照合伙协议的约定办理；合伙协议未约定或者约定不明确的，由合伙人协商决定；协商不成的，由合伙人按照实缴出资比例分配、分担；无法确定出资比例的，由合伙人平均分配、分担。

合伙协议不得约定将全部利润分配给部分合伙人或者由部分合伙人承担全部亏损。

学习情境三　普通合伙企业的事务执行

【案例 1-10】 甲、乙、丙三人于 2009 年 9 月，分别出资 5 万元开办了普通合伙企业 A。合伙协议约定：三人按照出资比例进行损益分配，由甲执行合伙事务，但是超过 2 万元的业务须由全体合伙人共同决定。2011 年 1 月，甲经风水大师建议改变了合伙企业的名称，2011 年 5 月甲以合伙企业的一处门面房为好友丁提供抵押担保，2011 年 10 月甲以合伙企业名义从 B 企业购进 1 万元的原材料。

【问题】 (1) 甲改变合伙企业名称的行为是否有效？

(2) 甲以合伙企业的一处门面房为好友丁提供抵押担保的行为是否有效？

(3) 甲以 A 的名义购买原材料的行为是否有效？

【结论】 (1) 甲的行为无效，因为改变合伙企业名称，除合伙协议另有约定外，应当经全体合伙人一致同意。

(2) 甲的行为无效，因为以合伙企业名义为他人提供担保，除合伙协议另有约定外，应当经全体合伙人一致同意。

(3) 甲的行为有效，因为甲是合伙事务的执行人，可以在职权范围内代表合伙企业进行经济活动。

(一)合伙事务执行的形式

1．全体合伙人共同执行合伙事务

全体合伙人共同执行合伙事务是合伙事务执行的基本形式，也是在合伙企业中经常使用的一种形式，尤其是在合伙人较少的情况下更为适宜。合伙协议未约定或者全体合伙人未决定委托执行事务合伙人的，全体合伙人均为执行事务合伙人。在采取这种形式的合伙企业中，按照合伙协议的约定，各个合伙人都直接参与经营，处理合伙企业的事务，对外代表合伙企业。

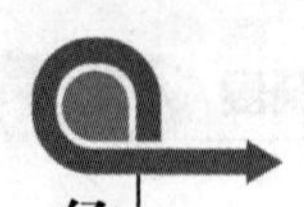

2．委托一个或数个合伙人执行合伙事务

委托一个或数个合伙人执行合伙事务的，其他合伙人不再执行合伙事务。合伙人可以将合伙事务委托一个或者数个合伙人执行。但并非所有的合伙事务都可以委托给部分合伙人决定。根据《合伙企业法》第三十一条规定，除合伙协议另有约定外，合伙企业的下列事项应当经全体合伙人一致同意：①改变合伙企业的名称；②改变合伙企业的经营范围、主要经营场所的地点；③处分合伙企业的不动产；④转让或者处分合伙企业的知识产权和其他财产权利；⑤以合伙企业名义为他人提供担保；⑥聘任合伙人以外的人担任合伙企业的经营管理人员。

3．非合伙人参与经营管理

《合伙企业法》规定，除合伙协议另有约定外，经全体合伙人一致同意，可以聘任合伙人以外的人担任合伙企业的经营管理人员。这项法律规定表明了以下三层含义：①合伙企业可以从合伙人之外聘任经营管理人员；②聘任非合伙人的经营管理人员，除合伙协议另有约定外，应当经全体合伙人一致同意；③被聘任的经营管理人员，仅是合伙企业的经营管理人员，不是合伙企业的合伙人，因而不具有合伙人的资格。

(二)合伙人在执行合伙事务中的权利和义务

1．合伙人的权利

1) 知情权与监督权

执行合伙事务的合伙人对外代表合伙企业。委托一个或者数个合伙人执行合伙事务的，其他合伙人不再执行合伙事务。不执行合伙事务的合伙人有权监督执行事务合伙人执行合伙事务的情况。

由一个或者数个合伙人执行合伙事务的，执行事务合伙人应当定期向其他合伙人报告事务执行情况以及合伙企业的经营和财务状况，其执行合伙事务所产生的收益归合伙企业，所产生的费用和亏损由合伙企业承担。合伙人为了解合伙企业的经营状况和财务状况，有权查阅合伙企业会计账簿等财务资料。

2) 异议权

合伙人分别执行合伙事务的，执行事务合伙人可以对其他合伙人执行的事务提出异议。提出异议时，应当暂停该项事务的执行。如果发生争议，依照《合伙企业法》第三十条规定作出决定。

3) 撤销权

受委托执行合伙事务的合伙人不按照合伙协议或者全体合伙人的决定执行事务的，其他合伙人可以决定撤销该委托。

2. 合伙人的义务

合伙人不得自营或者同他人合作经营与本合伙企业相竞争的业务。

除合伙协议另有约定或者经全体合伙人一致同意外，合伙人不得同本合伙企业进行交易。

合伙人不得从事损害本合伙企业利益的活动。

(三)合伙事务执行的决议办法

《合伙企业法》第三十条规定，合伙人对合伙企业有关事项作出决议，按照合伙协议约定的表决办法办理。合伙协议未约定或者约定不明确的，实行合伙人一人一票并经全体合伙人过半数通过的表决办法。本法对合伙企业的表决办法另有规定的，从其规定。

学习情境四 普通合伙企业与第三人的关系

【案例 1-11】 2008 年 1 月，A、B、C、D 四个合伙人分别出资 20 万元、10 万元、5 万元、5 万元，一共出资 40 万元成立一普通合伙企业，其合伙协议约定按出资比例分配利润和分担亏损。由于经营不善，合伙企业亏损严重，2010 年 1 月 A、B、C、D 四人决定解散合伙企业，现在查明合伙企业的现有财产 10 万元，拖欠职工工资、劳动保险费用 10 万元，欠乙贷款 20 万元。

【问题】 (1) 该合伙企业的债务应该如何清偿?

(2) A、B、C、D 四个合伙人之间应该如何分担合伙企业的债务?

【结论】 (1) 先用合伙企业现有的 10 万元财产去清偿合伙企业债务，不足的部分由 A、B、C、D 四个合伙人承担无限连带责任。

(2) A、B、C、D 四个合伙人都有义务就合伙企业未清偿的债务进行足额清偿，任何一个合伙人清偿债务如果超过自己应负担的部分，有权就超出部分向其他未清偿或未足额清偿的合伙人追偿。根据合伙协议约定，A、B、C、D 按出资比例分担亏损，所以就未清偿的 20 万元来说，A、B、C、D 应分别承担的份额为：10 万元、5 万元、2.5 万元、2.5 万元。

(一)合伙企业对外代表权的效力

1. 合伙事务执行中的对外代表权

执行合伙企业事务的合伙人在取得对外代表权后，即可以合伙企业的名义进行经营活动，在其授权的范围内作出法律行为。合伙人的这种代表行为，对全体合伙人发生法律效力，即其执行合伙事务所产生的收益归合伙企业，所产生的费用和亏损由合伙企业承担。可以取得合伙企业对外代表权的合伙人，主要有以下三种情况。

(1) 由全体合伙人共同执行合伙企业事务的，全体合伙人都都有权对外代表合伙企业，

即全体合伙人都取得了合伙企业的对外代表权。

(2) 由部分合伙人执行合伙企业事务的，只有受委托执行合伙企业事务的那一部分合伙人有权对外代表合伙企业，而不参加执行合伙企业事务的合伙人则不具有对外代表合伙企业的权利。

(3) 由于特别授权在单项合伙事务上有执行权的合伙人，依照授权范围可以对外代表合伙企业。

2. 合伙企业对外代表权的限制

合伙人执行合伙事务的权利和对外代表合伙企业的权利，都会受到一定的内部限制。如果这种内部限制对第三人发生效力，必须以第三人知道这一情况为条件，否则，该内部限制不对该第三人发生抗辩力。《合伙企业法》规定，合伙企业对合伙人执行合伙事务以及对外代表合伙企业权利的限制，不得对抗善意第三人。这里所指的合伙人，是指在合伙企业中有合伙事务执行权与对外代表权的合伙人；这里所指的限制，是指合伙企业对合伙人所享有的事务执行权与对外代表权权利能力的一种界定；这里所指的对抗，是指合伙企业否定第三人的某些权利和利益，拒绝承担某些责任；这里所指的不知情，是指与合伙企业有经济联系的第三人不知道合伙企业所作的内部限制，或者不知道合伙企业对合伙人行使权利所作限制的事实；这里所指的善意第三人，是指本着合法交易的目的，诚实地通过合伙企业的事务执行人，与合伙企业之间建立民事、商事法律关系的法人、非法人团体或自然人。如果第三人与合伙企业事务执行人恶意串通、损害合伙企业利益，则不属善意的情形。需要指出的是，不得对抗善意第三人，主要是针对给第三人造成的损失而言，即当执行合伙事务的合伙人给善意第三人造成损失时，合伙企业不能因为有对合伙人执行合伙事务以及对外代表合伙企业权利的限制，就对善意第三人不承担责任。

(二)合伙企业和合伙人的债务清偿

1. 合伙企业的债务清偿与合伙人的关系

(1) 合伙企业财产优先清偿。

合伙企业对其债务，应先以其全部财产进行清偿。所谓合伙企业的债务，是指在合伙企业存续期间产生的债务。合伙企业对其债务，应先以其全部财产进行清偿。也就是说，合伙企业的债务，应先由合伙企业的财产来承担，即在合伙企业存在自己的财产时，合伙企业的债权人应首先从合伙企业的全部财产中求偿，而不应当向合伙人个人直接请求债权。这样，既有利于理顺合伙企业与第三人的法律关系，明确合伙企业的偿债责任，也有利于保护债权人的债权实现。

(2) 合伙人的无限连带清偿责任。

合伙企业不能清偿到期债务的，合伙人承担无限连带责任。所谓合伙人的无限责任，

是指当合伙企业的全部财产不足以偿付到期债务时，各个合伙人承担合伙企业的债务不是以其出资额为限，而是以其自有财产来清偿合伙企业的债务。合伙人的连带责任，是指当合伙企业的全部财产不足以偿付到期债务时，合伙企业的债权人对合伙企业所负债务，可以向任何一个合伙人主张，该合伙人不得以其出资的份额大小、合伙协议有特别约定、合伙企业债务另有担保人或者自己已经偿付所承担的份额的债务等理由来拒绝。当然，合伙人由于承担连带责任，所清偿数额超过其应分担的比例时，有权向其他合伙人追偿。

(3) 合伙人之间的债务分担和追偿。

合伙人由于承担无限连带责任，清偿数额超过《合伙企业法》第三十三条第一款规定的其亏损分担比例的，有权向其他合伙人追偿。这一规定，在重申合伙人对合伙债务负无限连带责任的基础上，明确了合伙人分担合伙债务的比例应以合伙企业分担亏损的比例为准。关于合伙企业亏损分担比例，《合伙企业法》规定，合伙企业的亏损分担，按照合伙协议的约定办理；合伙协议未约定或者约定不明确的，由合伙人协商决定；协商不成的，由合伙人按照实缴出资比例分担；无法确定出资比例的，由合伙人平均分担。合伙人之间的分担比例对债权人没有约束力。债权人可以根据自己的清偿利益，请求全体合伙人中的一人或数人承担全部清偿责任，也可以按照自己确定的比例向各合伙人分别追偿。如果某一合伙人实际支付的清偿数额超过其依照既定比例所应承担的数额，依照《合伙企业法》的规定，该合伙人有权就超过部分向其他未支付或者未足额支付应承担数额的合伙人追偿。但是，合伙人的这种追偿权，应当具备以下三项条件：一是追偿人已经实际承担连带责任，并且其清偿数额超过了他应当承担的数额；二是被追偿人未实际承担或者未足额承担其应当承担的数额；三是追偿的数额不得超过追偿人超额清偿部分的数额或被追偿人未足额清偿部分的数额。

2．合伙人的债务清偿与合伙企业的关系

(1) 合伙人发生与合伙企业无关的债务，相关债权人不得以其债权抵销其对合伙企业的债务，也不得代位行使合伙人在合伙企业中的权利。

(2) 合伙人的自有财产不足以清偿其与合伙企业无关的债务的，该合伙人可以以其从合伙企业中分取的收益用于清偿；债权人也可以依法请求人民法院强制执行该合伙人在合伙企业中的财产份额用于清偿。

人民法院强制执行合伙人的财产份额时，应当通知全体合伙人，其他合伙人有优先购买权；其他合伙人未购买，又不同意将该财产份额转让给他人的，依照规定为该合伙人办理退伙结算，或者办理削减该合伙人相应财产份额的结算。

学习情境五　普通合伙企业的入伙与退伙

【案例 1-12】 2010 年 2 月，甲、乙、丙三人各自出资 10 万元、5 万元、4 万元设立

普通合伙企业，合伙协议约定经营期限5年，合伙人按照出资比例进行损益分配。由于经营管理不善，该合伙企业严重亏损，2010年10月，向某银行借款20万元，一年期。2011年3月，丙提出退伙，经协商，甲、乙同意丙退伙，并为丙办理了退伙结算。2011年5月，丁出资6万元入伙，甲和乙告知合伙企业的经营状况和财务状况，并依法订立了书面入伙协议，入伙协议约定丁对其入伙前发生的合伙企业债务概不负责。2011年10月，银行贷款到期。

【问题】(1) 丙的退伙行为是否合法，为什么？

(2) 丙对银行贷款是否有偿还责任，为什么？

(3) 丁对银行贷款是否有偿还责任，为什么？

【结论】(1) 丙的退伙行为合法，属于协议退伙情形，经甲和乙同意并办理了退伙结算手续。

(2) 退伙人对基于其退伙前的原因发生的合伙企业债务承担无限连带责任，所以丙有义务偿还银行贷款，而丙又办理了退伙结算，所以丙有权就偿还的全部数额向其他合伙人追偿。

(3) 新合伙人对入伙前合伙企业的债务承担无限连带责任，所以丁有义务偿还银行贷款，而入伙协议明确约定丁对其入伙前发生的合伙企业债务概不负责，所以丁有权就偿还的全部数额向甲和乙进行追偿。

(一)入伙

入伙是指在合伙企业存续期间，合伙人以外的第三人加入合伙，从而取得合伙人资格。

1. 入伙的条件和程序

新合伙人入伙，除合伙协议另有约定外，应当经全体合伙人一致同意，并依法订立书面入伙协议。订立入伙协议时，原合伙人应当向新合伙人如实告知原合伙企业的经营状况和财务状况。

2. 新合伙人的权利和责任

一般来讲，入伙的新合伙人与原合伙人享有同等权利，承担同等责任。但是，如果原合伙人愿意以更优越的条件来吸引新合伙人入伙，或者新合伙人愿意以较为不利的条件入伙，也可以在入伙协议中另行约定。新合伙人对入伙前合伙企业的债务承担无限连带责任。

(二)退伙

退伙是指合伙人退出合伙企业，从而丧失合伙人资格。

1. 退伙的原因

合伙人退伙一般有两种原因：一是自愿退伙；二是法定退伙。

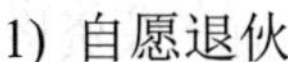

1) 自愿退伙

自愿退伙是指合伙人基于自愿的意思表示而退伙。自愿退伙可以分为协议退伙和通知退伙两种。

(1) 协议退伙。合伙协议约定合伙期限的，在合伙企业存续期间，有下列情形之一时，合伙人可以退伙：①合伙协议约定的退伙事由出现；②经全体合伙人一致同意；③发生合伙人难以继续参加合伙企业的事由；④其他合伙人严重违反合伙协议约定的义务。合伙人违反上述规定退伙的，应当赔偿由此给合伙企业造成的损失。

(2) 通知退伙。合伙协议未约定合伙期限的，合伙人在不给合伙企业事务执行造成不利影响的情况下，可以退伙，但应当提前 30 日通知其他合伙人。由此可见，法律对通知退伙有一定的限制，即附有以下三项条件：①必须是合伙协议未约定合伙企业的经营期限；②必须是合伙人的退伙不给合伙企业事务执行造成不利影响；③必须提前 30 日通知其他合伙人。

2) 法定退伙

法定退伙，是指合伙人因出现法律规定的事由而退伙。法定退伙分为当然退伙和除名两类。

(1) 当然退伙。合伙人有下列情形之一的，当然退伙：①作为合伙人的自然人死亡或者被依法宣告死亡；②个人丧失偿债能力；③作为合伙人的法人或者其他组织依法被吊销营业执照、责令关闭、撤销或者被宣告破产；④法律规定或者合伙协议约定合伙人必须具有相关资格而丧失该资格；⑤合伙人在合伙企业中的全部财产份额被人民法院强制执行。当然退伙以退伙事由实际发生之日为退伙生效日。

(2) 除名。合伙人有下列情形之一的，经其他合伙人一致同意，可以决议将其除名：①未履行出资义务；②因故意或者重大过失给合伙企业造成损失；③执行合伙事务时有不正当行为；④发生合伙协议约定的事由。对合伙人的除名决议应当书面通知被除名人。被除名人接到除名通知之日，除名生效，被除名人退伙。被除名人对除名决议有异议的，可以自接到除名通知之日起 30 日内，向人民法院起诉。

2．退伙的效果

退伙的效果是指退伙时退伙人在合伙企业中的财产份额和民事责任的归属变动。一般可以分为两类情况：一是财产继承；二是退伙结算。

1) 财产继承

合伙人死亡或者被依法宣告死亡的，对该合伙人在合伙企业中的财产份额享有合法继承权的继承人，按照合伙协议的约定或者经全体合伙人一致同意，从继承开始之日起，取得该合伙企业的合伙人资格。

有下列情形之一的，合伙企业应当向合伙人的继承人退还被继承合伙人的财产份额：

①继承人不愿意成为合伙人；②法律规定或者合伙协议约定合伙人必须具有相关资格，而该继承人未取得该资格；③合伙协议约定不能成为合伙人的其他情形。

合伙人的继承人为无民事行为能力人或者限制民事行为能力人的，经全体合伙人一致同意，可以依法成为有限合伙人，普通合伙企业依法转为有限合伙企业。全体合伙人未能一致同意的，合伙企业应当将被继承合伙人的财产份额退还该继承人。

2) 退伙结算

合伙人退伙，其他合伙人应当与该退伙人按照退伙时的合伙企业财产状况进行结算，退还退伙人的财产份额。退伙人对给合伙企业造成的损失负有赔偿责任的，相应扣减其应当赔偿的数额。退伙时有未了结的合伙企业事务的，待该事务了结后进行结算。

退伙人在合伙企业中财产份额的退还办法，由合伙协议约定或者由全体合伙人决定，可以退还货币，也可以退还实物。

退伙人对基于其退伙前的原因发生的合伙企业债务，承担无限连带责任。

合伙人退伙时，合伙企业财产少于合伙企业债务的，退伙人应当依照《合伙企业法》第三十三条第一款的规定分担亏损。

学习情境六　合伙企业的解散与清算

【案例 1-13】 2009 年 1 月，甲、乙、丙、丁 4 个合伙人分别出资 20 万元、10 万元、5 万元、5 万元成立普通合伙企业，其合伙协议约定按出资比例分配利润和分担亏损。由于经营不善，合伙企业亏损严重，2011 年 1 月合伙人一致决定解散合伙企业，现在查明合伙企业的现有财产 10 万，拖欠职工工资、劳动保险费用 3 万元，欠税 3 万元，欠王某 10 万元，清算费用需 2 万元，因甲与王某私人关系良好，决定先行偿还王某的 10 万元，其他债务不予偿还。

【问题】 (1) 该合伙企业能否解散？

(2) 解散时先行偿还王某欠款是否合法？

(3) 该合伙企业债务的清偿顺序是什么？

【结论】 (1) 经全体合伙人决定，是可以解散该合伙企业的。

(2) 先行偿还王某欠款是不合法的。

(3) 先用合伙企业现有的 10 万元，去偿付 2 万元的清算费用，然后还职工工资、劳动保险费用 3 万元，再去偿还所欠税款 3 万元，然后用剩余的 2 万元去偿还乙的 10 万元，不足部分由甲、乙、丙、丁 4 个合伙人承担无限连带责任。

(一)合伙企业解散

合伙企业解散，是指各合伙人解除合伙协议，合伙企业终止活动。根据《合伙企业法》的规定，合伙企业有下列情形之一的，应当解散。

(1) 合伙期限届满，合伙人决定不再经营。

(2) 合伙协议约定的解散事由出现。

(3) 全体合伙人决定解散。

(4) 合伙人已不具备法定人数满 30 天。

(5) 合伙协议约定的合伙目的已经实现或者无法实现。

(6) 依法被吊销营业执照、责令关闭或者被撤销。

(7) 法律、行政法规规定的其他原因。

(二)合伙企业清算

1．确定清算人

合伙企业解散，应当由清算人进行清算。清算人由全体合伙人担任；经全体合伙人过半数同意，可以自合伙企业解散事由出现后 15 日内指定一个或者数个合伙人，或者委托第三人担任清算人。自合伙企业解散事由出现之日起 15 日内未确定清算人的，合伙人或者其他利害关系人可以申请人民法院指定清算人。

2．清算人的职责

清算人在清算期间执行下列事务：①清理合伙企业财产，分别编制资产负债表和财产清单；②处理与清算有关的合伙企业未了结事务；③清缴所欠税款；④清理债权、债务；⑤处理合伙企业清偿债务后的剩余财产；⑥代表合伙企业参加诉讼或者仲裁活动。

3．通知和公告债权人

清算人自被确定之日起 10 日内将合伙企业解散事项通知债权人，并于 60 日内在报纸上公告。债权人应当自接到通知书之日起 30 日内，未接到通知书的自公告之日起 45 日内，向清算人申报债权。债权人申报债权，应当说明债权的有关事项，并提供证明材料。清算人应当对债权进行登记。清算期间，合伙企业存续，但不得开展与清算无关的经营活动。

4．财产清偿顺序

合伙企业财产在支付清算费用和职工工资、社会保险费用、法定补偿金以及缴纳所欠税款、清偿债务后的剩余财产，依照《合伙企业法》第三十三条第一款的规定进行分配。

合伙企业财产清偿问题主要包括以下三方面的内容。

(1) 合伙企业的财产首先用于支付合伙企业的清算费用。清算费用包括：①管理合伙企业财产的费用，如仓储费、保管费、保险费等。②处分合伙企业财产的费用，如聘任工作人员的费用等。③清算过程中的其他费用，如通告债权人的费用、调查债权的费用、咨询费用、诉讼费用等。

(2) 合伙企业的财产支付合伙企业的清算费用后的清偿顺序是：合伙企业职工工资、社会保险费用和法定补偿金；缴纳所欠税款；清偿债务。其中，法定补偿金主要是指法律、行政法规和规章所规定的应当支付给职工的补偿金，如《中华人民共和国劳动合同法》规定的解除劳动合同的补偿金。

(3) 分配财产。合伙企业财产依法清偿后仍有剩余时，对剩余财产依照《合伙企业法》的规定进行分配，即按照合伙协议的约定办理；合伙协议未约定或者约定不明确的，由合伙人协商决定；协商不成的，由合伙人按照实缴出资比例分配；无法确定出资比例的，由合伙人平均分配。

5．注销登记

清算结束，清算人应当编制清算报告，经全体合伙人签名、盖章后，在 15 日内向企业登记机关报送清算报告，申请办理合伙企业注销登记。

合伙企业注销后，原普通合伙人对合伙企业存续期间的债务仍应承担无限连带责任。

6．合伙企业不能清偿到期债务的处理

合伙企业不能清偿到期债务的，债权人可以依法向人民法院提出破产清算申请，也可以要求普通合伙人清偿。

合伙企业依法被宣告破产的，普通合伙人对合伙企业债务仍应承担无限连带责任。

学习情境七　有限合伙企业的特殊规定

【案例 1-14】 2010 年 3 月，甲、乙、丙、丁共同投资设立一从事商品流通的有限合伙企业。合伙协议约定了以下事项：甲以现金 5 万元出资，乙以房屋作价 8 万元出资，丙以劳务作价 4 万元出资，并另以商标权作价 5 万元出资，丁以现金 10 万元出资；丁为普通合伙人，甲、乙、丙均为有限合伙人；各合伙人按相同比例分配盈利、分担亏损；合伙企业的事务由丙和丁执行，甲和乙不执行合伙企业事务，也不对外代表合伙企业；普通合伙人向合伙人以外的人转让财产份额的，不需要经过其他合伙人同意。

【问题】 (1) 合伙人丙以劳务作价出资的做法是否符合规定？

(2) 合伙企业事务执行方式是否符合规定？为什么？

(3) 关于合伙人转让出资的约定是否符合法律规定？

(4) 各合伙人按照相同比例分配盈利、分担亏损的约定是否符合规定？为什么？

【结论】 (1) 丙以劳务作价出资的做法不符合规定。

(2) 合伙企业的事务由丙和丁执行的做法不符合规定。根据规定，有限合伙人不执行合伙企业事务，不得对外代表合伙企业，由于丙为该合伙企业的有限合伙人，因此其执行合伙企业事务、对外代表合伙企业的做法是不符合规定的。

(3) 合伙人转让出资的约定符合法律规定。

(4) 各合伙人按照相同比例分配盈利、分担亏损的约定符合规定。因为合伙企业的利润分配、亏损分担，按照合伙协议的约定办理。

(一)有限合伙企业设立的特殊规定

有限合伙企业由普通合伙人和有限合伙人组成，普通合伙人对合伙企业债务承担无限连带责任，有限合伙人以其认缴的出资额为限对合伙企业债务承担责任。

《合伙企业法》明确规定，有限合伙企业及其合伙人有规定的适用其规定；未作规定的，适用本法关于普通合伙企业及其合伙人的规定。

1．有限合伙企业人数

有限合伙企业由 2 个以上 50 个以下合伙人设立；但是，法律另有规定的除外。有限合伙企业至少应当有 1 个普通合伙人。按照规定，自然人、法人和其他组织可以依照法律规定设立有限合伙企业，但国有独资公司、国有企业、上市公司以及公益性的事业单位、社会团体不得成为有限合伙企业的普通合伙人。 在有限合伙企业存续期间，有限合伙人的人数可能发生变化。然而，无论如何变化，有限合伙企业中必须包括有限合伙人与普通合伙人两部分，否则，有限合伙企业应当进行组织形式变化。

2．有限合伙企业名称

《合伙企业法》规定，有限合伙企业名称中应当标明“有限合伙”字样。 按照企业名称登记管理的有关规定，企业名称中应当含有企业的组织形式。为便于社会公众以及交易相对人对有限合伙企业的了解，有限合伙企业名称中应当标明“有限合伙”的字样，而不能标明“普通合伙”、“特殊普通合伙”、“有限公司”、“有限责任公司”等字样。

3．有限合伙企业协议

有限合伙企业协议除符合普通合伙企业合伙协议的规定外，还应当载明下列事项：①普通合伙人和有限合伙人的姓名或者名称、住所；②执行事务合伙人应具备的条件和选择程序；③执行事务合伙人权限与违约处理办法；④执行事务合伙人的除名条件和更换程序；⑤有限合伙人入伙、退伙的条件、程序以及相 关责任；⑥有限合伙人和普通合伙人相互转变程序。

4．有限合伙人出资形式

有限合伙人可以用货币、实物、知识产权、土地使用权或者其他财产权利作价出资。

有限合伙人不得以劳务出资。

有限合伙人应当按照合伙协议的约定按期足额缴纳出资；未按期足额缴纳的，应当承担补缴义务，并对其他合伙人承担违约责任。

5．有限合伙企业登记事项

有限合伙企业登记事项中应当载明有限合伙人的姓名或者名称及认缴的出资数额。

(二)有限合伙企业财产的特殊规定

有限合伙人可以将其在有限合伙企业中的财产份额出质；但是，合伙协议另有约定的除外。

有限合伙人可以按照合伙协议的约定向合伙人以外的人转让其在有限合伙企业中的财产份额，但应当提前三十日通知其他合伙人。

有限合伙企业不得将全部利润分配给部分合伙人；但是，合伙协议另有约定的除外。

(三)有限合伙企业的事务执行的特殊规定

有限合伙企业由普通合伙人执行合伙事务。执行事务合伙人可以要求在合伙协议中确定执行事务的报酬及报酬提取方式。有限合伙人不执行合伙事务，不得对外代表有限合伙企业。

有限合伙人的下列行为不视为执行合伙事务。

(1) 参与决定普通合伙人入伙、退伙。

(2) 对企业的经营管理提出建议。

(3) 参与选择承办有限合伙企业审计业务的会计师事务所。

(4) 获取经审计的有限合伙企业财务会计报告。

(5) 对涉及自身利益的情况，查阅有限合伙企业财务会计账簿等财务资料。

(6) 在有限合伙企业中的利益受到侵害时，向有责任的合伙人主张权利或者提起诉讼。

(7) 执行事务合伙人怠于行使权利时，督促其行使权利或者为了本企业的利益以自己的名义提起诉讼。

(8) 依法为本企业提供担保。

有限合伙人可以同本有限合伙企业进行交易；但是，合伙协议另有约定的除外。

有限合伙人可以自营或者同他人合作经营与本有限合伙企业相竞争的业务；但是，合伙协议另有约定的除外。

(四)有限合伙企业的债务清偿的特殊规定

有限合伙人的自有财产不足清偿其与合伙企业无关的债务的，该合伙人可以以其从有限合伙企业中分取的收益用于清偿；债权人也可以依法请求人民法院强制执行该合伙人在有限合伙企业中的财产份额用于清偿。

人民法院强制执行有限合伙人的财产份额时，应当通知全体合伙人。在同等条件下，其他合伙人有优先购买权。

(五)有限合伙企业的入伙与退伙的特殊规定

1. 入伙

新入伙的有限合伙人对入伙前有限合伙企业的债务，以其认缴的出资额为限承担责任。

2. 退伙

有限合伙人有下列情形之一的，应当退伙。

(1) 作为合伙人的自然人死亡或者被依法宣告死亡。

(2) 作为合伙人的法人或者其他组织依法被吊销营业执照、责令关闭、撤销，或者被宣告破产。

(3) 法律规定或者合伙协议约定合伙人必须具有相关资格而丧失该资格。

(4) 合伙人在合伙企业中的全部财产份额被人民法院强制执行。

作为有限合伙人的自然人在有限合伙企业存续期间丧失民事行为能力的，其他合伙人不得因此要求其退伙。

作为有限合伙人的自然人死亡、被依法宣告死亡或者作为有限合伙人的法人及其他组织终止时，其继承人或者权利承受人可以依法取得该有限合伙人在有限合伙企业中的资格。

有限合伙人退伙后，对基于其退伙前的原因发生的有限合伙企业债务，以其退伙时从有限合伙企业中取回的财产承担责任。

(六)合伙人性质转变的特殊规定

除合伙协议另有约定外，普通合伙人转变为有限合伙人，或者有限合伙人转变为普通合伙人，应当经全体合伙人一致同意。

有限合伙人转变为普通合伙人的，对其作为有限合伙人期间有限合伙企业发生的债务承担无限连带责任。

普通合伙人转变为有限合伙人的，对其作为普通合伙人期间合伙企业发生的债务承担无限连带责任。

◎ 情境综述

合伙企业法主要阐述了合伙企业法的概念及原则；普通合伙企业和有限合伙企业的设立、财产、事务执行、与第三人的关系、入伙和退伙、债务清偿；合伙企业的解散和清算。合伙企业的设立需要符合法律规定的条件。

◎ 技能训练

一、单项选择题

1. 普通合伙企业的合伙人对合伙企业的债务承担(　　)。

A. 有限责任　　B. 无限责任　　C. 无限连带责任　　D. 清偿责任

2. 下列关于普通合伙企业修改或补充合伙协议说法正确的是(　　)。

A. 必须经全体合伙人一致同意

B. 应当经全体合伙人一致同意

C. 在合伙协议未有约定的情形下，应当经全体合伙人一致同意

D. 在合伙协议未有约定的情形下，必须经全体合伙人一致同意

3. 普通合伙企业的合伙人在合伙企业清算前可以请求分割合伙企业财产的情形是指(　　)。

A. 退伙　　B. 入伙　　C. 合伙份额的继承　　D. 退伙结算

4. 普通合伙企业协议未约定合伙企业合伙期限的，合伙人在不给合伙企业事务执行造成不利影响的情况下可以退伙，但应当提前(　　)通知其他合伙人。

A. 10 日　　B. 15 日　　C. 30 日　　D. 60 日

5. 根据《合伙企业法》的规定，有限合伙企业由两个以上五十个以下合伙人设立；其中至少应当有(　　)个普通合伙人。

A. 2　　B. 1　　C. 48　　D. 5

6. 下列对普通合伙企业设立的论述中符合法律规定的是(　　)。

A. 公民张某与自己年仅 13 周岁的儿子成立一个合伙企业

B. 合伙人必须一次全部缴付出资，不可以约定分期出资

C. 公民甲乙丙丁出资设立一个普通合伙企业，甲可以以劳务出资

D. 合伙企业名称中没有标明“普通”或是“有限”字样的话，就视为是普通合伙企业

7. 依照《合伙企业法》的规定，下列不属于普通合伙人被除名的情形是(　　)。

A. 甲合伙人在执行合伙事务中有贪污合伙企业财产的行为

B. 乙合伙人认缴的出资没有按约定缴付

C. 因重大过失给合伙企业造成损失

D. 个人丧失偿债能力

8. 某有限合伙企业吸收甲为该企业的有限合伙人。对甲入伙前该企业既有的债务，下列表述中符合《合伙企业法》规定的是(　　)。

A. 甲不承担责任

B. 甲以其认缴的出资额承担责任

C. 甲以其实缴的出资额承担责任

D. 甲承担无限责任

9. 普通合伙企业中，新合伙人入伙时，应当经(　　)同意并依法订立书面入伙协议。

A. 半数以上合伙人　　B. 全体合伙人

C. 2/3 以上多数合伙人　　D. 合伙事务执行人

10. 根据《合伙企业法》的规定，下列人员中可以不对普通合伙企业债务承担连带责任的有(　　)。

A. 执行合伙企业事务的合伙人

B. 不执行合伙企业事务的合伙人

C. 合伙企业债务发生后办理退伙的退伙人

D. 被聘为合伙企业的经营管理人员

二、多项选择题

1. 甲、乙、丙欲成立一普通合伙企业，则下列关于其设立程序与条件的说法中正确的是(　　)。

A. 甲、乙可以是自然人，也可以是法人或者其他组织

B. 三者必须签订书面合伙协议

C. 可以货币、实物、土地使用权、知识产权或者其他财产权利出资，但不得以劳务出资

D. 合伙企业名称中应当标明“普通合伙”字样

2. 甲、乙、丙、丁、戊五人共同成立一个合伙企业，约定委托甲和乙负责执行合伙事务，那么下列说法中符合《合伙企业法》规定的是(　　)。

A. 丙、丁、戊不再执行合伙事务，但有权监督甲和乙执行合伙事务的情况

B. 甲和乙应当定期向丙、丁、戊报告合伙事务执行情况以及合伙企业的经营和财产状况

C. 所有合伙人都有权查阅合伙企业的财务会计账簿等财务资料，以了解企业的财务状况和经营状况

D. 当甲和乙不按照合伙协议执行合伙事务时，丙、丁、戊可以决定撤销委托

3. 合伙人甲在某一普通合伙企业经营期间因交通事故而死亡，其子乙尚未成年，则下列说法中正确的是(　　)。

A. 乙因此成为该合伙企业的合伙人

B. 经全体合伙人一致同意，从继承开始之日起，乙取得该合伙企业的合伙人资格，

但只能作为有限合伙人

C. 全体合伙人未一致同意将合伙企业转为有限合伙企业的，应当将甲的财产份额退还给乙

D. 如果合伙协议约定所有的合伙人必须具有完全行为能力，则乙不能取得合伙人资格，但可以要求合伙企业退还甲的财产份额

4. 普通合伙企业的合伙人甲因个人事务欠乙 30 万元债务，而乙同时欠合伙企业 27 万元债务。甲的债务到期后一直未清偿，则乙的下列行为符合《合伙企业法》规定的有(　　)。

A. 以其对甲的债权抵销对合伙企业的债务

B. 代位行使甲在合伙企业中的权利

C. 请求法院强制执行甲在合伙企业中的财产份额

D. 当合伙企业不能清偿到期债务时，主张甲的财产应当优先清偿自己的债权

5. 下列关于普通合伙企业合伙人出资的说法正确的有(　　)。

A. 合伙人可以用货币、实物、知识产权、土地使用权或者其他财产权利出资

B. 合伙人可以用劳务出资，其评估办法由全体合伙人协商确定

C. 合伙人以实物、知识产权、土地使用权或者其他财产权利出资，需要评估作价的，可以由全体合伙人协商确定，也可以由全体合伙人委托法定评估机构评估

D. 合伙人应当按照合伙协议约定的出资方式、数额和缴付期限履行出资义务

6. 甲和乙共同出资设立一普通合伙企业，他们共同出资 20 万元，一年后获得经营利润 4 万元，还获赠一台电脑。下列说法中正确的是(　　)。

A. 该 20 万元出资和 4 万元利润属于合伙企业的财产

B. 获赠的电脑不属于出资，也不属于营业所得，但仍属合伙企业财产

C. 甲欲向丙转让其在合伙企业中的一半财产份额，只需通知乙即可

D. 甲欲向丙转让其在合伙企业中的一半财产份额，应当事先取得其他合伙人的一致同意

7. 除合伙协议另有约定外，普通合伙企业的下列事项中应当经全体合伙人一致同意的有(　　)。

A. 改变合伙企业的名称

B. 以合伙企业名义为他人提供担保

C. 聘任合伙人担任合伙企业的经营管理人员

D. 处分合伙企业的财产

8. 根据《合伙企业法》的规定，下列有关普通合伙企业的说法错误的有(　　)。

A. 合伙人为自然人的，可以是限制民事行为能力人

B. 利润分配和亏损分担办法是合伙协议应该记载的事项

C. 合伙企业解散清算委托第三人担任清算人的，需要经全体合伙人一致同意

D. 合伙人之间约定的合伙企业亏损的分担比例对合伙人和债权人均有约束力

9. 甲、乙、丙准备设立一家普通合伙企业，在其拟定的合伙协议中的下列内容不符合规定的有(　　)。

A. 以劳务出资的甲对企业债务承担有限责任

B. 企业名称中只标明“合伙”字样

C. 由乙执行企业事务

D. 出资最多的丙有权修改合伙协议

10. 甲、乙、丙三人设立一普通合伙企业，合伙协议约定合伙人之间利润分配和亏损分担的比例是 5∶3∶2。该合伙企业欠丁货款 20 万元，合伙企业财产价值为 10 万元。丁在得到合伙企业财产 10 万元之后，其余 10 万元可以要求(　　)。

A. 甲全部偿还

B. 乙全部偿还

C. 丙全部偿还

D. 甲偿还 5 万元，乙偿还 3 万元，丙偿还 2 万元

三、综合题

1. 2009 年 1 月，甲、乙、丙三人共同出资设立一普通合伙企业，合伙协议约定甲为该合伙企业的负责人，但 5 万元以上的业务须经甲、乙、丙三人一致同意。但合伙协议并未约定损益分配和亏损承担的比例。2010 年 7 月 1 日，因丙外出，甲与乙协商后以该合伙企业名义与第三人李某签订了一份标的为 16 万元的原材料买卖合同。因该合伙企业流动资金不足，甲以合伙企业的汽车为抵押向某银行贷款 10 万元，一年期，已办理抵押登记。2011 年 7 月，某银行贷款到期，合伙企业不能按时偿还，经查合伙企业现有财产共计 10 万元。

要求：根据有关法律规定，分别回答下列问题。

(1) 在合伙协议未约定损益分配和亏损承担的比例的情况下，应如何确定甲、乙、丙的分配和分担比例？

(2) 该合伙企业与第三人李某签订的合同是否有效？为什么？

(3) 甲以合伙企业汽车为抵押向银行借款的行为是否有效？为什么？

(4) 银行贷款应如何清偿？

2. 2010 年 1 月，甲、乙、丙三人共同设立一普通合伙企业。合伙协议约定：甲以现金 6 万元出资，乙以房屋作价 10 万元出资，丙以劳务作价 4 万元出资；各合伙人按出资比例分配盈利、分担亏损。合伙企业成立后，为扩大经营，于 2010 年 6 月向银行贷款人民币 10 万元，期限为 1 年。2010 年 8 月，甲提出退伙，乙、丙表示同意。同月，甲办理了退伙结算手续。2010 年 9 月，丁以货币 2 万元入伙，新入伙协议对损益分配未作规定。丁入伙

后，因经营环境变化，企业严重亏损。2011年5月，乙、丙、丁决定解散合伙企业，并将合伙企业现有财产价值人民币4万元予以分配，但对未到期的银行贷款未予清偿。2011年6月，银行贷款到期后，银行找合伙企业清偿债务，发现该企业已经解散，遂向甲要求偿还全部贷款，甲称自己早已退伙，不负责清偿债务。银行向丁要求偿还全部贷款，丁称该笔贷款是在自己入伙前发生的，不负责清偿。银行向乙要求偿还全部贷款，乙表示只按照合伙协议约定的比例清偿相应数额。银行向丙要求偿还全部贷款，丙则表示自己是以劳务出资的，不承担偿还贷款义务。

要求：根据有关法律规定，分别回答下列问题。

(1) 甲的主张能否成立，请说明理由。

(2) 乙的主张能否成立，请说明理由。

(3) 丙的主张能否成立，请说明理由。

(4) 丁的主张能否成立，请说明理由。

(5) 假设银行贷款清偿后，甲、乙、丙、丁内部之间应如何分担清偿责任？要求写出具体的计算过程和相应的法律依据。

任务三　个人独资企业法律制度

学习情境一　个人独资企业概述

【案例 1-15】 甲是下岗工人，决定自己成立个人独资企业，在筹备的过程中意识到自己的财力不足，想让自己的朋友乙也出钱并同时成为该独资企业投资人。

【问题】 请问甲的设想正确吗？

【结论】 甲的设想不正确。个人独资企业，是指依照《中华人民共和国个人独资企业法》(以下简称《个人独资企业法》)在中国境内设立，由一个自然人投资，财产为投资人个人所有，投资人以其个人财产对企业债务承担无限责任的经营实体。如果乙也出钱并与甲同时作为投资人，就违反了个人独资企业由一个自然人投资，财产为投资人个人所有的规定。

(一)个人独资企业的概念和特征

个人独资企业，是指依照《个人独资企业法》在中国境内设立，由一个自然人投资，财产为投资人个人所有，投资人以其个人财产对企业债务承担无限责任的经营实体。

个人独资企业的法律特征为：①个人独资企业的投资人为一个自然人；②个人独资企业的全部财产为投资人个人所有；③个人独资企业的投资人以其个人财产对企业债务承担无限责任。

(二)个人独资企业法的概念

个人独资企业法是调整在国家协调经济运行过程中发生的关于个人独资企业的各种经济关系的法律规范的总称。《个人独资企业法》由我国第九届全国人民代表大会常务委员会第十一次会议于 1999 年 8 月 30 日通过，自 2000 年 1 月 1 日起施行。《个人独资企业法》适用于在中国境内设立的个人独资企业和部分个体工商户，不包括国有和集体所有的独资企业，也不包括外商投资的独资企业。《个人独资企业法》的制定与实施，对于规范个人独资企业的行为，保护个人独资企业投资人和债权人的合法权益，维护社会经济秩序，促进社会主义市场经济的发展具有十分重要的意义。

学习情境二 个人独资企业的设立

【案例 1-16】 王某 17 岁，一直待业，打算设立个人独资企业，向工商行政管理机关提出申请登记，被驳回。

【问题】 工商行政管理机关为什么驳回王某的设立申请？

【结论】 王某不属于完全民事行为能力人，不能成为个人独资企业设立主体。

(一)个人独资企业的设立条件

(1) 投资人为一个自然人。

个人独资企业的投资人只能是一个自然人，该自然人必须是具有完全民事行为能力的中国公民。法律、行政法规规定禁止从事营利性活动的人不得设立个人独资企业，如法官、检察官、人民警察等都不得作为投资人申请设立个人独资企业。

(2) 有合法的企业名称。

个人独资企业的名称应当符合企业名称登记管理的有关规定，并与其责任形式及从事的营业及规模相符合。

(3) 有投资人申报的出资。

个人独资企业的投资人必须要有申报的出资，这是企业设立、经营以及保护债权人利益的财产保障。鉴于个人独资企业是一个自然人投资，且投资人对企业的债务承担无限责任，《个人独资企业法》并未规定个人独资企业设立的最低注册资本额，投资人申报的出资只需要保证生产经营的实际需要即可。个人独资企业的投资人可以个人财产出资，也可以家庭共有财产出资。投资人在设立登记时明确以家庭共有财产作为出资的，应依法以家庭共有财产对企业债务承担无限责任。

(4) 有固定的生产经营场所和必要的生产经营条件。

(5) 有必要的从业人员。

(二)个人独资企业的设立程序

1. 申请

申请设立个人独资企业，应当由投资人或者其委托的代理人向个人独资企业所在地的登记机关提交设立申请书、投资人身份证明、生产经营场所使用证明等文件。个人独资企业设立申请书应当载明下列事项：①企业的名称和住所；②投资人的姓名和居所；③投资人的出资额和出资方式；④经营范围。委托代理人申请设立登记时，应当出具投资人的委托书和代理人的合法证明。个人独资企业不得从事法律、行政法规禁止经营的业务；从事法律、行政法规规定须报经有关部门审批的业务，应当在申请设立登记时提交有关部门的批准文件。

2. 审批

登记机关应当在收到设立申请文件之日起 15 日内，对符合《个人独资企业法》规定条件的，予以登记，发给营业执照；对不符合本法规定条件的，不予登记，并应当给予书面答复，说明理由。个人独资企业的营业执照的签发日期，为个人独资企业成立日期。在领取个人独资企业营业执照前，投资人不得以个人独资企业名义从事经营活动。

个人独资企业设立分支机构，应当由投资人或者其委托的代理人向分支机构所在地的登记机关申请登记，领取营业执照。分支机构经核准登记后，应将登记情况报该分支机构隶属的个人独资企业的登记机关备案。分支机构的民事责任由设立该分支机构的个人独资企业承担。

个人独资企业存续期间登记事项发生变更的，应当在作出变更决定之日起的 15 日内依法向登记机关申请办理变更登记。

学习情境三　个人独资企业的投资人及事务管理

【案例 1-17】 王某于 2009 年 3 月出资设立个人独资企业，聘请李某负责企业的日常经营管理，委托书中约定：超过 5 万元的标的，须经王某批准。同年 5 月，李某擅自与甲公司签订 15 万元的买卖合同。甲公司不知道王某的授权限制，该企业一直未付款。2010 年该企业解散，甲公司起诉，要求王某偿还 15 万元。

【问题】 法院能否支持甲的诉讼请求？

【结论】 能。因为甲公司属于善意第三人，投资人对受托人或者被聘用的人员职权的限制，不得对抗善意第三人。

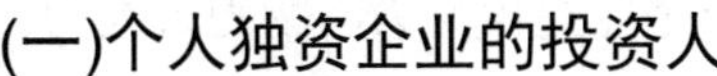

(一)个人独资企业的投资人

1. 个人独资企业投资人的条件

个人独资企业的投资人是指以其财产投资设立个人独资企业的自然人。法律、行政法规禁止从事营利性活动的人，不得作为投资人申请设立个人独资企业，除法律、行政法规禁止从事营利性活动的自然人外，其余具有完全民事行为能力的自然人均可成为个人独资企业的投资人。

2. 个人独资企业投资人的权利

个人独资企业投资人对本企业的财产依法享有所有权，其有关权利可以依法进行转让或继承。

3. 个人独资企业投资人的责任

个人独资企业投资人对企业债务承担无限责任。个人独资企业投资人在申请企业设立登记时明确以其家庭共有财产作为个人出资的，应当依法以家庭共有财产对企业债务承担无限责任。

(二)个人独资企业的事务管理

个人独资企业投资人可以自行管理企业事务，也可以委托或者聘用其他具有民事行为能力的人负责企业的事务管理。

投资人委托或者聘用他人管理个人独资企业事务，应当与受托人或者被聘用的人签订书面合同，明确委托的具体内容和授予的权利范围。受托人或者被聘用的人员应当履行诚信、勤勉义务，按照与投资人签订的合同负责个人独资企业的事务管理。投资人对受托人或者被聘用的人员职权的限制，不得对抗善意第三人。

投资人委托或者聘用的管理个人独资企业事务的人员不得有下列行为：①利用职务上的便利，索取或者收受贿赂；②利用职务或者工作上的便利侵占企业财产；③挪用企业的资金归个人使用或者借贷给他人；④擅自将企业资金以个人名义或者以他人名义开立账户储存；⑤擅自以企业财产提供担保；⑥未经投资人同意，从事与本企业相竞争的业务；⑦未经投资人同意，同本企业订立合同或者进行交易；⑧未经投资人同意，擅自将企业商标或者其他知识产权转让给他人使用；⑨泄露本企业的商业秘密；⑩法律、行政法规禁止的其他行为。

个人独资企业应当依法设置会计账簿，进行会计核算；个人独资企业招用职工的，应当依法与职工签订劳动合同，保障职工的劳动安全，按时、足额发放职工工资；个人独资企业应当按照国家规定参加社会保险，为职工缴纳社会保险费；个人独资企业可以依法申请贷款，取得土地使用权，并享有法律、行政法规规定的其他权利。任何单位和个人不得违反法律、行政法规的规定，以任何方式强制个人独资企业提供财力、物力、人力；对于违法强制提供财力、物力、人力的行为，个人独资企业有权拒绝。

学习情境四　个人独资企业的解散和清算

【案例 1-18】 甲以个人出资设立个人独资企业，因经营不善甲决定解散。清算后企业财产不足清偿所欠债务。

【问题】 解散时尚未得到清偿的债务应如何处理？

【结论】 以投资人个人的其他财产清偿，仍不足以清偿的，如果债权人在5年内未提出偿债请求的，则不再清偿。

(一)个人独资企业的解散

个人独资企业有下列情形之一时，应当解散：①投资人决定解散；②投资人死亡或者被宣告死亡，无继承人或者继承人决定放弃继承；③被依法吊销营业执照；④法律、行政法规规定的其他情形。

(二)个人独资企业的清算

个人独资企业解散，由投资人自行清算或者由债权人申请人民法院指定清算人进行清算。投资人自行清算的，应当在清算前15日内书面通知债权人，无法通知的，应当予以公告。债权人应当在接到通知之日起30日内，未接到通知的应当在公告之日起60日内，向投资人申报其债权。

个人独资企业解散的，财产应当按照下列顺序清偿：①所欠职工工资和社会保险费用；②所欠税款；③其他债务。个人独资企业财产不足以清偿债务的，投资人应当以其个人的其他财产予以清偿。清算期间，个人独资企业不得开展与清算目的无关的经营活动。在清偿债务前，投资人不得转移、隐匿财产。

个人独资企业解散后，原投资人对个人独资企业存续期间的债务仍应承担偿还责任，但债权人在五年内未向债务人提出偿债请求的，该责任消灭。

个人独资企业清算结束后，投资人或者人民法院指定的清算人应当编制清算报告，并于15日内到登记机关办理注销登记。

(三)违法个人独资企业法的法律责任

1. 违法行为

个人独资企业的违法行为包括：①提交虚假文件或采取其他欺骗手段，取得企业登记；②个人独资企业使用的名称与其在登记机关登记的名称不相符合；③涂改、出租、转让营业执照、伪造营业执照；④个人独资企业成立后无正当理由超过六个月未开业，或者开业后自行停业连续六个月以上；⑤未领取营业执照，以个人独资企业名义从事经营活动；⑥个人独资企业登记事项发生变更时，未按规定办理有关变更登记；⑦投资人委托或者聘用的人员管理个人独资企业事务时违反双方订立的合同，给投资人造成损害；⑧个人独资企业侵犯职工合法权益，未保障职工劳动安全，不缴纳社会保险费用；⑨投资人委托或者聘用的人员侵犯个人独资企业财产权益；⑩个人独资企业及其投资人在清算前或清算期间隐匿或转移财产，逃避债务。

登记机关及其工作人员的违法行为包括：①登记机关对不符合规定条件的个人独资企业予以登记，或者对符合规定条件的企业不予登记；②登记机关的上级部门的有关主管人员强令登记机关对不符合规定条件的企业予以登记，或者对符合规定条件的企业不予登记的，或者对登记机关的违法登记行为进行包庇。

2. 法律责任

(1) 民事责任。投资人委托或聘用的人员管理个人独资企业事务时违反双方订立的合同，给投资人造成伤害的，承担民事赔偿责任；投资人违反《个人独资企业法》规定，应当承担民事赔偿责任的罚款、罚金，其财产不足以支付的，或者被判处没收财产的，应当先承担民事赔偿责任。

(2) 行政责任。行政机关对个人独资企业的违法行为，依法可以处以罚款、没收违法所得、责令限期改正，情节严重的，可以单处或并处吊销营业执照。登记机关及其工作人员有违法行为的，对直接责任人员依法给予行政处分。

(3) 刑事责任。违反《个人独资企业法》的行为构成犯罪的，依法追究刑事责任。

◎ 情境综述

个人独资企业法律制度主要阐述了个人独资企业的概念、特点和个人独资企业的设立条件与程序，个人独资企业的事务管理与解散、清算等内容。

◎ 技能训练

一、单项选择题

1. 个人独资企业的投资人对企业债务承担(　　)责任。

   A. 以出资额为限承担责任　　B. 以企业财产为限承担责任

   C. 以其个人财产承担无限责任　　D. 以其个人财产承担连带无限责任

2. 下列关于个人独资企业成立日期正确的是(　　)。

   A. 个人独资企业的营业执照的签发日期为个人独资企业成立日期

B. 个人独资企业开业日期为个人独资企业成立日期

C. 个人独资企业从事经营活动的日期为个人独资企业成立日期

D. 个人独资企业申请登记的日期为个人独资企业成立日期

3. 2000年1月5日,赵某申请登记成立了一个人独资企业,该企业的事务可以由(　　)来管理。

A. 赵某的父母

B. 不幸遭遇车祸变成植物人的赵某

C. 赵某或其委托、聘用的其他有民事行为能力的人

D. 赵某在上大学的17岁儿子

4. 甲投资创办了一家个人独资企业，我国《个人独资企业法》对企业的解散作了明确的规定，下列选项中不属于法律所规定的甲的企业的解散情形的是(　　)。

A. 甲决定解散

B. 章程规定的经营期限届满

C. 甲死亡或者被宣告死亡，无继承人或者继承人决定放弃继承

D. 被依法吊销营业执照

5. 个人独资企业解散后，按照个人独资企业法的规定，原投资人对企业存续期间的债务(　　)。

A. 仍应承担责任

B. 不再承担责任

C. 仍应承担责任，但债权人在5年内未向债务人提出偿债请求的该责任消灭

D. 自注销登记之日起不再承担责任

6. 万某因出国留学将自己的独资企业委托陈某管理，并授权陈某在5万元以内的开支和50万元以内的交易可自行决定。设若第三人对此授权不知情，则陈某受托期间实施的下列(　　)为我国法律所禁止或无效。

A. 未经万某同意与某公司签订交易额为100万元的合同

B. 未经万某同意将自己的房屋以1万元出售给本企业

C. 未经万某同意向某电视台支付广告费8万元

D. 未经万某同意聘用其妻为企业销售主管

7. 甲以个人财产设立一独资企业，后甲病故，其妻和其子女(均已满18岁)都明确表示不愿继承该企业，该企业只得解散。该企业解散时，(　　)进行清算。

A. 应由其子女进行清算

B. 应由其妻进行清算

C. 应由其妻和其子女共同进行清算

D. 应由债权人申请法院指定清算人进行清算

8. 2002年7月，王强个人投资兴办了夏娃服装厂。由于服装市场竞争日益激烈，2005年5月，王强决定解散该服装厂投资于其他行业。其后王强实施了以下行为，其中(　　)是违反《个人独资企业法》的规定的。

A. 王强自己担任清算人对夏娃服装厂进行清算

B. 在清算前15日内通知债权人相关情况

C. 在报纸上发表声明“夏娃服装厂已经解散，请其债权人尽快提出偿债请求，5年内未提出的，本人将不再承担清偿责任”

D. 在清算期间，客户霍某找到王强要最后订购一批服装，王强本不愿再接生意但在其再三请求之下答应了其请求，并与之订立了买卖协议

9. 下列对个人独资企业与合伙企业关系的叙述中，错误的是(　　)。

A. 二者都不缴纳企业所得税

B. 二者在设立时都不要求有注册资本

C. 二者的投资者对企业的债务都承担无限责任

D. 法律禁止从事营利性活动的人不可独自开办个人独资企业，但可与其他符合法律要求的人共同设立合伙企业，成为合伙人

10. 个人独资企业的投资人可以是(　　)。

A. 中国公民　　　　B. 外国公民

C. 无国籍人　　　　D. 中国公民或者外国公民

二、多项选择题

1. 小王与小张系夫妻，妻子小张以个人名义申请登记了“天天个人独资企业”。该企业刚成立时，生意尚可，小张便将盈利用来添置了一些高档家具和家用电器，但其后，由于判断失误，负债5万元，债权人几次催要欠款，小张均以无钱为由拒不还债，债权人便起诉到法院，请求法院冻结小张的家庭存款。依照《个人独资企业法》的规定，下列表述正确的是(　　)。

A. 法院可以依该债权人的申请采取冻结措施

B. 法院不可以依债权人的申请采取冻结措施

C. 小张应该用家庭共有的财产对该债务承担无限责任

D. 小张仅以个人财产对该债务承担无限责任

2. 张某于2000年3月成立一家个人独资企业。同年5月，该企业与甲公司签订一份买卖合同，根据合同，该企业应于同年8月支付给甲公司货款15万元，后该企业一直未支付该款项。2001年1月该企业解散。2003年5月，甲公司起诉张某，要求张某偿还上述15万元债务。下列有关该案的表述中(　　)是错误的。

A. 因该企业已经解散，甲公司的债权已经消灭

B. 甲公司可以要求张某以其个人财产承担15万元的债务

C. 甲公司请求张某偿还债务已超过诉讼时效，其请求不能得到支持

D. 甲公司请求张某偿还债务的期限应于2003年1月届满

3. 下列关于个人独资企业的表述正确的是(　　)。

A. 个人独资企业应依法缴纳企业所得税

B. 个人独资企业成立时需缴足法定最低注册资本

C. 个人独资企业对被聘用人员的限制不得对抗善意第三人

D. 个人独资企业的投资人对个人独资企业债务承担无限责任

4. 某个人独资企业的投资人甲聘用乙作为企业经理，下列所述乙的(　　)行为是法律禁止的。

A. 乙将企业的50万元资金借给自己的同学丙

B. 某日，甲出差在外，甲的好友丁来求助该企业为其贷款提供担保，乙认为丁是甲的好友，未经向甲请示就以企业财产为丁提供了担保

C. 乙认为企业获取的一项专利一直未能实施给企业造成了损失，遂说服甲同意将其转让给戊，后来戊实施该专利，获利颇丰

D. 乙将企业资金20万元用于个人炒股，在股市上获利后，立即归还给企业

5. 依照《个人独资企业法》的规定，个人独资企业解散时，通知和公告债权人的正确做法有(　　)。

A. 应当在清算前15日内书面通知债权人

B. 债权人应当在接到通知之日起30日内，向投资人申报其债权

C. 无法通知的当予以公告

D. 未接到通知的债权人，应当在公告之日起90日内向投资人申报其债权

6. 王某以个人名义兴办了一个木制品加工厂，在申请设立企业登记时明确以其家庭共有财产作为个人出资，对此以下观点正确的有(　　)。

A. 该加工厂为个人独资企业

B. 该加工厂为合伙企业

C. 王某应以个人财产对企业债务承担无限责任

D. 王某应以家庭共有财产对企业债务承担无限责任

7. 个人独资企业的出资形式包括(　　)。

A. 专利权　　B. 劳务

C. 土地使用权　　D. 投资人家庭共有的汽车

8. 个人独资企业的名称中不能出现(　　)。

A. 有限　　B. 有限责任　　C. 公司　　D. 厂

9. 下列关于个人独资企业的说法正确的是(　　)。

A. 个人独资企业以其主要国人事机构所在地为住所

B. 个人独资企业的投资人以其个人财产对企业债务承担无限责任

C. 个人独资企业不设工会

D. 个人独资企业不设分支机构

10. 申请设立个人独资企业，应当由投资人或者其委托的代理人向个人独资企业所在地的登记机关提交下列(　　)文件材料。

A. 设立申请书　　B. 投资人身份证明

C. 生产经营场所证明　　D. 从业人员身份证明

三、综合题

1. 2001 年 2 月 11 日，甲出资 10 万元设立 A 个人独资企业(下称“A 企业”)。甲聘请乙管理企业事务，同时规定，凡乙对外签订标的额超过 1 万元以上的合同，须经甲同意。3 月 5 日，乙未经甲同意，以 A 企业名义向善意第三人丙购买价值 2 万元的货物。

2001 年 8 月 10 日，A 企业亏损，不能支付到期的丁的债务，甲决定解散该企业，并请求人民法院指定清算人。8 月 15 日，人民法院指定戊作为清算人对 A 企业进行清算。经查，A 企业和甲的资产及债权债务情况如下。

(1) A 企业欠缴税款 3000 元，欠乙工资 6000 元，欠社会保险费用 6000 元，欠丁 10 万元。

(2) A 企业的银行存款 1 万元，实物折价 7 万元。

(3) 甲在 B 合伙企业出资 8 万元，占 50%的出资额，B 合伙企业每年可向合伙人分配利润。

(4) 甲个人其他可执行的财产价值 3 万元。

要求：(1) 乙于 3 月 5 日以 A 企业名义向丙购入价值 2 万元货物的行为是否有效？并说明理由。

(2) 试述 A 企业的财产清偿顺序。

(3) 如何满足丁的债权请求？

2. 陈某于 2000 年 1 月初申请登记设立一家个人独资企业——服装加工厂。该厂在陈某向朋友李某借款购买设备，赊购一批布料后便匆匆开业。谁知陈某不善管理及营销，不懂市场加上该厂加工产品质量差，大量积压，连续三个月出现亏损，工人工资也没有发放。于是陈某决定解散企业，并自任清算人自行清算，在清算前写信通知了债权人——借款熟人及赊销人。而李某等人却因致电外地打工没有留下通讯地址而未得到通知，陈某便不再予以理会。经清算后发现，其加工厂剩余净资产仅够支付职工工资及税款，其他债务只有用个人资产支付。陈某暗地里卖掉部分设备及家中值钱的大宗用品，并将现金以其子女的名义秘密存入银行，后经工人举报而事发。

问：陈某的哪些行为违反法律规定，应如何处理。

任务四　外商投资企业法律制度

学习情境一　外商投资企业概述

【案例 1-19】 某中外合资经营企业拟在中国南方某地建立 A 项目，A 项目产品的生产会对周边环境造成污染，遭到当地民众一致反对，最后 A 项目申请未被批准，该企业认为自己作为中外合资企业能够为当地带来巨大的经济利益，申请不应该得不到批准。

【问题】 该项目是否应该不予批准？

【结论】 该项目不应该被批准。属于下列情形之一的，列为禁止类外商投资项目。①危害国家安全或者损害社会公共利益的；②对环境造成污染损害，破坏自然资源或者损害人体健康的；③占用大量耕地，不利于保护、开发土地资源的；④危害军事设施安全和使用效能的；⑤运用我国特有工艺或者技术生产产品的；⑥法律、行政法规规定的其他情形。显然 A 项目属于对环境造成污染的，是禁止外商投资的项目。

(一)外商投资企业的概念和特征

外商投资企业是指依照中国法律规定，在中国境内设立的，由中国投资者和外国投资者共同投资设立或者仅由外国投资者投资设立的企业。在我国，外商投资企业包括中外合资经营企业、中外合作经营企业、外商投资企业，通常被人们称为“三资企业”。外商投资企业是中国投资者与外国投资者进行战略合作的一种形式，通过这种合作，中国投资者在资金、技术、管理经验和进入国际市场的渠道等方面获得了重要的经验和支持。

外商投资企具有以下特征。

(1) 外商投资企业是外国投资者参与或者独立投资设立的企业。参与投资设立，是指外国企业、其他经济组织或者个人与中国企业、其他经济组织共同投资设立企业，包括中外合资经营企业、中外合作经营企业。独立投资设立，是指全部资本由外国企业、其他经济组织或个人投资设立的外资企业。

(2) 外商投资企业是依照中国的法律和行政法规，经中国政府批准，在中国境内设立的企业。外商投资企业区别于以下两类情况：①我国的企业、其他经济组织在中国境外设立的企业；②依照外国法律设立的外国企业派驻在我国境内的分支机构。

(二)外商投资企业法

外商投资企业法是调整外商投资企业经济关系的法律规范的总称。外商投资企业的经济关系包括外商投资企业的内部经济关系和外部经济关系。为了扩大国际经济合作和技术交流，鼓励外国投资者来我国投资，我国颁布了一系列相关的法律法规，主要包括：1979

年 7 月 1 日第五届全国人民代表大会第二次会议通过，1990 年 4 月 4 日第七届全国人民代表大会第三次会议修正，2001 年 3 月 15 日第九届全国人民代表大会第四次会议第二次修正的《中华人民共和国中外合资经营企业法》(以下简称《中外合资经营企业法》)；1983 年 9 月 20 日国务院发布，1986 年 1 月 15 日、1987 年 12 月 21 日、2001 年 7 月 22 日国务院修订的《中华人民共和国中外合资经营企业法实施条例》(以下简称《中外合资经营企业法实施条例》)；1988 年 4 月 13 日第七届全国人民代表大会第一次会议通过，2000 年 10 月 31 日第九届全国人民代表大会常务委员会第十八次会议修正的《中华人民共和国中外合作经营企业法》(以下简称《中外合作经营企业法》)；1995 年 8 月 8 日国务院批准，1995 年 9 月 4 日对外贸易经济合作部发布的《中华人民共和国外合作经营企业法实施细则》(以下简称《中外合资经营企业法实施条例》)；1986 年 4 月 12 日第六届全国人民代表大会第四次会议通过，2000 年 10 月 31 日第九届全国人民代表大会常务委员会第十八次会议修正的《中华人民共和国外资企业法》(以下简称《外资企业法》)；1990 年 10 月 28 日国务院批准 1990 年 12 月 12 日对外经济贸易部发布，2001 年 4 月 12 日国务院修订《中华人民共和国外资企业法实施细则》(以下简称《外资企业法实施细则》)。

(三)外商投资企业的投资领域

为了指导外商投资方向，使外商投资方向与我国国民经济和社会发展规划相适应，并有利于保护投资者的合法权益，根据国家有关外商投资的法律规定和产业政策要求，国务院于 2002 年 2 月 21 日公布了《指导外商投资方向规定》，适用于在我国境内投资举办中外合资经营企业、中外合作经营企业和外资企业(以下简称外商投资企业)的项目以及其他形式的外商投资项目(以下简称外商投资项目)。外商投资项目分为鼓励、允许、限制和禁止四类。其中，鼓励类、限制类和禁止类的外商投资项目列入《外商投资产业指导目录》。不属于鼓励类、限制类和禁止类的外商投资项目，为允许类外商投资项目。允许类外商投资项目不列入《外商投资产业指导目录》。

属于下列情形之一的，列为鼓励类外商投资项目：①属于农业新技术、农业综合开发和能源、交通、重要原材料工业的；②属于高新技术、先进适用技术，能够改进产品性能、提高企业技术经济效益或者生产国内生产能力不足的新设备、新材料的；③适应市场需求，能够提高产品档次、开拓新兴市场或者增加产品国际竞争能力的；④属于新技术、新设备，能够节约能源和原材料、综合利用资源和再生资源以及防治环境污染的；⑤能够发挥中西部地区的人力和资源优势，并符合国家产业政策的；⑥法律、行政法规规定的其他情形。

属于下列情形之一的，列为限制类外商投资项目：①技术水平落后的；②不利于节约资源和改善生态环境的；③从事国家规定实行保护性开采的特定矿种勘探、开采的；④属于国家逐步开放的产业的；⑤法律、行政法规规定的其他情形。

属于下列情形之一的，列为禁止类外商投资项目：①危害国家安全或者损害社会公共

利益的；②对环境造成污染损害，破坏自然资源或者损害人体健康的；③占用大量耕地，不利于保护、开发土地资源的；④危害军事设施安全和使用效能的；⑤运用我国特有工艺或者技术生产产品的；⑥法律、行政法规规定的其他情形。

学习情境二　中外合资经营企业法

【案例 1-20】 2004 年年初，经国家新闻出版总署批准，电脑报社与香港 TOM 集团成立中外合资重庆电脑报经营有限公司。合营企业的经营范围是中国内地出版的图书、报纸、期刊的零售业务，经营期限 20 年。TOM 集团以现金 2 亿多人民币出资，持有合资企业 49%的股份。电脑报以商标使用权等出资，持有 51%的股份。

【问题】 中外合资重庆电脑报经营有限公司是否具有中国法人资格？

【结论】 中外合资重庆电脑报经营有限公司是中外合资经营企业，具有中国法人资格。

(一)中外合资经营企业的概念和特征

1. 概念

中外合资经营企业亦称股权式合营企业。它是外国公司、企业和其他经济组织或个人同中国的公司、企业或其他经济组织依照中国的法律，在中国境内共同投资、共同经营、按各自的出资比例共担风险、共负盈亏的企业。

2. 特征

(1) 中外合资经营企业必须是中国合营者和外国合营者共同举办的。外国合营者可以是公司、企业、其他经济组织或者个人，中国合营者可以是公司、企业或者其他经济组织。

(2) 中外合资经营企业是股权式企业。中外合营者作为股东，各自依照投资比例出资，以其出资额为限对企业承担责任，按照出资比例享受权利。

(3) 中外合资经营企业是中国法人。中外合资经营企业是经中国政府批准，依据中国法律，在中国境内设立的企业，依法采取有限责任公司的形式，具有中国法人资格。

(二)中外合资经营企业的设立

1. 设立条件

在中国境内设立的合营企业，应当能够促进中国经济的发展和科学技术水平的提高，有利于社会主义现代化建设。国家鼓励、允许、限制或者禁止设立合营企业的行业，按照国家指导外商投资方向的规定及外商投资产业指导目录执行。

申请设立合营企业有下列情况之一的，不予批准：①有损中国主权的；②违反中国法律的；③不符合中国国民经济发展要求的；④造成环境污染的；⑤签订的协议、合同、章程显属不公平，损害合营一方权益的。

2. 设立程序

由中国合营者向企业主管部门呈报拟与外国合营者设立合营企业的项目建议书和初步可行性报告，经企业主管部门审查同意并报转审批机构批准后，合营各方才能进行以可行性研究为中心的各项工作，在此基础上协商签订合营企业的协议、合同和章程。

合营企业协议，是指合营各方对设立合营企业的某些要点和原则达成一致意见而订立的文件。合营企业合同，是指合营各方为设立合营企业就相互权利、义务关系达成一致意见而订立的文件。合营企业章程，是指按照合营企业合同规定的原则，经合营各方一致同意，规定合营企业的宗旨、组织原则和经营管理方法等事项的文件。合营企业协议与合营企业合同有抵触时，以合营企业合同为准。经合营各方同意，也可以不订立合营企业协议而只订立合营企业合同、章程。

合营企业合同应当包括下列主要内容：①合营各方的名称、注册国家、法定地址和法定代表人的姓名、职务、国籍；②合营企业名称、法定地址、宗旨、经营范围和规模；③合营企业的投资总额，注册资本，合营各方的出资额、出资比例、出资方式、出资的缴付期限以及出资额欠缴、股权转让的规定；④合营各方利润分配和亏损分担的比例；⑤合营企业董事会的组成、董事名额的分配以及总经理、副总经理及其他高级管理人员的职责、权限和聘用办法；⑥采用的主要生产设备、生产技术及其来源；⑦原材料购买和产品销售方式；⑧财务、会计、审计的处理原则；⑨有关劳动管理、工资、福利、劳动保险等事项的规定；⑩合营企业期限、解散及清算程序；⑪违反合同的责任；⑫解决合营各方之间争议的方式和程序；⑬合同文本采用的文字和合同生效的条件。合营企业合同的附件，与合营企业合同具有同等效力。

合营企业章程应当包括下列主要内容：①合营企业名称及法定地址；②合营企业的宗旨、经营范围和合营期限；③合营各方的名称、注册国家、法定地址、法定代表人的姓名、职务、国籍；④合营企业的投资总额，注册资本，合营各方的出资额、出资比例、股权转让的规定，利润分配和亏损分担的比例；⑤董事会的组成、职权和议事规则，董事的任期，董事长、副董事长的职责；⑥管理机构的设置，办事规则，总经理、副总经理及其他高级管理人员的职责和任免方法；⑦财务、会计、审计制度的原则；⑧解散和清算；⑨章程修改的程序。

合营企业协议、合同和章程经审批机构批准后生效，修改时也需经审批机构批准。审批机构和登记管理机构对合营企业合同、章程的执行负有监督检查的责任。

1) 申请

申请设立合营企业，由中外合营者共同向审批机构报送下列文件：①设立合营企业的申请书；②合营各方共同编制的可行性研究报告；③由合营各方授权代表签署的合营企业

协议、合同和章程；④由合营各方委派的合营企业董事长、副董事长、董事人选名单；⑤审批机构规定的其他文件。上述文件必须用中文书写，其中第②、③、④项文件可以同时用合营各方商定的一种外文书写。两种文字书写的文件具有同等效力。

2) 审批

在中国境内设立合营企业，必须经中华人民共和国对外贸易经济合作部(2003 年 3 月对外经济贸易合作部同其他部委整合为商务部，下同)审查批准。批准后，由商务部发给批准证书。

具备下列条件的，国务院授权省、自治区、直辖市人民政府或者国务院有关部门审批：①投资总额在国务院规定的投资审批权限以内，中国合营者的资金来源已经落实的；②不需要国家增拨原材料，不影响燃料、动力、交通运输、外贸出口配额等方面的全国平衡的。依照前款批准设立的合营企业，应当报商务部备案。商务部和国务院授权的省、自治区、直辖市人民政府或者国务院有关部门，统称审批机构。

审批机构发现报送的文件有不当之处的，应当要求限期修改。审批机构自接到中外合营者报送的全部文件之日起，3 个月内决定批准或者不批准。

3) 登记

申请者应当自收到批准证书之日起 1 个月内，按照国家有关规定，向工商行政管理机关办理登记手续。合营企业的营业执照签发日期，即为该合营企业的成立日期。

(三)中外合资经营企业的资本

1. 合营企业的注册资本与投资总额

合营企业的注册资本，是指为设立合营企业在登记管理机构登记的资本总额，应为合营各方认缴的出资额之和。合营企业的注册资本一般应当以人民币表示，也可以用合营各方约定的外币表示。合营企业的注册资本，应当与生产经营的规模、范围相适应。合营各方按注册资本的比例分享利润和分担风险及亏损。在合营企业的注册资本中，外国合营者的投资比例一般不低于 25%。合营企业在合营期内不得减少其注册资本。因投资总额和生产经营规模等发生变化，确需减少的，须经审批机构批准。合营企业注册资本的增加、减少，应当由董事会会议通过，并报审批机构批准，向登记管理机构办理变更登记手续。

合营一方向第三者转让其全部或者部分股权的，须经合营他方同意，并报审批机构批准，向登记管理机构办理变更登记手续。合营一方转让其全部或者部分股权时，合营他方有优先购买权。合营一方向第三者转让股权的条件，不得比向合营他方转让的条件优惠。违反规定转让的，其转让无效。

合营企业的投资总额(含企业借款)，是指按照合营企业合同、章程规定的生产规模需要投入的基本建设资金和生产流动资金的总和。合营企业的注册资本与投资总额的比例，应当遵守如下规定。

(1) 中外合资经营企业的投资总额在 300 万美元以下(含 300 万美元)的，其注册资本至少应占投资总额的 7/10。

(2) 中外合资经营企业的投资总额在 300 万美元以上至 1000 万美元(含 1000 万美元)的，其注册资本至少应占投资总额的 1/2，其中投资总额在 420 万美元以下的，注册资本不得低于 210 万美元。

(3) 中外合资经营企业的投资总额在 1000 万美元以上至 3000 万美元(含 3000 万美元)的，其注册资本至少应占投资总额的 2/5，其中投资总额在 1250 万美元以下的，注册资本不得低于 500 万美元。

(4) 中外合资经营企业的投资总额在 3000 万美元以上的，其注册资本至少应占投资总额的 1/3，其中投资总额在 3600 万美元以下的，注册资本不得低于 1200 万美元。

中外合资经营企业如遇特殊情况，不能执行上述规定，由商务部会同国家工商行政管理局批准。

2. 合营企业的出资方式

合营者可以用货币出资，也可以用建筑物、厂房、机器设备或者其他物料、工业产权、专有技术、场地使用权等作价出资。以建筑物、厂房、机器设备或者其他物料、工业产权、专有技术作为出资的，其作价由合营各方按照公平合理的原则协商确定，或者聘请合营各方同意的第三者评定。

合营各方按照合营合同的规定向合营企业认缴的出资，必须是合营者自己所有的现金、自己所有且未设立任何担保物权的实物、工业产权、专有技术等。凡是以实物、工业产权、专有技术作价出资的，出资者应当出具拥有所有权和处置权的有效证明。外国合营者作为出资的机器设备或者其他物料、工业产权或者专有技术，应当报审批机构批准。

1) 货币

外国合营者出资的外币，按缴款当日中国人民银行公布的基准汇率折算成人民币或者套算成约定的外币。中国合营者出资的人民币现金，需要折算成外币的，按缴款当日中国人民银行公布的基准汇率折算。

2) 实物

作为外国合营者出资的机器设备或者其他物料，应当是合营企业生产所必需的，且该机器设备或者其他物料的作价，不得高于同类机器设备或者其他物料当时的国际市场价格。

3) 工业产权和专有技术

作为外国合营者出资的工业产权或者专有技术，必须符合下列条件之一：①能显著改进现有产品的性能、质量，提高生产效率的；②能显著节约原材料、燃料、动力的。

外国合营者以工业产权或者专有技术作为出资，应当提交该工业产权或者专有技术的有关资料，包括专利证书或者商标注册证书的复制件、有效状况及其技术特性、实用价值、

作价的计算根据、与中国合营者签订的作价协议等有关文件，作为合营合同的附件。

4) 场地使用权

合营企业所需场地的使用权，已为中国合营者所拥有的，中国合营者可以将其作为对合营企业的出资，其作价金额应当与取得同类场地使用权所应缴纳的使用费相同，如果场地使用权为作为中国合营者出资的，合营企业应向中国政府缴纳场地使用费。

合营各方应当按照合同规定的期限缴清各自的出资额。逾期未缴或者未缴清的，应当按合同规定支付迟延利息或者赔偿损失。合营各方缴付出资额后，应当由中国的注册会计师验证，出具验资报告后，由合营企业据以发给出资证明书。出资证明书载明下列事项：合营企业名称；合营企业成立的年、月、日；合营者名称(或者姓名)及其出资额、出资的年、月、日；发给出资证明书的年、月、日。

3. 合营企业的出资期限

合营各方应当在合营合同中订明出资期限，并且应当按照合营合同规定的期限缴清各自的出资。合营企业依照有关规定发给的出资证明书应当报送原审批机关和工商行政管理机关备案。

合营合同中规定一次缴清出资的，合营各方应当从营业执照签发之日起六个月内缴清。合营合同中规定分期缴付出资的，合营各方的第一期出资不得低于各自认缴出资额的15%，并且应当在营业执照签发之日起三个月内缴清。合营各方未能在规定的期限内缴付出资的，视同合营企业自动解散，合营企业批准证书自动失效。合营企业应当向工商行政管理机关办理注销登记手续，缴销营业执照；不办理注销登记手续和缴销营业执照的，由工商行政管理机关吊销其营业执照，并予以公告。

合营各方缴付第一期出资后，超过合营合同规定的其他任何一期出资期限 3 个月，仍未出资或者出资不足时，工商行政管理机关应当会同原审批机关发出通知，要求合营各方在 1 个月内缴清出资。未按规定的通知期限缴清出资的，原审批机关有权撤销对该合营企业的批准证书。批准证书撤销后，合营企业应当向工商行政管理机关办理注销登记手续，缴销营业执照，并清理债权债务；不办理注销登记手续和缴销营业执照的，工商行政管理机关有权吊销其营业执照，并予以公告。

合营一方未按照合营合同的规定如期缴付或者缴清其出资的，即构成违约。守约方应当催告违约方在 1 个月内缴付或者缴清出资。逾期仍未缴付或者缴清的，视同违约方放弃在合营合同中的一切权利，自动退出合营企业。守约方应当在逾期后 1 个月内，向原审批机关申请批准解散合营企业，或者申请批准另找合营者承担违约方在合营合同中的权利和义务。守约方可以依法要求违约方赔偿因未缴付或者缴清出资造成的经济损失。违约方已经按照合营合同规定缴付部分出资的，由合营企业对该出资进行清理。守约方未按规定向原审批机关申请批准解散合营企业或者申请批准另找合营者的，审批机关有权撤销对该合营企业的批准证书。批准证书撤销后，合营企业应当向工商行政管理机关办理注销登记手续，缴销营业执照；不办理注销登记手续和缴销营业执照的，工商行政管理机关有权吊销其营业执照，并予以公告。

(四)中外合资经营企业的组织形式和组织机构

1. 合营企业的组织形式

合营企业的组织形式为有限责任公司。合营各方对合营企业的责任以各自认缴的出资额为限。

2. 合营企业的组织机构

1) 董事会

董事会是合营企业的最高权力机构，决定合营企业的一切重大问题。董事会成员不得少于 3 人。董事名额的分配由合营各方参照出资比例协商确定。董事的任期为 4 年，经合营各方继续委派可以连任。董事长是合营企业的法定代表人。

董事会会议每年至少召开 1 次，由董事长负责召集并主持。董事长不能召集时，由董事长委托副董事长或者其他董事负责召集并主持董事会会议。经 1/3 以上董事提议，可以由董事长召开董事会临时会议。董事会会议应当有 2/3 以上董事出席方能举行。董事不能出席的，可以出具委托书委托他人代表其出席和表决。董事会会议一般应当在合营企业法定地址所在地举行。合营企业一般事项可以根据合营企业章程载明的议事规则作出决议，下列事项由出席董事会会议的董事一致通过方可作出决议：①合营企业章程的修改；②合营企业的中止、解散；③合营企业注册资本的增加、减少；④合营企业的合并、分立。

2) 经营管理机构

合营企业设经营管理机构，负责企业的日常经营管理工作。经营管理机构设总经理 1 人，副总经理若干人。副总经理协助总经理工作。总经理执行董事会会议的各项决议，组织领导合营企业的日常经营管理工作。在董事会授权范围内，总经理对外代表合营企业，对内任免下属人员，行使董事会授予的其他职权。

总经理、副总经理由合营企业董事会聘请，可以由中国公民担任，也可以由外国公民担任。经董事会聘请，董事长、副董事长、董事可以兼任合营企业的总经理、副总经理或者其他高级管理职务。总经理处理重要问题时，应当同副总经理协商。

总经理或者副总经理不得兼任其他经济组织的总经理或者副总经理，不得参与其他经济组织对本企业的商业竞争。总经理、副总经理及其他高级管理人员有营私舞弊或者严重失职行为的，经董事会决议可以随时解聘。

3) 工会

合营企业职工有权按照《中华人民共和国工会法》和《中国工会章程》的规定，建立

基层工会组织，开展工会活动。合营企业工会是职工利益的代表，有权代表职工同合营企业签订劳动合同，并监督合同的执行。

合营企业工会的基本任务是：依法维护职工的民主权利和物质利益；协助合营企业安排和合理使用福利、奖励基金；组织职工学习政治、科学、技术和业务知识，开展文艺、体育活动；教育职工遵守劳动纪律，努力完成企业的各项经济任务。

合营企业董事会会议讨论合营企业的发展规划、生产经营活动等重大事项时，工会的代表有权列席会议，反映职工的意见和要求。董事会会议研究决定有关职工奖惩、工资制度、生活福利、劳动保护和保险等问题时，工会的代表有权列席会议，董事会应当听取工会的意见，取得工会的合作。

合营企业应当积极支持本企业工会的工作。合营企业应当按照《中华人民共和国工会法》的规定为工会组织提供必要的房屋和设备，用于办公、会议、举办职工集体福利、文化、体育事业。合营企业每月按企业职工实际工资总额的2%拨交工会经费，由本企业工会按照中华全国总工会制定的有关工会经费管理办法使用。

(五)中外合资经营企业的经营管理

1. 合营企业物资购买与产品销售

合营企业所需的机器设备、原材料、燃料、配套件、运输工具和办公用品等物资，有权自行决定在中国购买或者向国外购买。中国政府鼓励合营企业向国际市场销售其产品。合营企业有权自行出口其产品，也可以委托外国合营者的销售机构或者中国的外贸公司代销或者经销。合营企业在合营合同规定的经营范围内，进口本企业生产所需的机器设备、零配件、原材料、燃料，凡属国家规定需要领取进口许可证的，须向中国海关申领办理。

2. 合营企业的财务会计制度与利润分配

合营企业的财务与会计制度，应当按照中国有关法律和财务会计制度的规定，结合合营企业的情况加以制定，并报当地财政部门、税务机关备案。合营企业设总会计师，协助总经理负责企业的财务会计工作。合营企业一切自制凭证、账簿、报表必须用中文书写，也可以同时用合营各方商定的一种外文书写。合营企业原则上采用人民币作为记账本位币，经合营各方商定，也可以采用某一种外国货币作为记账本位币。以外国货币作为记账本位币的合营企业，其编报的财务会计报告应当折算为人民币。

合营企业依法缴纳所得税后的利润分配原则如下：①提取储备基金、职工奖励及福利基金、企业发展基金，提取比例由董事会确定；②储备基金除用于垫补合营企业亏损外，经审批机构批准也可以用于本企业增加资本，扩大生产；③按照①项规定提取三项基金后的可分配利润，董事会确定分配的，应当按合营各方的出资比例进行分配。但在亏损情况下，以前年度的亏损未弥补前不得分配利润。以前年度未分配的利润，可以并入本年度利润分配。

3. 合营企业的外汇管理

合营企业的一切外汇事宜，按照《中华人民共和国外汇管理条例》和有关管理办法的规定办理。合营企业根据经营业务的需要，可以向境内的金融机构申请外汇贷款和人民币贷款，也可以按照国家有关规定从国外或者港澳地区的银行借入外汇资金，并向国家外汇管理局或者其分局办理登记或者备案手续。

(六)中外合资经营企业的合营期限、解散与清算

1. 合营企业的合营期限

举办合营企业，属于下列行业或者情况的，合营各方应当依照国家有关法律、法规的规定，在合营合同中约定合营期限：①服务性行业的，如饭店、公寓、写字楼、娱乐、饮食、出租汽车、彩扩洗相、维修、咨询等；②从事土地开发及经营房地产的；③从事资源勘查开发的；④国家规定限制投资项目的；⑤国家其他法律、法规规定需要约定合营期限的。除上述情况之外，合营各方可以在合同中约定合营期限，也可以不约定合营期限。在合同中应约定合营期限的项目，其期限应根据项目的行业类型、投资额、投资风险和投资回收期的长短确定，一般不超过 30 年。属于国家鼓励和允许投资的项目，在合同中约定合营期限的，可适当放宽，其约定的期限一般不超过 50 年。

约定合营期限的合营企业，合营各方同意延长合营期限的，应当在距合营期限届满前 6 个月向审批机关提出申请。审批机关应当自接到申请之日起 1 个月内决定批准或者不批准。合营企业合营各方如一致同意将合营合同中约定的合营期限条款修改为不约定合营期限的条款，应提出申请，报原审批机关复查，原审批机关应当自己到上述申请文件之日起 90 日内决定批准或不批准。

2. 合营企业的解散

合营企业出现下列情况时解散：①合营期限届满；②企业发生严重亏损，无力继续经营；③合营一方不履行合营企业协议、合同、章程规定的义务，致使企业无法继续经营；④因自然灾害、战争等不可抗力遭受严重损失，无法继续经营；⑤合营企业未达到其经营目的，同时又无发展前途；⑥合营企业合同、章程所规定的其他解散原因已经出现。

第②、④、⑤、⑥项情况发生的，由董事会提出解散申请书，报审批机构批准；第③项情况发生的，由履行合同的一方提出申请，报审批机构批准，不履行合营企业协议、合同、章程规定的义务一方，应当对合营企业由此造成的损失负赔偿责任。

3. 合营企业的清算

合营企业宣告解散时，应当进行清算。合营企业应当成立清算委员会，由清算委员会

负责清算事宜。清算委员会的成员一般应当在合营企业的董事中选任。董事不能担任或者不适合担任清算委员会成员时，合营企业可以聘请中国的注册会计师、律师担任。审批机构认为必要时，可以派人进行监督。

清算委员会的职责是对合营企业的财产、债权、债务进行全面清查，编制资产负债表和财产目录，提出财产作价和计算依据，制订清算方案，提请董事会会议通过后执行。清算期间，清算委员会代表该合营企业起诉和应诉。

合营企业的清算工作结束后，由清算委员会提出清算结束报告，提请董事会会议通过后，报告审批机构，并向登记管理机构办理注销登记手续，缴销营业执照。合营企业解散后，各项账册及文件应当由原中国合营者保存。

学习情境三　中外合作经营企业法

【案例 1-21】法国某商人与中国某公司在中国境内共同建立一家中外合资经营企业，中外双方在合同中约定在经营期间，法国投资者可以先行回收投资。

【问题】法国投资者能否先行回收投资?

【结论】法国投资者不能在经营期间先行回收投资，因为中外合资经营企业不允许外方先行回收投资。

(一)中外合作经营企业概述

1. 概念

中外合作经营企业是契约式的合营企业，指中国的企业或者其他经济组织与外国的企业、其他经济组织或者个人，依照中国的法律，在中国境内举办的，按合作企业合同的约定分配收益或产品、分担风险和亏损的企业。

2. 特征

中外合作经营企业的合营基础是合作企业合同。中外合作双方通过协商，就投资或合作条件、收益或者产品分配、风险和亏损的分担、经营管理的方式和合作企业终止时财产的归属等事项达成一致意见，签订合同，在合作企业合同的基础上设立并经营企业。这一特征使中外合资经营企业和中外合作经营企业相区别，比较二者，不同之处有以下几点

(1) 组织形式不同。合营企业的组织形式为有限责任公司，具有中国法人资格。而合作企业的组织形式则分为两种：符合法人条件依法取得中国法人资格的合作企业，采取的是有限责任公司的组织形式；不具备法人条件的合作企业，采取的是无限责任的形式。

(2) 出资方式不同。合营企业各方可以用货币出资，也可以用非货币的建筑物、厂房、机器设备或其他物料、工业产权、非专利技术、场地使用权等作价出资，各方出资额以货币形式表示，并折算成股权。而合作企业各方的出资，属于投资的以货币形式表示，属于

提供合作条件的，则不以货币的形式表示。

(3) 利润分配和亏损分担方法不同。合营企业合营各方只能按在企业注册资本中所占的比例来分配收益，承担风险和亏损。而合作企业则依照合同的约定来分配收益，承担风险和亏损。

(4) 投资回收方式不同。合营企业不采取让外国合营者在合营期限内提前回收其投资的方式，其投资的回收靠的是在合营期限内按出资比例分取的利润和在企业依法解散时划分的财产。而合作企业的外国合作者则可在合作期限内先行回收投资。

(5) 经营期满后企业财产的归属不同。合营企业合营期满，清偿债务后企业的剩余财产一般按合营各方的出资比例分配。而合作企业的合作期满，清偿债务后的财产则按合作合同约定确定其归属，如果约定外国合作者在合作期限内先行回收投资的，则合作期满时，合作企业的全部固定资产归中国合作者所有。

(6) 权力机构和经营管理机构不同。合营企业的最高权力机构是董事会，而合作企业中只有具备法人资格的合作企业才能设立董事会，非法人合作企业则设立联合管理机构。在经营管理上，合营企业实行董事会领导下的总经理负责制，而合作企业中的法人合作企业经合作各方同意还可以委托第三方进行经营管理，非法人合作企业在联合管理机构下，可设经营管理机构，也可以不设经营管理机构而由联合管理机构直接管理企业。

(二)中外合作经营企业的设立

1. 设立条件

国家鼓励举办产品出口的或者技术先进的生产型合作企业。申请设立合作企业，有下列情形之一时，不予批准：①损害国家主权或者社会公共利益的；②危害国家安全的；③对环境造成污染损害的；④有违反法律、行政法规或者国家产业政策的其他情形的。

2. 设立程序

1) 申请

设立合作企业，应当由中国合作者向审查批准机关报送下列文件：①设立合作企业的项目建议书，并附送主管部门审查同意的文件；②合作各方共同编制的可行性研究报告，并附送主管部门审查同意的文件；③由合作各方的法定代表人或其授权的代表签署的合作企业协议、合同、章程；④合作各方的营业执照或者注册登记证明、资信证明及法定代表人的有效证明文件，外国合作者是自然人的，应当提供有关其身份、履历和资信情况的有效证明文件；⑤合作各方协商确定的合作企业董事长、副董事长、董事或者联合管理委员会主任、副主任、委员的人选名单；⑥审查批准机关要求报送的其他文件。上述所列文件，除第④所列外国合作者提供的文件外，必须报送中文本，第②、③、⑤所列文件可以同时报送合作各方商定的一种外文本。

合作企业协议，是指合作各方对设立合作企业的原则和主要事项达成一致意见后形成的书面文件。合作企业合同，是指合作各方为设立合作企业就相互之间的权利、义务关系达成一致意见后形成的书面文件。合作企业章程，是指按照合作企业合同的约定，经合作各方一致同意，约定合作企业的组织原则、经营管理方法等事项的书面文件。合作企业协议、章程的内容与合作企业合同不一致的，以合作企业合同为准。合作各方可以不订立合作企业协议。

合作企业合同应当载明下列事项：①合作各方的名称、注册地、住所及法定代表人的姓名、职务、国籍(外国合作者是自然人的，其姓名、国籍和住所)；②合作企业的名称、住所、经营范围；③合作企业的投资总额，注册资本，合作各方投资或者提供合作条件的方式、期限；④合作各方投资或者提供的合作条件的转让；⑤合作各方收益或者产品的分配，风险或者亏损的分担；⑥合作企业董事会或者联合管理委员会的组成以及董事或者联合管理委员会委员名额的分配，总经理及其他高级管理人员的职责和聘任、解聘办法；⑦采用的主要生产设备、生产技术及其来源；⑧产品在中国境内销售和境外销售的安排；⑨合作企业外汇收支的安排；⑩合作企业的期限、解散和清算；⑪合作各方其他义务以及违反合同的责任；⑫财务、会计、审计的处理原则；⑬合作各方之间争议的处理；⑭合作企业合同的修改程序。

合作企业章程应当载明下列事项：①合作企业名称及住所；②合作企业的经营范围和合作期限；③合作各方的名称、注册地、住所及法定代表人的姓名、职务和国籍(外国合作者是自然人的，其姓名、国籍和住所)；④合作企业的投资总额，注册资本，合作各方投资或者提供合作条件的方式、期限；⑤合作各方收益或者产品的分配，风险或者亏损的分担；⑥合作企业董事会或者联合管理委员会的组成、职权和议事规则，董事会董事或者联合管理委员会的任期，董事长、副董事长或者联合管理委员会主任、副主任的职责；⑦经营管理机构的设置、职权、办事规则，总经理及其他高级管理人员的职责和聘任、解聘办法；⑧有关职工招聘、培训、劳动合同、工资、社会保险、福利、职业安全卫生等劳动管理事项的规定；⑨合作企业财务、会计和审计制度；⑩合作企业解散和清算办法；⑪合作企业章程的修改程序。

合作企业协议、合同、章程自审查批准机关颁发批准证书之日起生效。在合作期限内，合作企业协议、合同、章程有重大变更的，须经审查批准机关批准。

2) 审批

设立合作企业由商务部或者国务院授权的部门和地方人民政府审查批准。

具备下列条件的，由国务院授权的部门或者地方人民政府审查批准：①投资总额在国务院规定由国务院授权的部门或者地方人民政府审批的投资限额以内的；②自筹资金，并且不需要国家平衡建设、生产条件的；③产品出口不需要领取国家有关主管部门发放的出口配额、许可证，或者虽需要领取，但在报送项目建议书前已征得国家有关主管部门同意

的；④有法律、行政法规规定由国务院授权的部门或者地方人民政府审查批准的其他情形的。

审查批准机关应当自收到规定的全部文件之日起45天内决定批准或者不批准；审查批准机关认为报送的文件不全或者有不当之处的，有权要求合作各方在指定期间内补全或者修正。

3) 登记

设立合作企业的申请经批准后，应当自接到批准证书之日起30天内向工商行政管理机关申请登记，领取营业执照。合作企业的营业执照签发日期为该企业的成立日期。不具有法人资格的合作企业应当向工商行政管理机关登记合作各方的投资或者提供的合作条件。

合作企业应当自成立之日起30天内向税务机关办理税务登记。

(三)中外合作经营企业的资本

1. 合作经营企业的注册资本与投资总额

合作企业的注册资本，是指为设立合作企业，在工商行政管理机关登记的合作各方认缴的出资额之和。注册资本以人民币表示，也可以用合作各方约定的一种可自由兑换的外币表示。合作企业注册资本在合作期限内不得减少。但是，因投资总额和生产经营规模等变化确需减少的，须经审查批准机关批准。

合作各方之间相互转让或者合作一方向合作他方以外的他人转让属于其在合作企业合同中全部或者部分权利的，须经合作他方书面同意，并报审查批准机关批准。审查批准机关应当自收到有关转让文件之日起30天内决定批准或者不批准。

合作企业的投资总额是指按照合作企业合同、章程规定的生产经营规模需要投入的资金总和。

2. 合作企业的投资与合作条件

合作各方应当依照有关法律、行政法规的规定和合作企业合同的约定，向合作企业投资或者提供合作条件。合作各方向合作企业的投资或者提供的合作条件可以是货币，也可以是实物或者工业产权、专有技术、土地使用权等财产权利。中国合作者的投资或者提供的合作条件属于国有资产的，应当依照有关法律、行政法规的规定进行资产评估。在依法取得中国法人资格的合作企业中，外国合作者的投资一般不低于合作企业注册资本的25%。在不具有法人资格的合作企业中，对合作各方向合作企业投资或者提供合作条件的具体要求由商务部规定。合作各方应当以其自有的财产或者财产权利作为投资或者合作条件对该投资或者合作条件不得设置抵押权或者其他形式的担保。

合作各方缴纳投资或者提供合作条件后，应当由中国注册会计师验证并出具验资报告，由合作企业据以发给合作各方出资证明书。出资证明书应当载明下列事项：①合作企业名称；②合作企业成立日期；③合作各方名称或者姓名；④合作各方投资或者提供合作条件的内容；⑤合作各方投资或者提供合作条件的日期；⑥出资证明书的编号和核发日期。出资证明书应当抄送审查批准机关及工商行政管理机关。

不具有法人资格的合作企业的合作各方的投资或者提供的合作条件，为合作各方分别所有。经合作各方约定，也可以共有，或者部分分别所有、部分共有。合作企业经营积累的财产，归合作各方共有。不具有法人资格的合作企业合作各方的投资或者提供的合作条件由合作企业统一管理和使用。未经合作他方同意，任何一方不得擅自处理。

3. 合作企业的出资期限

中外合作经营企业合作各方的出资参照中外合资经营企业执行。

(四)中外合作经营企业的组织形式和组织机构

1. 合作企业的组织形式

合作企业依法取得中国法人资格的，为有限责任公司。除合作企业合同另有约定外，合作各方以其投资或者提供的合作条件为限对合作企业承担责任。合作企业以其全部资产对合作企业的债务承担责任。

不具有法人资格的合作企业及其合作各方，依照中国民事法律的有关规定承担民事责任。

2. 合作企业的组织机构

1) 权力机构

具有法人资格的合作企业，其组织形式为有限责任公司，一般设立董事会；不具有法人资格的合作企业，合作各方的关系是一种合伙关系，一般设立联合管理委员会。董事会或联合管理委员会是合作企业的权力机构，董事每届任期不得超过 3 年。董事会或者联合管理委员会成员不得少于 3 人，其名额的分配由中外合作者参照其投资或者提供的合作条件协商确定。董事长或者主任是合作企业的法定代表人。董事长或者主任因特殊原因不能履行职务时，应当授权副董事长、副主任或者其他董事、委员对外代表合作企业。

董事会会议或者联合管理委员会会议每年至少召开 1 次，由董事长或者主任召集并主持。董事长或者主任因特殊原因不能履行职务时，由董事长或者主任指定副董事长、副主任或者其他董事、委员召集并主持。1/3 以上董事或者委员可以提议召开董事会会议或者联合管理委员会会议。召开董事会会议或者联合管理委员会会议，应当在会议召开的 10 天前通知全体董事或者委员。

董事会会议或者联合管理委员会会议应当有 2/3 以上董事或者委员出席方能举行，不能出席董事会会议或者联合管理委员会会议的董事或者委员应当书面委托他人代表其出席

和表决。董事会会议或者联合管理委员会会议作出决议，须经全体董事或者委员的过半数通过。董事或者委员无正当理由不参加又不委托他人代表其参加董事会会议或者联合管理委员会会议的，视为出席董事会会议或者联合管理委员会会议并在表决中弃权。董事会或联合管理委员会会议作出决议，须经全体董事或者委员过半数通过。但对合作企业章程的修改，注册资本的增加或者减少，资产抵押，合作企业的合并、分立、解散等事项，应由出席董事会或者联合管理委员会会议的董事或者委员一致通过，方可作出决议。董事会或者联合管理委员会的议事方式和表决程序，除上述规定之外，由合作企业章程规定。董事会或者联合管理委员会也可以用通信的方式作出决议。

2) 经营管理机构

合作企业设总经理 1 人，负责合作企业的日常经营管理工作，对董事会或者联合管理委员会负责。合作企业的总经理由董事会或者联合管理委员会聘任、解聘。总经理及其他高级管理人员可以由中国公民担任，也可以由外国公民担任。经董事会或者联合管理委员会聘任，董事或者委员可以兼任合作企业的总经理或者其他高级管理职务。总经理及其他高级管理人员不胜任工作任务的，或者有营私舞弊或者严重失职行为的，经董事会或者联合管理委员会决议，可以解聘；给合作企业造成损失的，应当依法承担责任。

合作企业成立后委托合作各方以外的他人经营管理的，必须经董事会或者联合管理委员会一致同意，并应当与被委托人签订委托经营管理合同。合作企业应当将董事会或者联合管理委员会的决议、签订的委托经营管理合同，连同被委托人的资信证明等文件，一并报送审查批准机关批准。审查批准机关应当自收到有关文件之日起 30 天内决定批准或者不批准。

(五)中外合作经营企业的投资回收与收益分配

1. 投资回收

中外合作者在合作企业合同中约定合作期限届满时，合作企业的全部固定资产无偿归中国合作者所有的，外国合作者在合作期限内可以申请按照下列方式先行回收其投资：①在按照投资或者提供合作条件进行分配的基础上，在合作企业合同中约定扩大外国合作者的收益分配比例；②经财政税务机关按照国家有关税收的规定审查批准，外国合作者在合作企业缴纳所得税前回收投资；③经财政税务机关和审查批准机关批准的其他回收投资方式。外国合作者依照上述规定在合作期限内先行回收投资的，中外合作者应当依照有关法律的规定和合作企业合同的约定，对合作企业的债务承担责任。外国合作者依照②、③规定提出先行回收投资的申请，应当具体说明先行回收投资的总额、期限和方式，经财政税务机关审查同意后，报审查批准机关审批。

合作企业的亏损未弥补前，外国合作者不得先行回收投资。

2. 收益分配

中外合作者可以采用分配利润、分配产品或者合作各方共同商定的其他方式分配收益。采用分配产品或者其他方式分配收益的，应当按照税法的有关规定计算应纳税额。

(六)中外合作经营企业的期限、解散和清算

1. 合作企业的期限

合作企业的期限由中外合作者协商确定，并在合作企业合同中订明。合作企业期限届满，合作各方协商同意要求延长合作期限的，应当在期限届满的 180 天前向审查批准机关提出申请，说明原合作企业合同的执行情况，延长合作期限的原因，同时报送合作各方就延长的期限内各方的权利、义务等事项所达成的协议。审查批准机关应当自接到申请之日起 30 天内，决定批准或者不批准。

经批准延长合作期限的，合作企业凭批准文件向工商行政管理机关办理变更登记手续，延长的期限从期限届满后的第一天起计算。

合作企业合同约定外国合作者先行回收投资，并且投资已经回收完毕的，合作企业期限届满不再延长；但是，外国合作者增加投资的，经合作各方协商同意，可以依照有关法律规定向审查机关申请延长合作期限。

2. 解散和清算

合作企业因下列情形之一出现时解散：①合作期限届满；②合作企业发生严重亏损，或者因不可抗力遭受严重损失，无力继续经营；③中外合作者一方或者数方不履行合作企业合同、章程规定的义务，致使合作企业无法继续经营；④合作企业合同、章程中规定的其他解散原因已经出现；⑤合作企业违反法律、行政法规，被依法责令关闭。

合作企业的清算事宜依照国家有关法律、行政法规及合作企业合同、章程的规定办理。

学习情境四　外资企业法

【案例 1-22】 意大利商人在中国境内投资成立了一家外资企业，注册资本 1000 万美元。

【问题】 意大利商人打算分期缴付出资可以吗？

【结论】 可以，如果分期缴付出资的话，首期出资不得少于注册资本的 15%，即 150 万美元。

(一)外资企业法

1. 概念

外资企业是指依照中国有关法律在中国境内设立的全部资本由外国投资者投资的企

业，不包括外国的企业和其他经济组织在中国境内的分支机构。

2. 特征

(1) 外资企业的全部资本是由外国投资者投资的。外国投资者可以是公司、企业以及其他经济组织或者个人。

(2) 外资企业是外国投资者根据中国法律在中国境内设立的。尽管外资企业的全部资本均来自于外国投资者，但它是根据中国法律在中国境内设立，受中国法律的管辖和保护，是具有中国国籍的企业。

(3) 外资企业是独立的法律主体。除非外资企业设立时已登记为无限责任的独资或合伙企业外，外资企业以自己的名义进行经营活动，独立承担民事责任，外国投资者对其债务不承担无限责任。

(二)外资企业的设立

1. 设立条件

设立外资企业，必须有利于中国国民经济的发展，国家鼓励举办产品出口或者技术先进外资企业。国家禁止或者限制设立外资企业的行业由国务院规定。申请设立外资企业，有下列情况之一的，不予批准：①有损中国主权或者社会公共利益的；②危及中国国家安全的；③违反中国法律、法规的；④不符合中国国民经济发展要求的；⑤可能造成环境污染的。

2. 设立程序

1) 申请

外国投资者在提出设立外资企业的申请前，应当就下列事项向拟设立外资企业所在地的县级或者县级以上地方人民政府提交报告。报告内容包括：设立外资企业的宗旨；经营范围、规模；生产产品；使用的技术设备；用地面积及要求；需要用水、电、煤、煤气或者其他能源的条件及数量；对公共设施的要求等。县级或者县级以上地方人民政府应当在收到外国投资者提交的报告之日起30天内以书面形式答复外国投资者。

外国投资者设立外资企业，应当通过拟设立外资企业所在地的县级或者县级以上地方人民政府向审批机关提出申请，并报送下列文件：①设立外资企业申请书；②可行性研究报告；③外资企业章程；④外资企业法定代表人(或者董事会人选)名单；⑤外国投资者的法律证明文件和资信证明文件；⑥拟设立外资企业所在地的县级或者县级以上地方人民政府的书面答复；⑦需要进口的物资清单；⑧其他需要报送的文件。上述①、③项文件必须用中文书写；②、④、⑤项文件可以用外文书写，但应当附中文译文。

外资企业的章程经审批机关批准后生效，修改也需要经过审批机关批准才能生效。

两个或者两个以上外国投资者共同申请设立外资企业，应当将其签订的合同副本报送审批机关备案。

2) 审批

设立外资企业的申请，由商务部审查批准后发给批准证书。

设立外资企业的申请属于下列情形的，国务院授权省、自治区、直辖市和计划单列市、经济特区人民政府审查批准后，发给批准证书：①投资总额在国务院规定的投资审批权限以内的；②不需要国家调拨原材料，不影响能源、交通运输、外贸出口配额等全国综合平衡的。省、自治区、直辖市和计划单列市、经济特区人民政府在国务院授权范围内批准设立外资企业，应当在批准后15天内报商务部备案。

审批机关应当在收到申请设立外资企业的全部文件之日起 90 天内决定批准或者不批准。审批机关如果发现上述文件不齐备或者有不当之处，可以要求限期补报或者修改。

3) 登记

设立外资企业的申请经审批机关批准后，外国投资者应当在收到批准证书之日起30天内向工商行政管理机关申请登记，领取营业执照。外资企业的营业执照签发日期为该企业成立日期。外国投资者在收到批准证书之日起满30天未向工商行政管理机关申请登记的，外资企业批准证书自动失效。

外资企业应当在企业成立之日起30天内向税务机关办理税务登记。

外资企业符合中国法律关于法人条件的规定的，依法取得中国法人资格。外资企业应当在审查批准机关核准的期限内在中国境内投资；逾期不投资的，工商行政管理机关有权吊销营业执照。

(三)外资企业的注册资本与投资总额

外资企业的注册资本，是指为设立外资企业在工商行政管理机关登记的资本总额，即外国投资者认缴的全部出资额。外资企业的注册资本要与其经营规模相适应，注册资本与投资总额的比例应当符合中国有关规定。外资企业在经营期内不得减少其注册资本。但是，因投资总额和生产经营规模等发生变化，确需减少的，须经审批机关批准。

外资企业注册资本的增加、转让，须经审批机关批准，并向工商行政管理机关办理变更登记手续。

外资企业的投资总额，是指开办外资企业所需资金总额，即按其生产规模需要投入的基本建设资金和生产流动资金的总和。

(四)外国投资者的出资方式与出资期限

1. 出资方式

外国投资者可以用可自由兑换的外币出资，也可以用机器设备、工业产权、专有技术等作价出资。经审批机关批准，外国投资者也可以用其从中国境内兴办的其他外商投资企业获得的人民币利润出资。以工业产权、专有技术作价出资的，该工业产权、专有技术应当为外国投资者所有，其作价应当与国际上通常的作价原则相一致，作价金额不得超过外资企业注册资本的20%。

2. 出资期限

外国投资者缴付出资的期限应当在设立外资企业申请书和外资企业章程中载明。外国投资者可以分期缴付出资，但最后一期出资应当在营业执照签发之日起3年内缴清。其第一期出资不得少于外国投资者认缴的出资额的15%，并应当在外资企业营业执照签发之日起90日内缴清。

外国投资者未能在外资企业营业执照签发之日起90日内缴付第一期出资的，或者无正当理由逾期30日不缴付其他各期出资的，外资企业批准证书即自动失效。外资企业应当向工商行政管理机关办理注销登记手续，缴销营业执照；不办理注销登记手续和缴销营业执照，由工商行政管理机关吊销其营业执照，并予以公告。

外国投资者有正当理由要求延期出资的，应当经审批机关同意，并报工商行政管理机关备案。

外国投资者缴付每期出资后，外资企业应当聘请中国的注册会计师验证，并出具验资报告，报审批机关和工商行政管理机关备案。

(五)外资企业的组织形式和经营管理

1. 组织形式

外资企业的组织形式为有限责任公司。经批准也可以为其他责任形式。外资企业为有限责任公司的，外国投资者对企业的责任以其认缴的出资额为限。外资企业为其他责任形式的，外国投资者对企业的责任适用中国法律、法规的规定。

2. 经营管理

1) 物资购买

外资企业有权自行决定购买本企业自用的机器设备、原材料、燃料、零部件、配套件、元器件、运输工具和办公用品等。外资企业在批准的经营范围内所需的原材料、燃料等物资，按照公平、合理的原则，可以在国内市场或者国际市场购买。外资企业在中国购买物资，在同等条件下，享受与中国其他企业同等待遇。

2) 外资企业的产品销售

外资企业可以在中国市场销售其产品。外资企业可以自行在中国销售本企业生产的产品，也可以委托商业机构代理销售。

3) 外资企业的财务与会计

外资企业应当依照中国法律、法规和财政机关的规定，建立财务会计制度并报其所在地财政、税务机关备案。

4) 外资企业职工的劳动管理

外资企业在中国境内雇用职工，企业和职工双方应当依照中国的法律、法规签订劳动合同。合同中应当订明雇用、辞退、报酬、福利、劳动保护、劳动保险等事项。外资企业不得雇用童工。

(六)外资企业的期限、终止和清算

1. 期限

外资企业的经营期限，根据不同行业和企业的具体情况，由外国投资者在设立外资企业的申请书中拟订，经审批机关批准。外资企业的经营期限，从其营业执照签发之日起计算。外资企业经营期满需要延长经营期限的，应当在距经营期满 180 天前向审批机关报送延长经营期限的申请书。审批机关应当在收到申请书之日起 30 天内决定批准或者不批准。外资企业经批准延长经营期限的，应当自收到批准延长期限文件之日起 30 天内，向工商行政管理机关办理变更登记手续。

2. 终止

外资企业有下列情形之一的，应予终止：①经营期限届满；②经营不善，严重亏损，外国投资者决定解散；③因自然灾害、战争等不可抗力而遭受严重损失，无法继续经营；④破产；⑤违反中国法律、法规，危害社会公共利益被依法撤销；⑥外资企业章程规定的其他解散事由已经出现。外资企业如存在上述第①、③、④项所列情形，应当自行提交终止申请书，报审批机关核准。审批机关作出核准的日期为企业的终止日期。

3. 清算

外资企业依照上述第①、②、③、⑥项的规定终止的，应当在终止之日起 15 天内对外公告并通知债权人，并在终止公告发出之日起 15 天内，提出清算程序、原则和清算委员会人选，报审批机关审核后进行清算。

清算委员会应当由外资企业的法定代表人、债权人代表以及有关主管机关的代表组成，并聘请中国的注册会计师、律师等参加。清算费用从外资企业现存财产中优先支付。

清算委员会行使下列职权：①召集债权人会议；②接管并清理企业财产，编制资产负债表和财产目录；③提出财产作价和计算依据；④制订清算方案；⑤收回债权和清偿债务；⑥追回股东应缴而未缴的款项；⑦分配剩余财产；⑧代表外资企业起诉和应诉。

外资企业在清算结束之前，外国投资者不得将该企业的资金汇出或者携出中国境外，

不得自行处理企业的财产。外资企业清算结束，其资产净额和剩余财产超过注册资本的部分视同利润，应当依照中国税法缴纳所得税。外资企业清算处理财产时，在同等条件下，中国的企业或者其他经济组织有优先购买权。

外资企业清算结束，应当向工商行政管理机关办理注销登记手续，缴销营业执照。

◎ 情境综述

外商投资企业法律制度结合外商投资企业概述，主要阐述了中外合资经营企业、中外合作经营企业、外资企业的概念、设立以及组织形式和组织机构。

◎ 技能训练

一、单项选择题

1. 某外国投资者协议购买境内公司股东的股权，将境内公司变更为外商投资企业，该外商投资企业的注册资本为1300万美元。根据有关规定，该外商投资企业的投资总额的上限是(　　)。

A. 2600万美元　　B.3900万美元　　C.4100万美元　　D.4500万美元

2. 下列有关中外合资经营企业董事长产生的方式中合法的是(　　)。

A. 董事长只能由外方担任

B. 董事长由一方担任的，副董事长必须由他方担任

C. 董事长由一方担任的，副总经理必须由他方担任

D. 由出资最多的一方担任董事长

3. 中外合作经营企业经营期限届满，经审批机关批准延长经营期限，起算日期是(　　)。

A. 期限届满后的第一天　　B. 申请之日

C. 批准之日　　D. 中外各方协商确定

4. 中外合作经营企业无须经出席董事会会议的董事一致通过的事项有(　　)。

A. 修改章程　　B. 合作利润的分配

C. 合作企业的资产抵押　　D. 注册资本的减少

5. 中外合资经营企业，在经营期限内(　　)减少其注册资本。

A. 可以

B. 不可以，但因投资总额和生产经营规模的发生变化确需减少的，经审批机构批准可以

C. 工商部门登记可以

D. 取决于合营合同的约定

6. 中国甲公司与日本乙公司拟成立中外合资经营企业，下列条款中违法的是(　　)。

A. 合营企业的注册资本用美元表示

B. 中方作为出资的土地使用权，其作价在合营期限内不得调整

C. 合营企业编制的财务会计报告以美元为单位进行计算

D. 合营企业注册资本的增减的决议须经董事会一致通过

7. 某外商独资企业经 H 市政府批准成立。该企业欲以厂房抵押，向银行贷款 1000 万元，下列选项中正确的是(　　)。

A. 须经注册登记的工商管理机关批准

B. 须经中国人民银汉批准

C. 须经商务部批准

D. 须经 H 市人民政府批准并报工商行政管理机关备案

8. 中外合作经营企业的重大问题由(　　)决定。

A. 董事会　　B. 股东大会

C. 董事会或监事会　　D. 董事会或联合管理机构

9. 外资企业的投资者可以分期缴付出资，其中首次出资不得低于认缴出资额的(　　)。

A. 15%　　B. 20%　　C. 25%　　D. 30%

10. 下列说法中错误的是(　　)。

A. 合营各方发生纠纷可按约定向外国仲裁机构申请仲裁

B. 合营企业所需原材料、燃料可在境外购买

C. 合营企业不允许向境外银行直接筹措资金

D. 合营企业向中国境内的保险公司投保

二、多项选择题

1. 甲是在中国设立的中外合资经营企业，乙是在中国设立的中外合作经营企业。以下关于两者异同点的表述正确的有(　　)。

A. 甲乙均不需要设立股东会

B. 甲乙的权力机关均为董事会

C. 二者的注册资本均为在工商行政管理机关登记的中外投资各方实缴的出资额之和

D. 甲中投资各方共同投资、共同经营、按各自的出资比例共担风险、共负盈亏，乙中按照合同约定享有权利、承担义务

2. 中外合资经营企业中，外国投资者的出资方式有(　　)。

A. 机器设备　　B. 工业产权

C. 已质押的专利权　　D. 可自由兑换的外币

3. 外资企业解散时，清算委员会成员不包括(　　)。

A. 外资企业的董事长　　B. 债权人代表

C. 债务人代表　　D. 某外国注册会计师

4. 中外合作经营企业的管理形式有(　　)。

A. 董事会制　　B. 联合管理制

C. 委托管理制　　D. 总经理负责制

5. 中外合资经营企业一方向第三方转让部分或全部出资必须遵守(　　)。

A. 经营期限内不得转让

B. 须经董事会会议通过后报审批机关批准

C. 须经合营各方同意

D. 合营他方有优先购买权

6. 关于合作企业注册资本减少的说法正确的是(　　)。

A. 因投资总额变化的可以减少　　B. 因生产经营规模变化的可以减少

C. 须经审批机关批准　　D. 必须向债权人公告

7. 合营各方因利润分配发生争议，协商不能解决，可以选择的途径有(　　)。

A. 可以向中国仲裁机构申请仲裁

B. 可以向各方协议的其他国家仲裁机构申请仲裁

C. 可以向中国人民法院起诉

D. 可以向外国法院起诉

8. 合作各方约定一次缴清出资的，合作一方未能在约定的期限内履行出资义务，应承担的法律责任是(　　)。

A. 向已按照合同约定缴清出资或提供合作条件的他方承担违约责任

B. 工商行政管理机关应当限期履行

C. 限期届满仍未履行的，审查批准机关应当撤销合作企业的批准证书

D. 工商行政管理机关应当吊销合作企业的营业执照

9. 中外合作经营企业中须由出席董事会会议或联合管理委员会会议的董事或委员一致通过方可作出的决议有(　　)。

A. 合作企业注册资本的增加　　B. 合作企业章程的修改

C. 合作企业资产的担保　　D. 约定的其他事项

10. 中外合资经营企业的外国投资者作为出资的机器设备或其他物料、工业产权、专有技术必须(　　)。

A. 报审批机关批准

B. 经中国合营者的企业主管部门审查同意

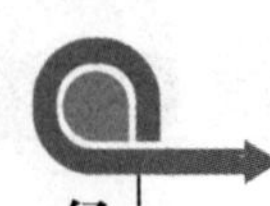

C. 应当是合营企业生产所必需的

D. 该外国投资者必须对出资有所有权

三、综合题

1. 2008 年 1 月，国外甲公司拟购买国内乙国有企业的一座办公大楼，合资兴建一座大酒店，甲公司以该资产作为投资设立外商投资企业。

双方合同的主要内容有：投资总额 5000 万美元，其中注册资本为 1500 万美元。注册资本分期缴纳，除资产对价等额部分的以外的其他出资，各自应在营业执照颁发之日起 4 个月内缴清各自认缴出资额的 15%。双方可在合营企业成立后以合资企业的名义贷款 200 万美元作为各自的出资。董事长由外方委派，副董事长可由外方委派，也可由中方委派，董事会成员为 7 人，有关注册资本的增加需经 2/3 以上董事同意才可通过。甲公司自外商投资企业营业执照颁发之日起 3 个月内支付全部买价。

另外，双方还签订了一份意向书，拟在酒店附近修建高尔夫球场。由于需要占用某乡大量耕地，双方一致同意按目前国内最高标准加 5%给予乡政府经济补偿。

甲公司准备于 2008 年 3 月 1 日向审批机关报送申请文件，乙企业则在 2 月 25 日向债权人发出通知并依法进行了公告。

要求：根据以上事实，并结合法律规定，回答以下问题。

(1) 双方签订的合同是否有不合法之处？并说明理由。

(2) 甲公司支付买价的时间是否符合规定？并说明理由。

(3) 双方修建高尔夫球场的意向是否合法？并说明理由。

(4) 乙企业发出通知和公告的时间是否符合规定？并说明理由。

2. 中国某厂与美国一商人，有意建立一个中外合资经营企业，双方签订了一份企业合同，其部分条款如下。

(1) 合营企业注册资本为 900 万美元，其中中方出资 680 万美元，美方出资 220 万美元。

(2) 合营企业的董事长只能由中方担任，副董事长由美方担任。

(3) 合营企业注册资本在合资期间内既可增加也可减少。

(4) 经董事会聘请，企业的总经理可以由中方担任。

(5) 中方合资企业应向美方支付技术转让费，美方应向中方交纳场地使用费。

(6) 合同履行过程中发生争议时，应提交外国的仲裁院裁决，并适用所在国的法律。

请回答以上 6 条是否合法。

项目二　市场主体经营行为法律制度

通过学习合同法律制度，了解合同的概念、分类及合同法的概念；理解合同法的基本原则，合同的效力；掌握合同的构成要件及订立过程，合同的履行、变更、转让、解除和终止的构成要素，能区分合同担保的不同形式。识别违反合同的行为，具备一定的分析实际问题的能力，能够学以致用。

通过学习票据法律制度，了解票据及票据法的概念和特点，汇票、本票、支票的概念和特点；理解票据法律关系，票据权利与抗辩；掌握票据行为的构成要件，票据当事人的构成，票据权利丧失的补救措施，汇票、本票、支票的基本内容和法律规定，不正确使用票据的票据责任，违反票据法的法律责任。能够学以致用，强化在企业经济活动和日常活动中的票据法律意识，具备审查票据法律效力的职业能力，保护经济主体的合法权益。

任务一　合同法律制度

学习情境一　合同及合同法概述

【案例 2-1】 甲公司为了解决职工中午的就餐问题，想找一家能送外卖的餐馆合作，刚好员工李刚的女儿李红开了一家小餐馆，经过试吃，甲公司决定与李红合作，双方约定除法定节假日外，每天中午由李红提供价值 20 元外卖午餐 30 份，一周内菜品不得重复，餐食要保证卫生与试吃时的口味，每周五中午结算一次，同时以现金的方式支付给李红一周的餐费，双方签订了合同。开始的两个月双方合作的很愉快，从第三个月开始，李红照常送餐，但到了周五的时候没有拿到餐费，因为小本经营，李红找到公司负责和自己接洽的负责人，该负责人表示，找李红购买午饭是为了照顾作为本单位员工的李刚，偶尔没按合同执行没什么大不了的，李红不应该斤斤计较，况且一个小小的餐馆老板根本不是甲公司的对手。

【问题】 该负责人的观点是否正确？

【结论】 该负责人的观点是错误的。双方已经签订了合同，就应该按照合同执行，而且作为合同双方主体的当事人法律地位是完全平等的。

(一)合同的概念和特征

1. 概念

合同是平等主体的自然人、法人、其他组织之间设立、变更、终止民事权利义务关系

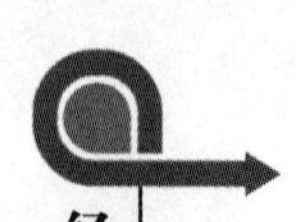

的协议。

2. 合同的特征

(1) 合同是一种民事法律行为。民事法律行为作为一种最重要的法律事实，是民事主体实施的能够引起民事权利和民事义务的产生、变更和终止的合法行为。由于合同是一种民事法律行为，因此民法上关于民事法律行为的一般规定，均适用于合同。

(2) 合同是平等主体之间的协议。在合同关系中，当事人的法律地位完全平等。

(3) 合同是双方或多方当事人之间的民事法律行为，因此合同的成立除了当事人要有意思表示外还需要当事人达成合意。

(4) 合同以设立、变更和终止民事权利义务关系为宗旨。就身份关系而达成的协议不适用合同法的规定。

(二)合同的分类

1. 有名合同与无名合同

根据合同法或者其他法律是否对合同规定有确定的名称与调整规则为标准，可将合同分为有名合同与无名合同。

(1) 有名合同是立法上规定有确定名称与规则的合同，又称典型合同。如《中华人民共和国合同法》(以下简称《合同法》)在分则中规定的买卖合同、赠与合同、借款合同、租赁合同等各类合同。

(2) 无名合同是立法上尚未规定有确定名称与规则的合同，又称非典型合同。

2. 单务合同与双务合同

根据合同当事人是否相互负有对价义务为标准，可将合同分为单务合同与双务合同。此处的对价义务并不要求双方的给付价值相等，而只是要求双方的给付具有相互依存、相互牵连的关系即可。

(1) 单务合同是指仅有一方当事人承担义务的合同，如赠与合同。

(2) 双务合同是指双方当事人互负对价义务的合同，如买卖合同、承揽合同、租赁合同等。

3. 有偿合同与无偿合同

根据合同当事人是否因给付取得对价为标准，可将合同分为有偿合同与无偿合同。

(1) 有偿合同是指合同当事人为从合同中得到利益要支付相应对价给付(此给付并不局限于财产的给付，也包含劳务、事务等)的合同。买卖、租赁、雇佣、承揽、行纪等都是有偿合同。

(2) 无偿合同是指只有一方当事人作出给付，或者虽然是双方作出给付但双方的给付间不具有对价意义的合同。赠与合同是典型的无偿合同，另外，委托、保管合同如果没有约定利息和报酬的，也属于无偿合同。

4. 诺成合同与实践合同

根据合同成立除当事人的意思表示以外，是否还要其他现实给付为标准，可以将合同分为诺成合同与实践合同。

(1) 诺成合同是指当事人意思表示一致即可认定合同成立的合同。

(2) 实践合同是指在当事人意思表示一致以外，尚须有实际交付标的物或者有其他现实给付行为才能成立的合同。常见的实践合同有保管合同、自然人之间的借贷合同、定金合同等。

5. 要式合同与不要式合同

根据合同的成立是否必须符合一定的形式为标准，可将合同分为要式合同与不要式合同。

(1) 要式合同是按照法律规定或者当事人约定必须采用特定形式订立方能成立的合同。

(2) 不要式合同是对合同成立的形式没有特别要求的合同。

6. 主合同与从合同

根据两个或者多个合同相互间的主从关系为标准，可将合同分为主合同与从合同。

(1) 主合同是无须以其他合同存在为前提即可独立存在的合同。这种合同具有独立性。

(2) 从合同，又称附属合同，是以其他合同的存在为其存在前提的合同。保证合同、定金合同、质押合同等相对于提供担保的借款合同即为从合同。从合同的存在是以主合同的存在为前提的，故主合同的成立与效力直接影响到从合同的成立与效力。但是从合同的成立与效力不影响主合同的成立与效力。

(三)合同法的概念

合同法是指调整平等主体的自然人、法人、其他组织之间的合同权利义务关系的法律规范的总称。

(四)合同法的基本原则

(1) 平等原则。合同当事人法律地位一律平等，一方不得将自己的意志强加给另一方，各方应在权利义务对等的基础上订立合同。

(2) 自愿原则。意思自治是贯彻合同活动整个过程的基本原则，在不违反强制性法律规范和社会公共利益的基础上，当事人依法享有自愿订立合同的权利，任何单位和个人不得非法干预。

(3) 公平原则。当事人应当遵循公平原则确定各方的权利和义务。任何当事人不得滥

用权利，不得在合同中规定显失公平的内容，要根据公平原则确定风险与违约责任的承担。

(4) 诚实信用原则。当事人行使权利、履行义务应当遵循诚实信用原则。当事人应当诚实守信，善意地行使权利、履行义务，不得有欺诈等恶意行为。在法律、合同未作规定或规定不清的情况下，要依据诚实信用原则解释法律和合同，平衡当事人之间的利益关系。

(5) 守法、不损害社会公共利益原则。当事人订立、履行合同，应当遵守法律、行政法规，尊重社会公德，不得扰乱社会经济秩序，损害社会公共利益。

学习情境二　合同的订立

【案例 2-2】 张某于 10 月 15 日以传真方式向王某要求购买 A4 复印纸 1000 包，要求"立刻回复"。王某当日回复"收到传真"。10 月 20 日，张某电话催问，王某表示同意按张某的报价出售，并要求张某于 10 月 25 日来人签订合同。10 月 25 日，张某如期前往王某处签约，王某要求加价，张某不同意，王某拒绝签约。张某要求王某承担缔约过失责任。

【问题】 张某是否有权要求王某承担缔约过失责任?

【结论】 王某出尔反尔导致合同不成立，属于恶意磋商。合同成立与否是判断缔约过失责任的一个根本标准，因此张某有权要求王某承担缔约过失责任。

(一)合同的形式

合同的形式是合同当事人所达成协议的表现形式，是合同内容的载体。合同形式最主要的作用在于证明合同关系的存在和确定当事人之间的权利、义务关系，是认定当事人履约状况的客观根据。《合同法》第十条规定："当事人订立合同，有书面形式、口头形式和其他形式。法律、行政法规规定采用书面形式的，应当采用书面形式。当事人约定采用书面形式的，应当采用书面形式。"

1. 口头形式

口头形式是指当事人通过语言交谈达成协议而订立合同的形式。口头形式简便易行，在日常生活中被广泛采用。但是它的缺点也是十分明显的，由于口头形式缺乏文字记载，在发生合同纠纷时难以取证，不易分清责任。因此，对于不能即时清结的合同和标的数额较大的合同，不宜采用口头形式。

2. 书面形式

书面形式是指以书面文字形式达成合意而订立合同的方式。合同书以及任何记载当事人的要约、承诺和权利义务内容的文件，都是合同的书面形式的具体表现。随着科学技术的发展，书面形式的种类不限于传统意义上的文字记载如文书、信件等。在商务活动中，电子信息技术已经被普遍采用，为了适应这种情况，《合同法》第十一条规定："书面形

式是指合同书、信件和数据电文(包括电报、电传、传真、电子数据交换和电子邮件)等可以有形地表现所载内容的形式。”书面形式的最大优点是合同有据可查，发生纠纷时容易举证，便于分清责任。

3. 其他形式

除了书面形式和口头形式以外，还可以以当事人的民事行为来推定有订立合同的意愿。推定形式，又称默认形式，是指合同当事人未用语言、文字表达其意思表示，仅以某种行为表示意思而订立合同的方式。如承租人在租赁期满后继续交租金，而出租人也继续接受，可以视为租赁关系继续存在，当事人双方以行为形式延续了原租赁合同。

(二)合同订立的程序

当事人订立合同的程序就是彼此之间通过协商，使双方的意思表示达成一致的过程。这一过程包括要约和承诺两个阶段。

1. 要约

1) 要约的概念和构成要件

要约又称发价、发盘，是希望和他人订立合同的意思表示。提出要约的一方为要约人，对方为受要约人。要约是订立合同过程中的首要环节，没有要约就不存在承诺，合同也就无从产生。

要约应当具备以下条件：①要约必须由特定的当事人作出。②要约必须向相对人作出。③要约必须具有订立合同的主观目的，并表明经受要约人承诺，即受该意思表示的约束。④要约的内容必须具体、明确。

2) 要约邀请

要约要请又称要约引诱，是希望他人向自己发出要约的意思表示。要约邀请处于订立合同的准备阶段，不能由于对方的承诺而达成合同。与要约相比，两者的主要区别是：①要约是以订立合同为目的的，一经受要约人承诺，合同就成立；要约邀请只是唤起别人向自己发出要约的意思表示。②要约必须包括能使合同得以成立的必要条款，而要约邀请一般只是笼统地宣传自己的产品质量、服务水平等。根据《合同法》第十五条规定，寄送的价目表、拍卖公告、招标公告、招股说明书、商业广告等属于要约邀请。如果商业广告的内容符合要约的规定，则视为要约。

3) 要约的法律效力

要约的法律效力是指要约对当事人的法律拘束力，是指要约的生效即对要约人、受要约人的拘束力。要约的法律效力具体包括以下几点。

(1) 要约生效的时间。要约自到达受要约人时生效。采用数据电文形式订立合同时，收件人指定特定系统接收数据电文的，该数据电文进入该特定系统的时间，视为到达时间；

未指定特定系统的，该数据电文进入收件人的任何系统的首次时间，视为收到时间。

(2) 要约对要约人的效力。要约对要约人的拘束力，是指要约一经生效，要约人即受到要约的拘束，不得随意撤销或变更要约。法律赋予要约这种效力，目的在于保护受要约人的合法权益，维护交易安全。

(3) 要约对受要约人的效力。要约对受要约人的效力，是指受要约人在要约生效后即取得承诺的权利，受要约人可以对要约予以承诺而成立合同，但受要约人并没有承诺的义务，所以，一般说要约对受要约人不产生约束力，受要约人可以自由地表示承诺或拒绝，即使拒绝要约，也没有通知要约人的义务。

4) 要约的撤回和撤销

要约的撤回，是指在要约生效前，要约人使其不发生法律效力的意思表示。要约可以撤回，但撤回要约的通知应当于要约到达受要约人之前或同时到达受要约人。如果要约已经到达受要约人，要约人就不能撤回要约，而只能撤销要约了。

要约的撤销，是指在要约生效后，要约人使其丧失法律效力的意思表示。要约人撤销要约，撤销的通知应当在受要约人发出承诺通知之前到受要约人。受要约人发出承诺后，要约人就不能撤销要约了。根据法律规定，要约人撤销要约要受到一定的限制，有下列情形之一的，要约不得撤销：①要约人确定了承诺期限或者以其他形式明示要约不可撤销；②受要约人有理由认为要约是不可撤销的，并已经为履行合同作了准备工作。

5) 要约的失效

要约的失效是指已生效的要约，因出现法定事由而丧失其法律效力的情况。有下列情形之一的要约失效：①拒绝要约的通知到达要约人；②要约人依法撤销要约；③承诺期限届满，受要约人未作出承诺；④受要约人对要约的内容作出实质性变更。

2. 承诺

1) 承诺的概念和构成要件

承诺是指受要约人同意要约的意思表示。承诺是相对于要约而作出的，受要约人对要约表示的同意，承诺一旦作出，合同就成立。

承诺应具备以下要件：①承诺必须由受要约人作出；②承诺必须向要约人作出；③承诺应在承诺期限内作出。要约以信件或者电报作出的承诺期限自信件载明的日期或者电报交发之日开始计算；信件未载明日期的，自投寄该信件的邮戳日期开始计算；要约以电话、传真等快速通讯方式作出的，承诺期限自要约到达受要约人时开始计算。④承诺的内容应当与要约的内容一致；⑤承诺的方式必须符合要约的规定。

2) 承诺的效力

承诺的效力表现在，除了法律另有规定或当事人另有约定的以外，承诺生效之时，合同成立。关于承诺生效的时间，各国立法的分歧较大。我国合同法根据实际情况并参照有关国际公约，规定承诺到达要约人时生效。

承诺可能会因为某种原因，未能在要约规定的承诺期内作出，成为迟延承诺。迟延承诺是指没能在有效期内到达要约人的承诺。迟延承诺应根据具体情况区别对待：①一般迟延承诺，是指受要约人超过承诺期限发出的承诺。这种情况，除要约人及时通知受要约人该承诺有效的以外，为新要约。②意外迟延承诺，是指受要约人在承诺期限内发出承诺，按照通常情形能够及时到达要约人，但因其他原因承诺到达要约人时超过承诺期限的承诺。这种情况，除要约人及时通知受要约人不接受该承诺的以外，该承诺有效。

3) 承诺的撤回

承诺的撤回，是阻止承诺发生法律效力的意思表示。承诺可以撤回，撤回承诺的通知应于承诺到达要约人之前或同时到达要约人。

4) 承诺的内容

承诺的内容应当与要约的内容一致。受要约人对要约的内容作出实质性变更的，为新要约。有关合同标的、数量、质量、价款或者报酬、履行期限、履行地点和方式、违约责任和解决争议方法等的变更，是对要约内容的实质性变更。

承诺对要约的内容作出非实质性变更的，除要约人及时表示反对或者要约表明承诺不得对要约的内容作出任何变更的以外，该承诺有效，合同的内容以承诺的内容为准。

3. 合同成立的时间与地点

1) 合同成立的时间

合同成立的时间，是指合同当事人通过要约、承诺方式确立合同权利、义务关系的时间。当事人采用书面形式订立合同的，自双方当事人签字或盖章时合同成立；当事人采用信件、数据电文等订立合同的，可以在合同成立之前要求签订确认书，签订确认书时合同成立。

2) 合同成立的地点

① 承诺生效的地点为合同成立的地点。②采用数据电文形式订立合同的，收件人的主营业地为合同成立的地点；没有主营业地的，其经常居住地为合同成立的地点；当事人另有约定的，按照其约定。③当事人采用书面形式订立合同的，双方当事人签字或盖章的地点为合同成立的地点。如果双方当事人未在同一地点签字或者盖章，则以当事人中最后一方签字或盖章的地点为合同成立的地点。

(三)合同的内容

1. 合同的一般条款

合同的内容，是指订立合同的双方当事人所达成的协议的主要条款。合同的内容反映了合同的目的和要求，确定了双方当事人的权利和义务。合同内容一般应包括以下条款：

①当事人的名称或者姓名和住所；②标的；③数量；④质量；⑤价款或者报酬；⑥履行期限、地点和方式；⑦违约责任；⑧解决争议的方法。

2. 格式条款

1) 格式条款的概念

格式条款也叫定式条款、标准条款，是当事人为了重复使用而预先拟定，并在订立合同时未与对方协商的条款。在社会经济生活中，为了加快商品交易速度，简化订约程序，有些行业经过长期形成的商业惯例，逐渐产生了格式合同或者合同中的格式条款。

2) 对格式条款的限制

格式条款一方面有利于节省缔约时间，降低交易成本；另一方面也可能产生拟定者利用其优势地位，制订不利于非拟定者条款的弊端。我国《合同法》基于公平原则，对格式条款的适用作出了专门规定，以保护双方当事人的合法权益。

(1) 提供格式条款的一方应遵循公平原则确定当事人之间的权利和义务，并应当采取合理的方式提请另一方当事人注意有关免除或者限制其责任的条款。而且，应当按照另一方当事人的要求，对该条款予以说明。

(2) 提供格式条款一方免除责任、加重对方责任、排除对方主要权利的条款无效。

(3) 格式条款不得具有法律规定禁止出现的情形。有下列情况之一的，合同无效：①一方以欺诈、胁迫的手段订立合同，损害国家利益；②恶意串通，损害国家、集体或者第三人利益；③以合法形式掩盖非法目的；④损害社会公共利益；⑤违反法律、行政法规的强制性规定。合同中下列免责条款无效：①造成对方人身伤害的；②因故意或者重大过失造成对方财产损失的。

(4) 对格式条款应当按照通常理解予以解释；对格式条款有两种以上解释时，应当作不利于提供格式条款一方的解释；格式条款与非格式条款不一致时，应当采用非格式条款。

(四)缔约过失责任

1. 缔约过失责任的概念

缔约过失责任，是指一方当事人在合同订立过程中，由于过失导致合同不成立、未能生效或全部或部分失效，并给另一方当事人造成损失的，应当依法承担的法律责任。

2. 缔约过失责任的构成要件

当事人承担缔约过失责任以违反相应义务并造成损害为条件，根据我国合同法的规定，缔约过失责任的构成要件为：①缔约当事人有违反缔约义务的行为；②违反缔约义务给对方当事人造成损失；③违反缔约义务的当事人在主观上存在过错；④违反缔约义务的行为

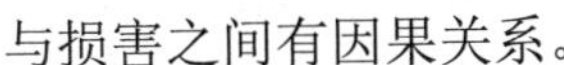

与损害之间有因果关系。

3. 缔约过失责任的具体形式

当事人在订立合过程中有下列情形之一，给对方造成损失的，应当承担损害赔偿责任：①假借订立合同，恶意进行磋商；②故意隐瞒与订立合同有关的重要事实或提供虚假情况；③泄露或不正当地使用商业秘密；④其他违背诚实信用原则的行为。

学习情境三　合同的效力

【案例 2-3】甲公司将国产奶粉冒充进口奶粉卖给乙公司，乙公司收货后才发现上当。但正值国外闹疯牛病，所以国产奶粉价格上涨凶猛，因此乙愿意接受奶粉。甲公司要求乙公司多支付货款，乙拒绝。甲公司以合同是中国产奶粉冒充的进口奶粉，该合同无效为由，向人民法院主张合同无效，要求乙公司返还奶粉。

【问题】如何处理？

【结论】该案中甲公司欺诈乙公司签订的合同属于可变更可撤销合同，不是无效合同。可变更可撤销合同，只有受欺诈方有变更撤销权，欺诈方无权请求变更撤销。

(一)合同的生效

1. 合同生效的概念

合同的生效，是指已经成立的合同得到国家法律的确认，开始发生法律效力。合同的生效与合同的成立是不同的，成立是生效的前提，成立的合同并非都能生效，生效是合同成立的理想结果，生效的合同一定是成立的合同。

2. 合同生效的要件

(1) 合同当事人订立合同时具有相应的缔约行为能力。

(2) 合同当事人意思表示真实。

(3) 合同不违反法律或社会公共利益。

(4) 合同必须具备法律所要求的形式与内容。

3. 合同的生效时间

(1) 依法成立的合同，自成立时生效。

(2) 法律、行政法规规定应当办理批准、登记等手续生效的，自批准、登记时生效。

(3) 当事人对合同的效力可以约定附条件。附生效条件的合同，自条件成就时生效。附解除条件的合同，自条件成就时失效。当事人为自己的利益不正当地阻止条件成就的，视为条件已成就；不正当地促成条件成就的，视为条件不成就。

当事人对合同的效力可以约定附期限。附生效期限的合同，自期限届至时生效。附终

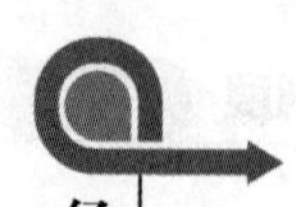

止期限的合同，自期限届满时失效。

(二)效力待定的合同

效力待定的合同是指合同虽然已经成立，但因其不完全符合有关生效要件的规定，因此其效力能否发生，尚未确定，一般须经有权人表示承认才能生效。效力待定合同不同于其他合同的最大特点在于此类合同须经权利人的承认才能生效。

1. 合同的主体不合格

(1) 无行为能力人所订立的合同。无民事行为能力人只能由其法定代理人代理订立合同，不能独立订立合同，否则，在法律上是无效的。当然，无民事行为能力人也可以订立某些与其年龄相适应的细小的日常生活方面的合同。无民事行为能力人可以实施“纯获法律上利益”的行为，因为纯获法律利益的行为对未成年人并无损害。

(2) 限制民事行为能力人依法不能独立订立的合同。限制民事行为能力人订立的合同，经法定代理人追认后，该合同有效，但纯获利益的合同或者与其年龄、智力、精神健康状况相适应而订立的合同，不必经法定代理人追认。

限制民事行为能力人依法不能独立实施的而又未经其法定代理人同意的民事行为，只能由其法定代理人代理进行。如果限制民事行为能力人未经其法定代理人的事先同意，独立实施其依法不能独立实施的民事行为，则要区分两种情况处理：①如果限制民事行为能力人实施的是单方民事行为，如抛弃财产，则行为当然无效。②如果限制民事行为能力人实施的是双方民事行为，如与他人订立合同，则与其发生关系的相对人可以在规定的期限内，催告其法定代理人是否承认这些行为。相对人可以催告法定代理人在 1 个月内予以追认。法定代理人未作表示的，视为拒绝追认。合同被追认之前，善意相对人有撤销的权利。撤销应当以通知的方式作出。

2. 因无权代理而订立的合同

无权代理，是指无权代理人代理他人从事民事行为，简言之，是指欠缺代理权的代理。无权代理主要有四种情况：①根本无权代理；②授权行为无效的代理；③超越代理权范围进行的代理；④代理权消灭以后的代理。

对因无权代理而订立的合同，相对人享有催告权。所谓催告，是指相对人催促本人在合理的一定期限内明确答复是否承认无权代理行为。“相对人可以催告被代理人在 1 个月内予以追认。被代理人未作表示的，视为拒绝追认。合同被追认之前，善意相对人有撤销的权利。撤销应当以通知的方式作出。”可见撤销必须是在本人没有作出追认以前作出，且必须通知本人。

3. 无权处分行为

无权处分行为，是指无处分权人处分他人财产而订立的合同。因无权处分而订立的合同具有以下特点：①无处分权人实施了处分他人财产的行为；②此种合同必须经过权利人追认；③如果无权处分人事后取得权利，也可导致无权处分行为有效。

(三)无效合同

无效合同，是相对于有效合同而言的，它是指合同虽然已经成立，但因其在内容和形式上违反了法律、行政法规的强制性规定和社会公共利益，因此应确认为无效。无效合同自始无效。合同一旦确认无效，就将产生追溯力，使合同自订立之时起就不具有法律效力，以后也不能转化为有效合同。

无效合同的类型：①一方以欺诈、胁迫的手段订立合同，损害国家利益；②恶意串通，损害国家、集体或者第三人利益；③以合法形式掩盖非法目的；④损害社会公共利益；⑤违反法律、行政法规的强制性规定。

(四)可撤销合同

1. 可撤销合同

可撤销合同又称可变更、可撤销的合同，它是指当事人在订立合同时，因意思表示不真实，法律允许撤销权人通过行使撤销权而使已经生效的合同归于无效。

可撤销合同具有以下几个特征：①可撤销的合同主要是意思表示不真实的合同；②必须要由撤销权人主动行使撤销权，请求撤销合同；③可撤销合同在未被撤销以前仍然是有效的；④可撤销合同的撤销权人有权请求予以撤销，也可以不要求撤销，而仅要求变更合同的内容。所谓变更，是指当事人之间通过协商改变合同的某些内容，如适当调整标的价格，适当减少一方承担的义务，通过变更使当事人之间的权利义务趋于公平合理。在变更的情况下，合同仍然是有效的。而无效合同则是当然无效的。

可撤销合同的类型：①因重大误解订立的；②在订立合同时显失公平的；③一方以欺诈、胁迫的手段或者乘人之危，使对方在违背真实意思的情况下订立的合同。

受损害方有权请求人民法院或者仲裁机构变更或者撤销。当事人请求变更的，人民法院或者仲裁机构不得撤销。

2. 撤销权

撤销权通常由因意思表示不真实而受损害的一方当事人享有，如重大误解中的误解人、显失公平中的遭受重大不利的一方。撤销权的行使，不一定必须通过诉讼的方式。如果撤销权人主动向对方作出撤销的意思表示，而对方未表示异议，则可以直接发生撤销合同的后果；如果对撤销问题，双方发生争议，则必须提起诉讼或仲裁，要求人民法院或仲裁机

关予以裁决。撤销权人有权提出变更合同，请求变更的权利也是撤销权人享有的一项权利。

撤销权人必须在规定的期限内行使撤销权。具有撤销权的当事人自知道或者应当知道撤销事由之日起 1 年内没有行使撤销权，或具有撤销权的当事人知道撤销事由后明确表示或者以自己的行为放弃撤销权，则撤销权消灭。

3. 合同无效、被撤销后的法律后果

无效的合同或者被撤销的合同自始没有法律约束力。合同部分无效，不影响其他部分效力的，其他部分仍然有效。合同无效、被撤销或者终止的，不影响合同中独立存在的有关解决争议方法的条款的效力。

合同无效或者被撤销后，因该合同取得的财产，应当予以返还；不能返还或者没有必要返还的，应当折价补偿。有过错的一方应当赔偿对方因此所受到的损失，双方都有过错的，应当各自承担相应的责任。当事人恶意串通，损害国家、集体或者第三人利益的，因此取得的财产收归国家所有或者返还集体、第三人。

学习情境四　合同的履行

【案例 2-4】 甲厂和乙厂之间签订了一份合同，甲是供货方，双方约定乙在合同签订后 1 个月内先预付 1000 万元，在合同签订 20 日后，乙得知甲厂失火，要求中止履行合同。

【问题】 乙要求中止履行合同是否符合法律规定？

【结论】 乙可以行使不安抗辩权，中止履行合同。如果甲能够证明自己可以履约或是提供适当的担保，则乙应当履行合同，否则乙可以解除合同。

(一)合同的履行

1. 合同履行的概念

合同履行是指债务人全面的、适当的完成其合同义务，债权人的合同债权得到完全实现。

2. 合同履行的原则

1) 全面履行原则

当事人应当按照全面履行自己的义务，即按照合同规定的及其质量、数量，由适当的主体在适当的履行期限、履行地点以适当的履行方式，全面完成。当事人一方在履行中对合同约定义务的任何一个环节的违反，都是违反了全面履行原则。

2) 诚实信用原则

当事人应当遵循诚实信用原则，根据合同的性质、目的和交易习惯履行通知、协助、保密等义务。

3. 合同履行的规则

1) 合同约定不明确时的履行规则

合同生效后，当事人就质量、价款或者报酬、履行地点等内容没有约定或者约定不明确的，可以协议补充；不能达成补充协议的，按照合同有关条款或者交易习惯确定。

(1) 质量要求不明确的，按照国家标准、行业标准履行；没有国家标准、行业标准的，按照通常标准或者符合合同目的的特定标准履行。

(2) 价款或者报酬不明确的，按照订立合同时履行地的市场价格履行；依法应当执行政府定价或者政府指导价的，按照规定履行。

(3) 履行地点不明确，给付货币的，在接受货币一方所在地履行；交付不动产的，在不动产所在地履行；其他标的，在履行义务一方所在地履行。

(4) 履行期限不明确的，债务人可以随时履行，债权人也可以随时要求履行，但应当给对方必要的准备时间。

(5) 履行方式不明确的，按照有利于实现合同目的的方式履行。

(6) 履行费用的负担不明确的，由履行义务一方负担。

2) 合同中规定执行政府定价或政府指导价的履行规则

(1) 执行政府定价或者政府指导价的，在合同约定的交付期限内政府价格调整时，按照交付时的价格计价。

(2) 逾期交付标的物的，遇价格上涨时，按照原价格执行；价格下降时，按照新价格执行逾期提取标的物或者逾期付款的，遇价格上涨时，按照新价格执行；价格下降时，按照原价格执行。

3) 涉及第三人的履行规则

(1) 当事人约定由债务人向第三人履行债务的，债务人未向第三人履行债务或者履行债务不符合约定，应当由债务人向债权人承担违约责任。

(2) 当事人约定由第三人向债权人履行债务的，第三人不履行债务或者履行债务有瑕疵的，应当由债务人向债权人承担违约责任。

4) 提前履行或部分履行的规则

(1) 债权人可以拒绝债务人提前履行债务，但提前履行不损害债权人利益的除外。债务人提前履行债务给债权人增加的费用，由债务人负担。

(2) 债权人可以拒绝债务人部分履行债务，但部分履行不损害债权人利益的除外。债务人部分履行债务给债权人增加的费用，由债务人负担。

(二)合同履行中的抗辩权

双务合同履行中的抗辩权是指在符合法律规定的条件下，合同当事人一方对抗对方当事人的履行请求权，暂时拒绝履行其债务的权利。双务合同履行中的抗辩权为一时的抗辩

权，延缓的抗辩权，在产生抗辩权的原因消失后，债务人仍应当履行债务。这种权利对于抗辩人而言是一种保护手段，目的是免去自己履行义务可能带来的风险。形成这种抗辩权的基础是双务合同当事人之间在合同义务方面的牵连性，与违约有本质上的不同。

1. 同时履行抗辩权

同时履行抗辩权是指双务合同(双方互负义务)的当事人应同时履行义务的，一方在对方未履行前，有拒绝对方请求自己履行合同的权利。

同时履行抗辩权的成立要件：①双方之债务基于同一双务合同而发生；②须双方互负的债务均已届清偿期；③同时履行抗辩权的行使须相对人有不履行或履行不符合约定的行为；④同时履行抗辩权的行使应以合同具备能履行的客观条件为准。

2. 先履行抗辩权

先履行抗辩权是指双务合同中应先履行义务的一方当事人未履行时，对方当事人有拒绝其履行请求的权利。

先履行抗辩权的成立要件：①双方当事人互负债务；②两个债务之间有先后履行顺序；③先履行一方未履行或其履行不符合法律规定和合同的约定。先履行一方未履行，既包括先履行一方在履行期限届满前未予履行的状态，又包含先履行一方于履行期限届满时尚未履行的状态。

3. 不安抗辩权

不安抗辩权是指双务合同中应先履行义务的一方当事人，有证据证明对方当事人不能或可能不能履行义务时，在对方当事人未履行合同或提供担保之前，可以暂时中止履行合同的权利。

不安抗辩权的成立要件：①双方当事人互负债务；②后给付义务人的履行能力明显降低，有不能给付的危险；③后给付义务人未提供适当担保。如果后给付义务人提供适当担保，不得行使不安抗辩权。

中止履行是指双方合同中负有先履行义务的一方，在合同尚未履行或没有完全履行时，因法定事由暂时停止履行自己承担的合同义务。应当先履行债务的当事人，有确切证据证明对方有下列情形之一的，可以中止履行：①经营状况严重恶化；②转移财产、抽逃资金，以逃避债务；③丧失商业信誉；④有丧失或者可能丧失履行债务能力的其他情形。

中止履行的一方应及时通知对方。对方提供适当担保时，应当恢复履行；对方在合理期限内未恢复履行能力并且未提供适当担保的，中止履行的一方可以解除合同。

(三)合同的保全

合同保全也称为合同的对外效力，是指法律为防止债务人财产的不当减少给债权人权

利带来损害而设置的合同的一般担保形式，包括债权人代位权和债权人撤销权。其目的在于保持债务人自身的偿债能力，对债权人不能获清偿起预防和补救作用。

1. 代位权

代位权是指因债务人怠于行使其到期债权，对债权人造成损害的，债权人可以请求人民法院以自己的名义代位行使债务人的债权的权利。

代位权的成立要件：①债权人对债务人的债权合法；②债务人怠于行使其到期债权，对债权人造成损害；③债务人的债权已经到期；④债务人的债权不是专属于债务人自身的债权。

债权人行使代位权必须向人民法院提出申请。代位权的行使范围以债权人的债权为限。债权人行使代位权的必要费用，由债务人负担。

2. 撤销权

撤销权是指因债务人放弃其到期债权或者无偿转让财产、以明显不合理的低价转让财产，对债权人造成损害的，债权人可以请求人民法院撤销债务人的行为。

撤销权的成立要件如下。

(1) 客观要件：①债权人对债务人享有合法有效的债权。②债务人实施了处分财产的行为。即债务人实施了放弃到期债权、无偿转让财产、以明显不合理的低价转让财产。③债务人的处分财产的行为已经发生法律效力。④债务人处分财产的行为已经或将要损害债权的利益。

(2) 主观要件：债务人与第三人具有恶意。

债权人行使撤销权必须向人民法院提出申请。撤销权的行使范围以债权人的债权为限。债权人行使撤销权的必要费用，由债务人负担。

撤销权自债权人知道或者应当知道撤销事由之日 1 年内行使。自债务人的行为发生之日起 5 年内没有行使撤销权的，该撤销权消灭。

学习情境五　合同的变更、转让和终止

【案例 2-5】 A 公司与 B 公司在 2010 年 1 月 2 日订立一个合同，B 在 2010 年 4 月 28 日分立为甲公司和乙公司。

【问题】 A 公司与 B 公司的合同应如何履行?

【结论】 甲公司和乙公司应对合同的权利和义务享有连带债权，承担连带债务。

(一)合同的变更

合同的变更是指合同在没有履行或者没有完全履行之前，由于实现合同的条件发生变化，合同关系的当事人依据法律规定的条件和程序，对原合同的某些条款进行修改或补充。

合同的变更是指在主体不变的条件下，对合同某些条款进行修改或补充，因为主体的变更实质上是合同的转让。

当事人协商一致，可以变更合同。法律、行政法规规定变更合同应当办理批准、登记等手续的，依照其规定。当事人对合同变更的内容约定不明确的，推定为未变更。合同的变更仅对变更后未履行的部分有效，对已履行的部分无溯及力。

(二)合同的转让

合同的转让，是指当事人一方将其合同权利、合同义务或者合同权利义务，全部或者部分转让给第三人。合同的转让，也就是合同主体的变更，准确地说是合同权利、义务的转让，即在不改变合同关系内容的前提下，使合同的权利主体或者义务主体发生变动。

1. 债权的转让

1) 债权转让的概念

债权转让，是指合同债权人通过协议将其债权全部或部分地转让给第三人的行为。债权转让是不改变权利内容，但改变了权利主体。债权转让可以是全部转让，也可以是部分转让。在债权全部转让时，受让人将完全取代转让人的地位而成为合同当事人。在债权部分转让情况下，受让人作为第三人将加入到原合同关系之中，与原债权人共同享有债权。不管采取何种方式转让，都不应增加债务人的负担。

2) 债权转让的条件

(1) 须有有效的债权存在。如果债权不存在，则转让行为无效。作为转让人只担保债权的存在与否，但不担保债务人是否具有清偿能力。因此诉讼时效已过的权利同样可以作为转让的对象。

(2) 转让双方之间须达成转让协议。

(3) 转让的合同权利须具有可让与性。下列权利不得转让：①根据合同性质不得转让的权利。这种类型主要有：基于个人信任关系而发生的债权，如雇佣人对受雇人的债权；以选定债权人为基础发生的合同权利，如某个特定演员的演出活动；属于从权利的债权，如保证合同等。②按照当事人的特别约定不得转让的债权。③法律规定禁止转让的债权。

债权转让，不以征得债务人的同意为要件。债权人转让权利，只要与受让人达成一致，合同即生效。但是债权转让的效力要对债务人发生效力，则以通知债务人为必要。未经通知，该转让对债务人不发生效力，债务人仍然可以向原债权人履行义务。而且通知一旦到达债务人，除非受让人同意，不得撤销。

3) 债权转让的效力

债权人转让权利的，受让人取得与债权有关的从权利，但该从权利专属于债权人自身的除外。债务人接到债权转让通知后，债务人对让与人的抗辩，可以向受让人主张。债务人接到债权转让通知时，债务人对让与人享有债权，并且债务人的债权先于转让的债权到期或者同时到期的，债务人可以向受让人主张抵销。法律、行政法规规定转让权利应当办理批准、登记等手续的，依照其规定。

2. 债务的转让

1) 债务转让的概念

合同债务的转让是指在不改变合同内容的前提下，债务人将其合同义务全部或部分的转让给第三人。合同债务的转让可以是全部转让，也可以是部分转让。

2) 债务转让的条件

(1) 须有有效债务存在。债务有效存在是债务承担的前提，债务自始无效或者承担时已经消灭，即使当事人就此定有承担合同，也不发生效力。

(2) 被转移的债务应当具有可转移性。下列债务不具有可转让性：①性质上不可转移的债务，它往往是指与特定债务人的人身具有密切联系的债务，需要特定债务人亲自履行，因而不得转让；②当事人特别约定不得转移的债务；③合同中的不作为义务。

(3) 第三人须与债务人就债务的转移达成合意。

(4) 债务转让须经债权人的同意。

3) 债务转让的效力

债务人转移义务的，新债务人可以主张原债务人对债权人的抗辩。债务人转移义务的，新债务人应当承担与主债务有关的从债务，但该从债务专属于原债务人自身的除外。法律、行政法规规定转移义务应当办理批准、登记等手续的，依照其规定。

3. 债权债务的概括转移

合同债权债务的概括移转即合同权利义务的概括移转，是指合同一方当事人将自己在合同中的权利义务一并转让的法律制度。当事人一方经他方当事人同意，可以将自己在合同中的权利义务一并转让给第三人。概括移转有意定的概括移转和法定的概括移转两种情形。意定的概括移转基于转让合同的方式进行，而法定的概括移转往往是因为某一法定事实的发生而导致。最典型的就是合同当事人发生合并或分立时，就会有法定的概括移转的发生。当事人订立合同后合并的，由合并后的法人或者其他组织行使合同权利，履行合同义务。当事人订立合同后分立的，除债权人和债务人另有约定的以外，由分立的法人或者其他组织对合同的权利和义务享有连带债权，承担连带债务。

(三)合同的终止

合同的终止，是指因发生法律规定或当事人约定的情况，使当事人之间的权利义务关系消灭，而使合同终止法律效力。

合同终止的原因有以下几种。

1. 债务已经按照约定履行

债务已经按照约定履行，是指合同的清偿，指债务人按照合同的约定向债权人履行义务、实现债权的目的的行为。

2. 合同的解除

合同的解除，是指合同有效成立以后，没有履行或者没有完全履行之前，双方当事人通过协议或者一方行使解除权的方式，使得合同关系终止的法律制度。合同的解除，分为合意解除与法定解除两种情况。

(1) 合意解除。合意解除，是指根据当事人事先约定的情况或经当事人协商一致而解除合同。其中协商解除是以一个新的合同解除旧的合同。而约定解除则是一种单方解除。即双方在订立合同时，约定了合同当事人一方解除合同的条件。一旦该条件成就，解除权人就可以通过行使解除权而终止合同。法律规定或者当事人约定了解除权行使期限的，期限届满当事人不行使的，该权利消灭。法律没有规定或者当事人没有约定解除权行使期限，经对方催告后在合理期限内不行使的，该权利消灭。合同订立后，经当事人协商一致，也可以解除合同。

(2) 法定解除。法定解除，是指根据法律规定而解除合同。有下列情形之一的，当事人可以解除合同：①因不可抗力致使不能实现合同目的；②在履行期限届满之前，当事人一方明确表示或者以自己的行为表明不履行主要债务；③当事人一方迟延履行主要债务，经催告后在合理期限内仍未履行；④当事人一方迟延履行债务或者有其他违约行为致使不能实现合同目的；⑤法律规定的其他情形。

当事人一方行使解除权，或依照《合同法》规定主张解除合同的，应当通知对方。合同自通知到达对方时解除。对方有异议的，可以请求人民法院或者仲裁机构确认解除合同的效力。当事人解除合同，法律、行政法规规定应当办理批准、登记等手续的应依照其规定办理。

合同解除后，尚未履行的、终止履行；已经履行的，根据履行情况和合同性质，当事人可以要求恢复原状、采取其他补救措施，并有权要求赔偿损失。合同的权利义务终止，不影响合同中结算和清理条款的效力。

3. 债务相互抵销

抵销是双方当事人互负债务时，一方通知对方以其债权充当债务的清偿或者双方协商以债权充当债务的清偿，使得双方的债务在对等额度内消灭的行为。抵销分为法定抵销与约定抵销。抵销具有简化交易程序，降低交易成本，提高交易安全性的作用。

(1) 法定抵销。当事人互负到期债务，该债务的标的物种类、品质相同的，任何一方

可以将自己的债务与对方的债务抵销，但依照法律规定或者按照合同性质不得抵销的除外。合同当事人主张抵销的，应当通知对方。通知自到达对方时生效。抵销不得附条件或者附期限。

(2) 约定抵销。当事人互负债务，标的物种类、品质不相同的，经双方协商一致，也可以抵销。

4. 提存

提存是指非因可归责于债务人的原因，导致债务人无法履行债务或者难以履行债务的情况下，债务人将标的物交由提存提存机关保存，以终止合同权利义务关系的行为。《合同法》规定的提存是以清偿为目的，所以是债消灭的原因。

(1) 提存的原因。有下列情形之一，难以履行债务的，债务人可以将标的物提存：①债权人无正当理由拒绝受领；②债权人下落不明；③债权人死亡未确定继承人或者丧失民事行为能力未确定监护人；④法律规定的其他情形。

(2) 提存的法律后果。标的物提存后，毁损、灭失的风险由债权人承担。提存期间，标的物的孳息归债权人所有。提存费用由债权人负担。标的物不适于提存或者提存费用过高的，债务人依法可以拍卖或者变卖标的物，提存所得的价款。

标的物提存后，合同虽然终止，但债务人还负有后合同义务。除债权人下落不明的以外，债务人应当及时通知债权人或者债权人的继承人、监护人。公证机关为提存机关。

债权人可以随时领取提存物，但债权人对债务人负有到期债务的，在债权人未履行债务或者提供担保之前，提存部门根据债务人的要求应当拒绝其领取提存物。债权人领取提存物的权利，自提存之日起 5 年内不行使则消灭，提存物扣除提存费用后归国家所有。此处规定的“5 年”时效为不变期间，不适用诉讼时效中止、中断或者延长的规定。

5. 债权人免除债务

债权人免除债务人的债务而使合同权利义务部分或全部终止。债务免除后，债务人就不再负担被免除的债务。债权人的债权也就不再存在。债权人免除债务人部分或者全部债务的，合同的权利义务部分或者全部终止。

6. 免除与混同

债权和债务同归于一人，即债权债务混同时，合同的权利义务终止，但涉及第三人利益的除外。

合同的权利义务终止后，有时当事人还负有后合同义务，应当遵循诚实信用原则，根据交易习惯履行通知、协助、保密等义务。合同的权利义务终止，不影响合同中结算和清理条款的效力。

学习情境六　合同的担保

【案例 2-6】 甲企业与乙银行签订借款合同，借款金额为 10 万元人民币，借款期限为 1 年，由丙企业作为借款保证人。合同签订 3 个月后，甲企业因扩大生产规模急需资金，遂与乙银行协商，将贷款金额增加到 15 万元，甲和银行通知了丙企业，丙企业未予答复。后甲企业到期不能偿还债务。乙银行于 2010 年 1 月将丙企业起诉，要求其承担保证责任，偿还债务。丙称由于甲乙变更了借款合同，故自己不承担保证责任。

【问题】 丙企业是否应承担保证责任？

【结论】 丙企业对 10 万元应承担保证责任，对增加的 5 万元不承担保证责任。

(一)合同担保的概念及特征

合同的担保，是指依照法律的规定或当事人的约定而设立的确保合同义务履行和权利实现的法律措施。担保方式可分为保证、抵押、质押、留置、定金五种。保证是人的担保，抵押、质押、留置是物的担保，定金是金钱担保。

合同担保具有如下特征。

第一，附随性。附随性也称从属性。担保是为了保证债权人受偿而由债务人或第三人提供的担保，具有从属于被担保的债权的性质。被担保的债权被称为主债权，主债权人对担保人享有的权利称作从债券。没有主债权的存在，就不会有从债权。主债消灭，担保也随之消灭。

第二，相对独立性。担保具有从属性，但又相对独立于被担保的债权。担保的设立必须有当事人的合意，其与被担保的债权的发生或成立是两个不同的法律关系。

第三，条件性。担保合同一经成立，即对双方当事人产生法律约束力。债权人依照担保合同行使担保权利的前提条件是主债务人不履行或不能履行，在债务人已经按约定履行主债务的情形下，担保人无须履行担保义务。

(二)保证

保证是指第三人为债务人的债务履行作担保，由保证人和债权人约定，当债务人不履行债务时，保证人按照约定履行债务或者承担责任的行为。

1. 保证人

具有代为清偿债务能力的法人、其他组织或者公民，可以作保证人。

(1) 国家机关不得为保证人，但经国务院批准为使用外国政府或者国际经济组织贷款进行转贷的除外。

(2) 学校、幼儿园、医院等以公益为目的的事业单位、社会团体不得为保证人。

(3) 企业法人的分支机构、职能部门不得为保证人。企业法人的分支机构有法人书面

授权的，可以在授权范围内提供保证。

2. 保证合同

1) 保证合同的主体

保证合同的主体是保证人与主债权人，主债务人不是保证合同的当事人。

2) 保证合同的形式

保证人与债权人应当以书面形式订立保证合同。在以下两种情况下，保证合同也成立：①第三人单方以书面形式向债权人出具担保书，债权人接受且未提出异议的；②主合同中虽然没有保证条款，但是，保证人在主合同上以保证人的身份签字或者盖章的。

3) 保证合同的内容

保证合同应当包括以下内容：①被保证的主债权种类、数额；②债务人履行债务的期限；③保证的方式；④保证担保的范围；⑤保证的期间；⑥以及双方认为需要约定的其他事项。保证合同不完全具备上述规定内容的，可以补正。

3. 保证方式

1) 一般保证

当事人在保证合同中约定，在债务人不能履行债务时，由保证人承担保证责任的，为一般保证。一般保证的保证人享有先诉抗辩权，即一般保证的保证人在主合同纠纷未经审判或者仲裁，并就债务人财产依法强制执行仍不能履行债务前，对债权人可以拒绝承担保证责任。有下列情形之一的，保证人不得行使先诉抗辩权：①债务人住所变更，致使债权人要求其履行债务发生重大困难的，包括：债务人下落不明、移居境外，且无财产可供执行；②人民法院受理债务人破产案件，中止执行程序的；③保证人以书面形式放弃规定的权利的。

2) 连带责任保证

当事人在保证合同中约定保证人与债务人对债务承担连带责任的，为连带责任保证。连带责任保证的债务人在主合同规定的债务履行期届满没有履行债务的，债权人可以要求债务人履行债务，也可以要求保证人在其保证范围内承担保证责任。

4. 保证责任

1) 保证责任的范围

保证担保的责任范围包括主债权及利息、违约金、损害赔偿金和实现债权的费用。保证合同对责任范围另有约定的，按照约定执行。当事人对保证担保的范围没有约定或者约定不明确的，保证人应当对全部债务承担责任。最高额保证合同的保证人可以随时书面通知债权人终止保证合同，但保证人对于通知到达债权人前所发生的债权，承担保证责任。

2) 主合同变更与保证责任承担

保证期间，债权人依法将主债权转让给第三人，保证债权同时转让，保证人在原保证担保的范围内对受让人承担保证责任。但是保证人与债权人事先约定仅对特定的债权人承担保证责任或者禁止债权转让的，保证人不再承担保证责任。

保证期间，债权人许可债务人转让债务的，应当取得保证人书面同意，保证人对未经其同意转让的债务部分，不再承担保证责任。

保证期间，债权人与债务人协议变更主合同的，应当取得保证人书面同意，未经保证人同意的主合同变更，如果减轻债务人的债务的，保证人仍应当对变更后的合同承担保证责任；如果加重债务人的债务的，保证人对加重的部分不承担保证责任。债权人与债务人对主合同履行期限作了变动，未经保证人书面同意的，保证期间为原合同约定的或者法律规定的期间。债权人与债务人协议变动主合同内容，但并未实际履行的，保证人仍应当承担保证责任。

主合同当事人双方协议以新贷偿还旧贷，除保证人知道或者应当知道者外，保证人不承担民事责任，但是新贷与旧贷系同一保证人的除外。

5. 保证期间与保证的诉讼时效

保证期间为保证责任的存续期间，是债权人向保证人行使追索权的期间。保证期间性质上属于除斥期间，不发生诉讼时效的中止、中断和延长。债权人没有在保证期间主张权利的，保证人免除保证责任。“主张权利”的方式在一般保证中表现为对债务人提起诉讼或者申请仲裁，在连带责任保证中表现为向保证人要求承担保证责任。

当事人可以在合同中约定保证期间。如果没有约定的，保证期间为 6 个月。在连带责任保证的情况下，债权人有权自主债务履行期届满之日起 6 个月内要求保证人承担保证责任；在一般保证场合，债权人应自主债务履行期届满之日起 6 个月内对债务人提起诉讼或者申请仲裁。保证合同约定的保证期间早于或者等于主债务履行期限的，视为没有约定。保证合同约定保证人承担保证责任，直至主债务本息还清时为止等类似内容的，视为约定不明，保证期间为主债务履行期届满之日起 2 年。

在保证期间中，债权人主张权利的，保证责任确定。从确定保证责任时起，在连带保证，开始起算保证的诉讼时效。在一般保证，则在对债务人提起诉讼或者申请仲裁的判决或者仲裁裁决生效之日起算保证的诉讼时效。保证的诉讼时效期限，按照《中华人民共和国民法通则》(以下简称《民法通则》)的规定应为 2 年。

最高额保证合同对保证期间没有约定或者约定不明的，如合同约定有保证人清偿债务期限的，保证期间为清偿期限届满之日起 6 个月；没有约定的，保证期间为自最高额保证终止之日或自债权人收到保证人终止保证合同的书面通知到达之日起 6 个月。保证人对于通知到达债权人前所发生的债权，承担保证责任。

6. 保证人的抗辩权

由于保证人承担了对债务人的保证责任，所以保证人享有债务人的抗辩权。抗辩权是指债权人行使债权时，债务人根据法定事由对抗债权人行使请求权的权利。如债务人放弃对债务的抗辩权，保证人仍有权抗辩，因其保证责任并未免除。据此，不仅保证人有权参加债权人对债务人的诉讼，在债务人对债权人提起诉讼，债权人提起反诉时，保证人也可以作为第三人参加诉讼。

保证人对已经超过诉讼时效期间的债务承担保证责任或者提供保证的，不得又以超过诉讼时效为由提出抗辩。

7. 保证责任与共同担保

在同一债权上既有保证又有物的担保的，属于共同担保。《中华人民共和国物权法》规定，被担保的债权既有物的担保又有人的担保的，债务人不履行到期债务或者发生当事人约定的实现担保物权的情形，债权人应当按照约定实现债权；没有约定或者约定不明确，债务人自己提供物的担保的，债权人应当先就该物的担保实现债权；第三人提供物的担保的，债权人可以就物的担保实现债权，也可以要求保证人承担保证责任。提供担保的第三人承担担保责任后，有权向债务人追偿。

8. 保证人不承担责任的情形

有下列情形之一的，保证人不承担民事责任：①主合同当事人双方串通，骗取保证人提供保证的；②合同债权人采取欺诈、胁迫等手段，使保证人在违背真实意思的情况下提供保证的。

9. 保证人的追偿权

保证人承担保证责任后，有权向债务人追偿其代为清偿的部分。保证人对债务人行使追偿权的诉讼时效，自保证人向债权人承担责任之日起开始计算。保证人自行履行保证责任时，其实际清偿额大于主债权范围的，保证人只能在主债权范围内对债务人行使追偿权。

(三)抵押

抵押是指债务人或者第三人不转移对某一特定物的占有，而将该财产作为债权的担保，债务人不履行债务时，债权人有权依照担保法的规定以该财产折价或者以拍卖、变卖该财产的价款优先受偿。

在抵押担保中，债务人或第三人为抵押人，债权人为抵押权人，提供担保的财产为抵押物。

1. 抵押合同

抵押人和抵押权人应当以书面形式订立抵押合同。抵押合同应当包括以下内容：①被担保的主债权种类、数额；②债务人履行债务的期限；③抵押物的名称、数量、质量、状况、所在地、所有权权属或者使用权权属；④抵押担保的范围；⑤当事人认为需要约定的其他事项。抵押合同不完全具备前款规定内容的，可以补正。

订立抵押合同时，抵押权人和抵押人在合同中不得约定在债务履行期届满抵押权人未受清偿时，抵押物的所有权转移为债权人所有。

2. 抵押财产的范围

(1) 可以抵押的财产：①建筑物和其他土地附着物；②建设用地使用权；③以招标、拍卖、公开协商等方式取得的荒地等土地承包经营权；④生产设备、原材料、半成品、产品；⑤正在建造的建筑物、船舶、航空器；⑥交通运输工具；⑦法律、行政法规未禁止抵押的其他财产。

抵押财产需要办理登记的，应依法到有关部门办理登记，抵押合同自登记之日起生效。需要办理登记的抵押财产和登记主管部门是：以无地上定着物的土地使用权抵押的，为核发土地使用权证书的土地管理部门；以城市房地产或乡(镇)、村企业的厂房等建筑物抵押的，为县级以上地方人民政府规定的部门；以林木抵押的，为县级以上林木主管部门；以航空器、船舶、车辆抵押的，为运输工具的登记部门；以企业的设备和其他动产抵押的，为财产所在地的工商行政管理部门。

(2) 禁止抵押的财产：①土地所有权；②耕地、宅基地、自留地、自留山等集体所有的土地使用权，但法律规定可以抵押的除外；③学校、幼儿园、医院等以公益为目的的事业单位、社会团体的教育设施、医疗卫生设施和其他社会公益设施；④所有权、使用权不明或有争议的财产；⑤依法被查封、扣押、监管的财产；⑥法律、行政法规规定不得抵押的其他财产。

3. 抵押担保的范围

抵押担保的范围主要包括主债权及利息、违约金、损害赔偿金和实现抵押权的费用。抵押合同另有约定的，按照约定。订立抵押合同时，抵押权人和抵押人在合同中不得约定在债务履行期届满抵押权人未受清偿时，抵押物的所有权转移为债权人所有。

4. 抵押权的实现

债务履行期届满抵押权人未受清偿的，可以与抵押人协议以抵押物折价或者以拍卖、变卖该抵押物所得的价款受偿；协议不成的，抵押权人可以向人民法院提起诉讼。抵押物折价或者拍卖、变卖后，其价款超过债权数额的部分归抵押人所有，不足部分由债务人清偿。

同一财产向两个以上债权人抵押的，拍卖、变卖抵押物所得的价款按照以下规定清偿：①抵押合同以登记生效的，按照抵押物登记的先后顺序清偿；顺序相同的，按照债权比例

清偿；②抵押合同自签订之日起生效的，该抵押物已登记的，按照①项规定清偿；未登记的，按照合同生效时间的先后顺序清偿，顺序相同的，按照债权比例清偿。抵押物已登记的先于未登记的受偿。

(四)质押

质押是指债务人或者第三人将其动产或权利凭证移交债权人占有，将该财产作为债权的担保。债务人不履行债务时，债权人有权以该财产折价或者以拍卖、变卖该财产的价款优先受偿。质押包括动产质押和权利质押。

1. 动产质押

动产质押是指债务人或者第三人将其动产移交债权人占有，将该动产作为债权的担保，当债务人不履行债务时，债权人有权依照法律规定，以该动产折价或者以拍卖、变卖该动产的价款优先受偿。该债务人或者第三人为出质人，债权人为质权人，移交的动产为质物。

质押担保的范围包括主债权及利息、违约金、损害赔偿金、质物保管费用和实现质权的费用。质押合同另有约定的，按照约定。

1) 质押合同

当事人应当采取书面形式订立质押合同。

质押合同自成立时生效，质权自出质人交付质押财产时设立。质权人在债务履行期届满前，不得与出质人约定债务人不履行到期债务时质押财产归债权人所有。

债务人或者第三人未按质押合同约定的时间移交质物的，因此给质权人造成损失的，出质人应当根据其过错承担赔偿责任。质押合同中对质押的财产约定不明，或者约定的出质财产与实际移交的财产不一致的，以实际交付占有的财产为准。

质物有隐蔽瑕疵造成质权人其他财产损害的，应由出质人承担赔偿责任。但是，质权人在质物移交时明知质物有瑕疵而予以接受的除外。

2) 质权人对质物的责任

质权人在质权存续期间，未经出质人同意，擅自使用、处分质押财产，给出质人造成损害的，应当承担赔偿责任。

质权人负有妥善保管质押财产的义务；因保管不善致使质押财产毁损、灭失的，应当承担赔偿责任。质权人的行为可能使质押财产毁损、灭失的，出质人可以要求质权人将质押财产提存，或者要求提前清偿债务并返还质押财产。但质物提存费用由质权人负担，出质人提前清偿债权的，应当扣除未到期部分的利息。

因不能归责于质权人的事由可能使质押财产毁损或者价值明显减少，足以危害质权人权利的，质权人有权要求出质人提供相应的担保；出质人不提供的，质权人可以拍卖、变卖质押财产，并与出质人通过协议将拍卖、变卖所得的价款提前清偿债务或者提存。

质权人在质权存续期间，未经出质人同意转质，造成质押财产毁损、灭失的，应当向

出质人承担赔偿责任。

3) 质权的实现

债务人履行债务或者出质人提前清偿所担保的债权的，质权人应当返还质押财产。债务人不履行到期债务或者发生当事人约定的实现质权的情形，质权人可以与出质人协议以质押财产折价，也可以就拍卖、变卖质押财产所得的价款优先受偿。质押财产折价或者变卖的，应当参照市场价格。

出质人可以请求质权人在债务履行期届满后及时行使质权；质权人不行使的，出质人可以请求人民法院拍卖、变卖质押财产。出质人请求质权人及时行使质权，因质权人怠于行使权利造成损害的，由质权人承担赔偿责任。在质押期间，质权人依法有权收取质物所生的天然孳息和法定孳息。

质押财产折价或者拍卖、变卖后，其价款超过债权数额的部分归出质人所有，不足部分由债务人清偿。为债务人质押担保的第三人，在质权人实现质权后，有权向债务人追偿。

出质人与质权人可以协议设立最高额质权。

2. 权利质押

权利质押指以可转让的权利为标的物的质权。法律将权利质押与动产质押共同规定在质押中，仅就权利质押作了一些特殊规定，对于权利质押的一般问题，法律规定直接适用动产质押的有关规定。

债务人或者第三人有权处分的下列权利可以出质。

(1) 汇票、支票、本票。

(2) 债券、存款单。

(3) 仓单、提单。

(4) 可以转让的基金份额、股权。

(5) 可以转让的注册商标专用权、专利权、著作权等知识产权中的财产权。

(6) 应收账款。

(7) 法律、行政法规规定可以出质的其他财产权利。

(五)留置

留置是指债权人按照合同约定占有债务人的动产，债务人不按照合同约定的期限履行债务的，债权人有权依照本法规定留置该财产，以该财产折价或者以拍卖、变卖该财产的价款优先受偿。

因保管合同、运输合同、加工承揽合同发生的债权，债务人不履行债务的，债权人有留置权，法律规定可以留置的其他合同，债权人亦可行使留置权。

留置担保的范围包括主债权及利息、违约金、损害赔偿金、留置物保管费用和实现留置权的费用。

1. 留置物的保管

留置的财产为可分物的，留置物的价值应相当于债务的金额。留置权人负有妥善保管留置物的义务，因保管不善致使留置物灭失或者毁损的，留置权人应当承担民事责任。

2. 留置权的实现

留置权人与债务人应当约定留置财产后的债务履行期间；没有约定或者约定不明确的，留置权人应当给债务人 2 个月以上履行债务的期间，但鲜活易腐等不易保管的动产除外。债务人逾期未履行的，留置权人可以与债务人协议以留置财产折价，也可以就拍卖、变卖留置财产所得的价款优先受偿。留置财产折价或者变卖的，应当参照市场价格。

债务人可以请求留置权人在债务履行期届满后行使留置权；留置权人不行使的，债务人可以请求人民法院拍卖、变卖留置财产。留置财产折价或者拍卖、变卖后，其价款超过债权数额的部分归债务人所有，不足部分由债务人清偿。

(六)定金

定金是债的一种担保方式，当事人可以依据法律的规定，约定一方向对方给付定金作为债权的担保。债务人履行债务后，给付定金的一方有权收回定金，或者将定金抵作价款；收受定金的一方不履行债务的，应当将双倍的定金返还给付定金的一方。给付定金的一方不履行债务的，则无权要求返还定金。

定金作为一种担保方式，具有以下特点：①定金合同的成立不仅需要双方当事人的意思表示一致，而且还必须有交付定金的行为；②定金担保的主合同，一般是给付金钱债务的合同。③法律对定金的数额有限制，即不能超过主合同标的额的 20%。

学习情境七　违约责任

【案例 2-7】 甲与乙订立了一份苹果购销合同，约定：甲向乙交付 20 万公斤苹果，货款为 40 万元，乙向甲支付定金 4 万元；如任何一方不履行合同应支付违约金 6 万元。甲因将苹果卖给丙而无法向乙交付苹果。乙诉至法院要求甲支付违约金 6 万元，同时双倍返还定金 4 万元。

【问题】 乙的主张能成立吗？

【结论】 定金和违约金条款只能适用一个。适用定金条款，乙可以得到 8 万元，减去自己先行支付给甲的定金 4 万元，实际得到 4 万元，因此要选择违约金 6 万元。

(一)违约责任概述

1. 违约责任的概念

违约责任是违反合同的民事责任的简称，是指合同当事人一方不履行合同义务或履行合同义务不符合合同约定所应承担的民事责任。

2. 违约责任的特征

(1) 违约责任是违约方对相对方承担的责任。合同是当事人之间的关系，其义务也是当事人之间的义务。所以，违约责任只能在合同当事人之间产生，由违约方对相对方承担责任，而不能在当事人以外产生。

(2) 违约责任是履行合同不完全或不履行合同义务而承担的责任。违约责任是违反有效合同的责任，合同有效是承担违约责任的前提。违约责任以当事人不履行或不完全履行合同为条件。

(3) 违约责任具有补偿性和一定的任意性。违约责任以补偿守约方因违约行为所受损失为主要目的，以损害赔偿为主要责任形式，故具有补偿性质。除法律对违约责任做出规定外，违约责任一般由当事人自己约定，包括承担违约责任的方式、违约金的数额、赔偿损失的计算方法等，当事人都可以自己约定。

(4) 违约责任是财产责任。违约责任可以约定(如约定违约金、约定定金)，也可以直接适用法律的规定(如支付赔偿金、强制实际履行等)。

(二)违约责任的构成要件

1. 违约行为

违约行为是指合同当事人不履行或者不适当履行合同义务的客观事实。违约行为的发生以合同关系存在为前提。违约行为是构成违约责任的首要条件。无违约行为即无违约责任。违约行为的特点在于：①违约行为的行为人是合同当事人，这是由合同相对性规则决定的。②违约行为违反了合同义务。合同义务主要通过当事人之间的约定，具有任意性。对约定义务的违反构成违约行为。但是，对于合同没有明确约定，但是根据诚实信用原则产生的附随义务的违反，也可能构成违约行为。③与合同义务相对应的是合同债权，对合同义务的违反必然导致对合同债权的侵害。

违约行为可以分为：①不履行和不适当履行两大类。不履行，是指当事人根本没有履行合同义务，包括拒绝履行和根本违约。②不适当履行，是指当事人虽有履行合同义务的行为，但履行的内容不符合法律的规定或者合同的约定。不适当履行包括质的不当(瑕疵履行和加害给付)、量的不当即部分履行、履行方法不当、履行地点不当和履行时间不当(提前履行和迟延履行)等。就违约行为发生的时间而言，违约行为可以分为：①预期违约。预期违约，是指在合同有效成立履行期限届满之前，当事人一方明确表示或者以自己的行为表明不履行主要债务。②实际违约。实际违约，是指合同履行期限届满后发生的违约。

2. 不存在法定和约定的免责事由

不可抗力是法定的免责事由。除法定的免责事由外，当事人如果约定有免责事由，那么免责事由发生时，当事人也可以不承担违约责任，当然，当事人免责的前提条件是当事人约定免责事由的条款本身是有效的。

(三)承担违约责任的方式

1. 继续履行

当事人就迟延履行约定违约金的，违约方支付违约金后，还应当履行债务。

2. 采取补救措施

履行质量不符合约定的，应当按照当事人的约定承担违约责任。受损害方可以根据标的的性质以及损失的大小，合理选择要求对方采取修理、更换、重作、退货、减少价款或者报酬等补救措施。

3. 赔偿损失

当事人一方不履行合同义务或者履行合同义务不符合约定的，在履行义务或者采取补救措施后，对方还有其他损失的，应当赔偿损失。

4. 支付违约金

约定的违约金低于造成的损失的，当事人可以请求人民法院或者仲裁机构予以增加。约定的违约金过分高于造成的损失的，当事人可以请求人民法院或者仲裁机构予以适当减少。

当事人约定的违约金超过造成损失的30%的，一般可认定为过分高于造成的损失。

5. 定金责任

当事人在合同中既约定违约金，又约定定金的，一方违约时，对方当事人可以选择适用违约金或定金条款，但二者不可同时并用。当事人执行定金条款后不足以弥补所受损害的，仍可以请求赔偿损失。

◎ 情境综述

合同法律制度结合合同的概述，介绍了合同的订立，合同的效力，合同的变更、终止和转让，合同的履行及合同的违约责任，并对合同的担保进行了阐述。

◎ 技能训练

一、单项选择题

1. 甲将房屋一间作抵押向乙借款20 000元。抵押期间，知情人丙表示愿意以30 000

元购买甲的房屋，甲也想将该房屋出卖。下列选项正确的是(　　)。

A. 甲有权将该抵押房屋出卖，但是要事先告知抵押权人乙

B. 甲有权将该抵押房屋出卖，不必征得抵押权人乙的同意

C. 甲可以将房屋卖给丙，但实现要征得抵押权人乙的同意

D. 甲无权将该房屋出卖，因为房屋上已经设置了抵押权

2. 甲、乙两公司拟签订一份书面买卖合同，甲公司签字盖章后尚未将书面合同邮寄给乙公司时，接到乙公司按照合同约定发来的货物，甲公司经清点后将该批货物入库。次日将签字盖章后的书面合同发给乙公司。乙公司收到后即在合同上签字盖章。买卖合同成立的时间(　　)。

A. 甲公司签字盖章时

B. 乙公司签字盖章时

C. 甲公司接受乙公司发来的货物时

D. 甲公司将签字盖章后的合同发给乙公司时

3. 下列情形中，要约没有发生法律效力的是(　　)。

A. 同意要约的通知到达要约人

B. 受要约人对要约的内容作出实质性变更

C. 撤回要约的通知与要约同时到达受要约人

D. 撤销要约的通知在受要约人发出承诺通知之前到达

4. 下列各项不属于《合同法》调整范围的是(　　)。

A. 建设工程合同　　B. 买卖合同

C. 技术开发合同　　D. 监护合同

5. 甲对乙享有10万元的债权，该债权具有可转让性，甲将其债权转让给丙，下列表述正确的是(　　)。

A. 如果甲未通知乙，甲与丙之间的债权转让协议无效

B. 如果甲未取得乙的同意，甲与丙之间的债权转让协议无效

C. 如果甲未通知乙，甲与丙之间的债权转让协议有效，该协议对甲乙丙均发生效力

D. 如果甲未通知乙，甲与丙之间的债权转让协议有效，但对乙不发生效力

6. 由于债权人的原因，债务人无法交付标的物时可将该标的物提存，提存后标的物毁损、灭失风险由(　　)承担。

A. 提存部门　　B. 债务人

C. 债权人和债务人　　D. 债权人

7. 对可变更可撤销的合同，当事人请求撤销的期限应当自知道或者应当知道撤销事由之日起(　　)年。

A. 1　　B. 2　　C. 3　　D. 5

8. 同一抵押财产上设定两个以上的抵押权，下列关于拍卖、变卖抵押物所得的价款的清偿顺序，错误的是(　　)。

A. 抵押合同自签订之日起生效的，按合同生效的时间顺序受偿

B. 抵押合同登记生效且登记顺序相同的，按照债权比例清偿

C. 抵押合同等级生效的，按照抵押物登记的先后顺序清偿

D. 抵押合同自签订之日起生效，且有登记的有未登记的，已登记的优于未登记的受偿

9. 下列有关质押权的表述，错误的是(　　)。

A. 除质押合同另有约定外，质押担保的范围包括主债权及利息、违约金、损害赔偿金、质物保管费用和实现质权的费用

B. 质押担保中，质押物的所有人可以是债务人也可以是第三人

C. 质押担保中，质押物需转移债权人占有

D. 质押物可以是动产、不动产和权利

10. 关于抵押合同的形式，正确的是(　　)。

A. 抵押合同可以口头形式

B. 抵押合同必须书面形式

C. 抵押合同口头、书面形式均可

D. 抵押合同可以采用书面合同以外的其他方式订立

二、多项选择题

1. 下列各项中，属于不得撤销要约的情形有(　　)。

A. 要约已经到达受要约人　　B. 要约人确定了承诺期限

C. 要约人明示要约不可撤销　　D. 受要约人已经对要约作出承诺

2. 2008 年 9 月 30 日，甲以手机短信形式向乙发出购买一台笔记本电脑的要约，乙于当日回短信同意要约。但由于“十一”期间短信系统繁忙，甲 10 月 3 日才收到乙的短信，并因个人原因于 10 月 8 日才阅读乙的短信，后于 9 日回复乙“短信收到”。关于甲乙之间买卖合同的成立时间错误的是(　　)。

A. 2008 年 9 月 30 日　　B. 2008 年 10 月 3 日

C. 2008 年 10 月 8 日　　D、2008 年 10 月 9 日

3. 甲、乙两人签订了买卖合同，在合同履行过程中，发现该合同旅行费用的负担问题约定不明确。这种情况应如何选择履约费用的负担(　　)。

A. 按交易习惯确定　　B. 由履行义务一方负担

C. 双方协议补充　　D. 按合同有关条款确定

4. 四维公司欠华丽公司 30 万元，一直物理厂服，现三清公司欠四维公司 20 万元，已经到期，但四维公司明确表示放弃对三清公司的债权，对四维公司的行为，华丽公司可采取的措施(　　)。

A. 行使代位权，要求三清公司偿还 20 万元

B. 请求人民法院撤销四维公司放弃债权的行为

C. 华丽公司形式权利的必要费用可向四维公司主张

D. 华丽公司应在知道或应当知道四维公司放弃债权 2 年内行使撤销权

5. 属于无效格式条款的有(　　)。

A. 有两种以上解释的格式条款　　B. 恶意串通损害国家利益的格式条款

C. 损害社会公共利益的格式条款　D. 违反法律强制性规定的格式条款

6. 下列选项中，哪些可以作为权利质押的标的(　　)。

A. 汇票、本票、支票、债券、仓单、存款单、提单

B. 依法可以转让的股份、股票、基金份额

C. 商标专用权、专利权、著作权中的财产权

D. 依法可以转让的债权

7. 股份发行价格符合法律规定的是(　　)。

A. 面价发行　B. 溢价发行　C. 折价发行　D. 议价发行

8. 下列可以发生留置权的合同类型是(　　)。

A. 保管合同　B. 运输合同　C. 租赁合同　D. 加工承揽合同

9. 下列选项中哪些属于可撤销合同(　　)。

A. 因重大误解而订立的　　B. 显失公平而订立的

C. 乘人之危而订立的　　D. 限制行为能力人订立的

10. 按照除双方意思表示一致外，是否须交付标的物才能成立为标准，合同可分为(　　)。

A. 有偿合同　B. 无偿合同　C. 诺成合同　D. 实践合同

三、综合题

1. 宁波 A 公司与南京 B 公司签订了一个买卖合同，A 是卖方，B 是买方。

(1) 假设交货地点没有约定，则交货地点如何确定？

(2) 如果付款地点不明确，则付款地如何确定？

(3) 如果履行费用的负担约定不明确，则运费和银行收取的手续费由谁承担？

2. 甲乙两人互发电子邮件协商洽谈合同，4 月 30 日甲称“我有笔记本电脑一台，九成新，配置……5000 元欲出手”。5 月 1 日乙回电“东西不错，4500 可要”，乙 5 月 4 日回电“同意”，甲于当日收到。上述电子邮件为甲、乙分别在 A、B 两地所发，甲、乙的经常居住地为 C、D 两地。5 月 7 日，乙到甲处取电脑，发现电脑比约定的标准差很多，便拒

绝接受，甲降低价格，以2000元成交，乙拿走电脑，但未付款。

要求：根据有关法律规定，分别回答下列问题：

(1) 甲乙互发的电子邮件中属于要约的有哪些？

(2) 合同成立的地点？

(3) 乙在回家路上碰到丙，丙正需要电脑，乙将电脑卖给丙，约定由丙付款给甲，丙到期未付款，应由谁向甲付款？

任务二　票据法律制度

票据是在长期的商品经济生活中形成而来的一种信用工具，是一种可以代替现金支付和流通的工具，具有汇兑、支付、信用、结算、融资等功能，在现代经济生活中起着非常重要的作用。

学习情境一　票据的概念、特点及票据行为

【案例2-8】 2010年8月20日，A公司向B公司签发了一张金额为10万元的商业汇票，该汇票载明出票后1个月内付款。C公司为付款人，D公司在汇票上签章作了保证，但未记载被保证人名称。

8月30日，B公司又凭借该汇票向E公司购买10万元的原材料，并将该汇票支付给E公司，E公司于当年9月12日向C公司出示该汇票，要求C公司承诺到期支付票据金额。

【问题】 本案例中有哪些票据行为？

【结论】 出票、背书、提示承兑和保证。

(一)票据的概念

票据有广、狭义之分。广义的票据是指各种表彰财产权的有价证券，如股票、仓单、提单、车票、债券、本票、车船票、借据等等。狭义的票据，是指发票人依法签发，由自己无条件支付或委托他人无条件支付一定金额的有价证券。根据《中华人民共和国票据法》(以下简称《票据法》)的规定，票据包括汇票、本票、支票。

票据按照付款时间分类，可以分为即期票据和远期票据。即期票据是指付款人见票后必须立即付款给持票人，如支票及见票即付的汇票、本票。远期票据是付款人见票后在一定期限或特定日期付款的票据。

票据按收款人记载方式不同可以分为记名票据和不记名票据。前者是指在票据上注明收款人姓名并可由收款人以背书方式转让，付款人只能向收款人或其指定的人付款的票据。后者是指票面上不记载收款人姓名，可不经背书而直接以交付票据为转让，付款人可以对任何持票人付款的票据。

(二)票据的特点

1．票据是一种完全有价证券

所谓有价证券，是指表彰某种权利的证券，而票据上体现的是票据权利，并且这种票据权利与票据本身是不可分开的。票据权利从产生、转让到行使都是与票据不可分离的。票据的权利随票据的制作而发生，随票据的出让而转移。持有票据，就可以行使票据权利，不持有票据，就不能主张票据权利。

2．票据是一种设权证券

在票据没有做成之前，票据权利是不存在的，只有做成票据，才能产生票据权利，因此，票据是设权证券而非证权证券。票据一经做成，票据上的权利便随之而确立。

3．票据是一种金钱债权证券

票据当事人之间是一种债权债务关系。它不同于公司债券、金融债券等债券证券之间的以筹集资金为目的债权债务关系，票据是以支付一定金钱为目的证券，票据持有人，可以对票据记载的一定数额的金钱向票据的特定债务人行使请求付款权，因此被称为金钱债权证券。

4．票据是一种要式证券

票据格式和票据记载事项必须严格依照票据法的规定进行，否则就会影响票据的效力甚至导致票据的无效。另外，在票据上进行的一切票据行为，也必须严格依照票据法规定的程序和方式进行，否则无效。这就是票据的要式性。

5．票据是一种无因证券

所谓票据的无因性，是指票据行为只要符合法定要件，票据权利即告成立。至于票据行为如何发生，持票人如何取得票据都可不必过问。任何人只要持有票据就可以行使票据权利，而无需说明自己取得票据的原因。也就是说票据关系与票据基础关系二者是无因的。

6．票据是一种流通证券

票据可以通过背书或者直接交付而进行流通转让。流通性是票据的基本特征，是票据的最高目的所在。票据法上的有关票据的各种规定都是为了保证票据能顺利流通，票据若不能流通，就丧失了其应有的法律意义。

7．票据是一种文义证券

票据上的权利义务必须依据票据上记载的文义来确定，不允许依据票据记载以外的事实对行为人的意思，做出与票据记载文义相反的解释；也不能对票据记载文义进行补充或变更。即使票据的书面记载与事实相反，也必须也该文义记载为准来确定票据的权利义务。

(三)票据行为

1. 票据行为的概念

票据行为的概念有狭义与广义之分。狭义的票据行为仅指能够产生票据权利义务关系的各种行为，包括出票、背书、承兑、保证、参加承兑、保付等六种行为。而广义的票据行为是指能产生、变更或消灭票据关系的各种行为，除包括以上六种狭义的票据行为外，还包括提示、付款、参加付款、追索、见票、划线、涂销等行为。

另外，票据行为还可以分为基本票据行为和附属票据行为。基本票据行为，又称主票据行为，其仅指出票行为。因为出票是创设票据的行为，只有出票行为有效成立，才能使得票据有效存在，进而发生其他的票据行为，没有出票行为，其他票据行为也无从产生，故此出票行为被称为基本票据行为。附属票据行为，又称从票据行为，就是指在出票行为完成之后的基础上所进行的行为，是除出票行为以外的其他票据行为，如背书、承兑、付款等票据行为。

2. 票据行为成立的有效条件

(1) 行为人必须具有从事票据行为的能力。从事票据行为的能力亦称票据能力。票据能力可概括为权利能力和行为能力。所谓权利能力是指行为人可以享有票据上的权利和承担票据上的义务的资格。所谓行为能力则是指行为人可以通过自己的票据行为取得票据上的权利和承担票据上的义务的资格。

(2) 行为人的意思表示必须真实或无缺陷。票据行为作为一种意思表示行为，即必须意思表示真实且无缺陷。鉴于票据行为的特殊性，应该更注重的是票据行为的外在表示形式，即形式上的合法性。但是，以欺诈、偷盗或者胁迫等手段取得票据的，或者明知有前列情形，出于恶意取得票据的，不得享有票据权利。

(3) 票据行为的内容必须符合法律、法规的规定。票据活动应当遵守法律、行政法规，不得损害社会公共利益。这里所指的合法主要是指票据行为本身必须合法，即票据行为的进行程序、记载的内容等合法，至于票据的基础关系涉及的行为是否合法，则与此无关。

(4) 票据行为必须符合法定形式。票据行为是一种要式行为，即须采用法律规定的形式，因此，票据行为必须符合法律、法规规定的形式。具体表现在以下几个方面。

① 关于签章。票据上的签章，为签名、盖章或者签名加盖章。法人和其他使用票据的单位在票据上的签章，为该法人或者该单位的盖章加其法定代表人或者其授权的代理人的签章。在票据上的签名，应当为该当事人的本名。该本名是指符合法律、行政法规以及国家有关规定的身份证件上的姓名。出票人在票据上的签章不符合规定的，票据无效；承兑

人、保证人在票据上的签章不符合规定的，或者无民事行为能力人、限制民事行为能力人在票据上签章的，其签章无效，但不影响其他符合规定签章的效力；背书人在票据上的签章不符合规定的，其签章无效，但不影响其前手符合规定签章的效力。

② 关于票据记载事项。票据记载事项一般分为绝对记载事项、相对记载事项、非法定记载事项等。绝对记载事项是指票据法明文规定必须记载的，如无记载，票据即为无效的事项。各类票据共同必须绝对记载的内容有：票据种类的记载，即汇票、本票、支票的记载；票据金额的记载；票据收款人的记载；年月日的记载。相对记载事项是指某些应该记载而未记载，适用法律的有关规定而不使票据失效的事项。非法定记载事项是指票据法规定由当事人任意记载的事项。

学习情境二　票据权利及抗辩

【案例 2-9】 2010 年 7 月间，某工商银行办公室主任李某利用工作上的便利，盗用该银行已于 1 年前公告作废的旧业务印鉴和银行现行票据格式凭证，签署了金额为人民币 100 万元的银行承兑汇票一张，出票人和付款人及承兑人记载为该办事处，汇票到期日为 2010 年 12 月底，收款人为甲公司，甲公司系李某姐姐所承包经营的企业。李某将签署的汇票交给了甲公司后，该公司请求乙公司在票据上签署了保证，之后持票向某城市合作银行申请贴现，得到贴现款 96 万元。汇票到期，城市合作银行向某工商银行提示付款遭拒绝。

【问题】 某市合作银行是否享有票据权利，为什么？

【结论】 合作银行不知情，且给付了相当对价，为善意持票人，故享有票据权利，可以向保证人或背书人行使追索权。

(一)票据权利

1．票据权利的内容

票据权利是指持票人向票据债务人请求支付票据金额的权利，包括付款请求权和追索权。付款请求权，这是票据上的主要权利；追索权，是指付款请求权得不到满足时，向付款人以外的票据债务人要求清偿票据金额及有关费用的权利，故该权利又称偿还请求权。持票人只能在首先向付款人行使付款请求权而得不到付款时，才可以行使追索权。持票人不先行使付款请求权而先行使追索权遭拒绝提起诉讼的，人民法院不予受理。

2．票据权利的取得

票据权利是以持有票据为依据的，行为人合法取得票据，即取得了票据权利。当事人取得票据主要有以下几种情况：第一，从出票人处取得。出票是创设票据权利的票据行为，从出票人处取得票据，即取得票据权利。第二，从持有票据的人处受让票据。票据通过背书或交付等方式可以转让他人，以此取得票据即获得票据权利。第三，依税收、继承、赠

与、企业合并等方式获得票据。因欺诈、偷盗、胁迫、恶意或重大过失而取得票据的，不得享有票据权利。

3．票据权利的消灭

票据权利的消灭是指因发生一定的法律事实而使票据权利不复存在。票据权利可因履行、免除、抵销等事由的发生而消灭。票据权利消灭之后，票据上的债权、债务关系也随之消灭。票据权利因在一定期限内不行使而消灭的情形有以下几种。

(1) 持票人对票据的出票人和承兑人、本票的发票人享有的付款请求权，自票据到期日起 2 年内不行使，见票即付的汇票、本票的付款请求权，自出票日起 2 年内不行使，其权利归于消灭。

(2) 持票人对支票出票人的权利，自出票日起 6 个月。这也是有关付款请求权的时效规定。依此规定，持票人对支票的出票人的付款请求权，自出票日起 6 个月内不行使，其权利归于消灭。

(3) 持票人对前手的追索权，在被拒绝承兑或者被拒绝付款之日起 6 个月。这是有关追索权的时效规定。持票人的付款请求权被拒绝之后，自被拒绝承兑或者被拒绝付款之日起 6 个月不行使追索权的，该项权利归于消灭。

(4) 持票人对前手的再追索权，自清偿日或者被提起诉讼之日起 3 个月。再追索权是指受到追索而偿还了票款的人因取得票据上的权利而向其前手再追索的追索权。票据的被追索人清还了票款之后，即取得持票人的同一权利，故有权向其前手行使追索权。被追索人清偿了票款之后，自清偿日或者被提起诉讼之日起 3 个月内，应向其前手行使再追索权，否则即丧失该权利。

4．票据权利的行使与保全

票据权利的行使是指票据权利人向票据债务人提示票据，请求实现票据权利的行为，如请求承兑、提示票据请求定期付款、行使追索权等。票据权利的保全是指票据权利人防止票据权利丧失的行为，如为防止付款请求权与追索权因时效而丧失，采取中断时效的行为；为防止追索权丧失而请求作成拒绝证明的行为等。

票据权利人为了防止票据权利的丧失，在人民法院审理、执行票据纠纷案件时，可以请求人民法院依法对票据采取保全措施或者执行措施。经当事人申请并提供担保，对具有下列情形之一的票据，可以依法采取保全措施和执行措施：①不履行约定义务，与票据债务人有直接债权债务关系的票据当事人所持有的票据；②持票人恶意取得的票据；③应付对价而未付对价的持票人持有的票据；④记载有“不得转让”字样而用于贴现的票据；⑤记载有“不得转让”字样而用于质押的票据；⑥法律或者司法解释规定有其他情形的票据。

5. 票据权利的补救

票据权利与票据是紧密相连的。如果票据一旦丧失，票据权利的实现就会受到影响。补救措施主要有三种形式，即挂失止付、公示催告、普通诉讼。

(1) 挂失止付。是指失票人将丧失票据的情况通知付款人或代理付款人，由接受通知的付款人或代理付款人审查后暂停支付的一种方式。只有确定付款人或代理付款人的票据丧失时才可进行挂失止付，具体包括已承兑的商业汇票、支票、填明“现金”字样和代理付款人的银行汇票以及填明“现金”字样的银行本票四种。失票人需要挂失止付的，应填写挂失止付通知书并签章。挂失止付通知书应当记载下列事项：①票据丧失的时间、地点、原因；②票据的种类、号码、金额、出票日期、付款日期、付款人名称、收款人名称；③挂失止付人的姓名、营业场所或者住所以及联系方法。付款人或者代理付款人收到挂失止付通知书后，查明挂失票据确未付款时，应立即暂停支付。付款人或者代理付款人自收到挂失止付通知书之日起 12 日内没有收到人民法院的止付通知书的，自第 13 日起，不再承担止付责任，持票人提示付款即依法向持票人付款。付款人或者代理付款人在收到挂失止付通知书之前，已经向持票人付款的，不再承担责任。但是，付款人或者代理付款人以恶意或者重大过失付款的除外。

(2) 公示催告。是指在票据丧失后由失票人向人民法院提出申请，请求人民法院以公告方式通知不确定的利害关系人限期申报权利，逾期未申报者，则权利失效，而由法院通过除权判决宣告所丧失的票据无效的制度或程序。失票人应当在通知挂失止付后的 3 日内，也可以在票据丧失后，依法向票据支付地人民法院申请公示催告。申请公示催告的主体必须是可以背书转让的票据的最后持票人。

失票人申请公示催告的，应填写公示催告申请书，申请书应当载明下列内容：①票面金额；②出票人、持票人、背书人；③申请的理由、事实；④通知票据付款人或者代理付款人挂失止付的时间；⑤付款人或者代理付款人的名称、通信地址、电话号码等。

人民法院决定受理公示催告申请，应当同时通知付款人及代理付款人停止支付，并自立案之日起 3 日内发出公告，催促利害关系人申报权利。付款人或者代理付款人收到人民法院发出的止付通知，应当立即停止支付，直至公示催告程序终结。非经发出止付通知的人民法院许可，擅自解付的，不得免除票据责任。

人民法院决定受理公示催告申请后发布的公告应当在全国性的报刊上登载。公示催告的期间，国内票据自公告发布之日起 60 日，涉外票据可根据具体情况适当延长，但最长不得超过 90 日。

利害关系人应当在公示催告期间向人民法院申报。人民法院收到利害关系人的申报后，应当裁定终结公示催告程序，并通知申请人和支付人。申请人或者申报人可以向人民法院起诉，以主张自己的权利。没有人申报的，人民法院应当根据申请人的申请，作出除权判决，宣告票据无效。判决应当公告，并通知支付人。自判决公告之日起，申请人有权向支付人请求支付。利害关系人因正当理由不能在判决前向人民法院申报的，自知道或者应当知道判决公告之日起一年内，可以向作出判决的人民法院起诉。

(3) 普通诉讼。是指丧失票据的人为原告，以承兑人或出票人为被告，请求法院判决其向失票人付款的诉讼活动。《票据法》第十五条第三款规定："失票人应当在通知挂失止付后 3 日内，也可以在票据丧失后……向人民法院提起诉讼。"失票人向人民法院提起诉讼以补救票据权利的，应注意以下几点：①票据丧失后的诉讼被告一般是付款人，但在找不到付款人或付款人不能付款时，也可将其他票据债务人(出票人、背书人、保证人等)作为被告。②诉讼请求的内容是要求付款人或其他票据债务人在票据的到期日或判决生效后支付或清偿票据金额。③失票人在向法院起诉时，应提供所丧失的票据的有关书面证明。④失票人向法院起诉时，应当提供担保，以防由于付款人支付已丧失的票据票款后可能出现的损失。担保的数额相当于票据载明的金额。⑤在判决前，丧失的票据出现时，付款人应以该票据正处于诉讼阶段为由暂不付款，而将情况迅速通知失票人和人民法院，法院应终结诉讼程序。

(二)票据抗辩

1．票据抗辩的概念

票据抗辩是指票据的债务人依照《票据法》的规定，对票据债权人拒绝履行义务的行为。票据抗辩是票据债务人的一种权利，是债务人保护自己的一种手段。法律之所以规定债务人可以在一定情况下具有拒绝履行义务的权利，这主要是基于票据是一种可流通证券，让与极为频繁，在每一个转让环节都有可能使票据出现缺陷，因此赋予债务人的票据抗辩权则可依法保护其合法利益。

2．票据抗辩的种类

根据抗辩原因不同以及抗辩效力的不同，票据抗辩可分为两种：①对物抗辩。这是指基于票据本身的内容而发生的事由所进行的抗辩。这一抗辩可以对任何持票人提出。②对人抗辩。这是指票据债务人对抗特定债权人的抗辩。这一抗辩多与票据的基础关系有关。

3．票据抗辩的限制

票据债务人不得以自己与出票人或者与持票人的前手之间的抗辩事由，对抗持票人。但是，持票人明知存在抗辩事由而取得票据的除外。我国《票据法》中对票据抗辩的限制主要表现在以下方面：第一，票据债务人不得以自己与出票人之间的抗辩事由对抗持票人。第二，票据债务人不得以自己与持票人的前手之间的抗辩事由对抗持票人。第三，凡是善意的、已付对价的正当持票人可以向票据上的一切债务人请求付款，不受前手权利瑕疵和

前手相互间抗辩的影响。第四，持票人取得的票据是无对价或不相当对价的，由于其享有的权利不能优于其前手的权利，故票据债务人可以对抗持票人前手的抗辩事由对抗该持票人。

(三)票据的伪造和变造

1. 票据的伪造

票据的伪造是指假冒他人名义或虚构人的名义而进行的票据行为。票据上的伪造包括票据的伪造和票据上签章的伪造两种。前者是指假冒他人或虚构人的名义进行出票行为，如在空白票据上伪造出票人的签章或者盗盖出票人的印章而进行出票；后者则是指假冒他人名义而进行出票行为之外的其他票据行为，如伪造背书签章、承兑签章、保证签章等。票据上有伪造签章的，不影响票据上其他真实签章的效力。

2. 票据的变造

票据的变造是指无权更改票据内容的人，对票据上签章以外的记载事项加以变更的行为。例如，变更票据上的到期日、付款日、付款地、金额等。构成票据的变造，须符合以下条件：一是变造的票据是合法成立的有效票据；二是变造的内容是票据上所记载的除签章以外的事项；三是变造人无权变更票据的内容。

票据的变造应依照签章是在变造前或之后来承担责任。如果当事人签章在变造之前，应按原记载的内容负责；如果当事人签章在变造之后，则应按变造后的记载内容负责；如果无法辨别是在票据被变造之前或之后签章的，视同在变造之前签章。在实践中，变造人可能签章，也可能不签章，无论是否签章，其都应就行为承担法律责任。尽管被变造的票据仍为有效，但是，票据的变造是一种违法行为，故变造人的变造行为给他人造成经济损失的，应对此承担赔偿责任，构成犯罪的，应承担刑事责任。

3. 伪造和变造票据的法律责任

伪造变造票据及故意使用伪造变造的票据，冒用他人的票据，或者故意使用过期或者作废的票据骗取财物的，属于票据欺诈行为，情节轻微，不构成犯罪的，依照国家有关规定给予行政处罚；构成犯罪的，应依法承担刑事法律责任。

学习情境三 汇票

【案例 2-10】张三伪造一张 100 万元的银行承兑汇票，该汇票以甲公司为收款人，以乙银行为付款人。张三将这张伪造的银行承兑汇票向甲换取了 78 万元，甲持这张伪造的汇票到丙银行申请贴现，丙银行未审查出汇票的真假，予以贴现 95 万元，甲公司由此获得收入 17 万元。丙银行通过联行往来向乙银行提示承兑。乙银行从未办理过银行承兑业务，在收到汇票后，立即向公安局报案。后查明该汇票系伪造的汇票。因此乙银行将汇票退给甲银行，拒绝承兑。

【问题】(1) 这张汇票是否生效？

(2) 甲银行能否向B公司进行追索，原因是什么？

【结论】(1) 这张汇票是非法的、无效的。

(2) 甲银行可向B公司行使追索权。在本案中，B公司持汇票到甲银行申请贴现的行为是一种将汇票背书转让给甲银行的行为，甲银行是被背书人，B公司是背书人。由于汇票是非法的、无效的，乙银行拒绝承兑。因此，甲银行作为持票人有权向背书人B公司行使追索权。

汇票是出票人签发的、委托付款人在见票时或者在指定日期无条件支付确定的金额给收款人或者持票人的票据。我国《票据法》将汇票分为银行汇票和商业汇票，前者是指银行签发的汇票，后者则是银行之外的企事业单位、机关、团体等签发的汇票。

(一)汇票的出票

《票据法》第二十条规定：“出票是指出票人签发票据并将其交付给收款人的票据行为。”《票据法》第二十一条规定，汇票的出票人在为出票行为时，必须与付款人具有真实的委托付款关系，并且具有支付汇票金额的可靠资金来源；汇票的出票人不得签发无对价的汇票用以骗取银行或者其他票据当事人的资金。

1．汇票的格式

汇票是一种要式证券，出票行为是一种要式行为，故汇票的作成必须符合法定的格式。汇票的格式就是作成汇票后表现于汇票之上的内容。该内容可分为绝对应记载事项、相对应记载事项和非法定记载事项。

(1) 汇票的绝对应记载事项。汇票的绝对应记载事项是指票据法规定必须在票据上记载的事项，若欠缺记载，票据便为无效。具体内容如下：①表明“汇票”的字样；②无条件支付的委托；③确定的金额；④付款人名称；⑤收款人名称；⑥出票日期；⑦出票人签章。《票据法》第二十二条规定，如果汇票上未记载该7个方面事项之一的，汇票无效。

(2) 汇票的相对应记载事项。这也是汇票上必须应记载的内容，但是，相对应记载事项未在汇票上记载，并不影响汇票本身的效力，汇票仍然有效。该等未记载的事项可以通过法律的直接规定来补充确定：①付款日期；②付款地；③出票地。

(3) 汇票的非法定记载事项。这是指法律规定以外的记载事项。《票据法》第二十四条规定，汇票上可以记载本法规定事项以外的其他出票事项，但是该记载事项不具有汇票上的效力。法律规定以外的事项主要是指与汇票的基础关系有关的事项，如签发票据的原因或用途、该票据项下交易的合同号码等等。因此，这些事项尽管有利于当事人清算方便，但却与票据关系本身关系不大，故其不具有票据上的效力。

2．出票的效力

出票是以创设票据权利为目的的票据行为。所以，出票人依照《票据法》的规定完成出票行为之后，即产生票据上的效力。这一效力表现为创设票据权利和引起票据债务的发生，这种权利义务因汇票当事人的地位不同而不相同。

(1) 对收款人的效力。收款人取得出票人发出的汇票后，即取得票据权利，一方面就票据金额享有付款请求权；另一方面，在该请求权不能满足时，即享有追索权。

(2) 对付款人的效力。出票行为是单方行为，付款人并不因此而有付款义务，只有付款之权限。但基于出票人的付款委托使其具有承兑人的地位．在其对汇票进行承兑后，即成为汇票上的主债务人。

(3) 对出票人的效力。出票人委托他人付款，一旦该行为成立，就必须保证该付款能得以实现。如果付款人不予付款，出票人就应该承担票据责任。

(二)汇票的背书

1．汇票转让与背书

汇票的转让是指汇票的持票人以背书或仅凭交付的方式而将票据权利让与他人的一种票据行为。票据权利与票据是不可分的，因而票据的转让也就是票据权利的转让。一般而言，票据转让主要有背书交付和单纯交付两种。单纯交付是指持票人未在票据上作任何转让事项的记载而直接将票据交与他人的一种法律行为；背书交付是指持票人以转让票据权利为目的，按法定的事项和方式记载于票据上的一种票据行为。我国《票据法》规定的汇票转让只能采用背书的方式，而不能仅凭单纯交付方式，否则就不产生票据转让的效力。出票人在汇票上记载“不得转让”字样，汇票不得转让。

2．背书的形式

背书是一种要式行为，故其必须符合法定的形式，即其必须作成背书并交付，才能有效成立。从背书的记载事项而言，根据《票据法》的有关规定，其应与出票一样，符合有关出票时应记载的事项内容。

(1) 关于背书签章和背书日期的记载。《票据法》第二十九条规定：“背书由背书人签章并记载背书日期。背书未记载日期的，视为在汇票到期日前背书。”关于背书日期，其是相对应记载事项，因为，背书未记载日期的，视为在汇票到期日前背书。这表明背书未记载背书日期，并不因之无效，而是以法律的补充规定来确定背书日期。

(2) 关于被背书人名称的记载。《票据法》第三十条规定：“汇票以背书转让或者以背书将一定的汇票权利授予他人行使时，必须记载被背书人名称。”《高法审理票据纠纷案司法解释》第四十九条规定，背书人未记载被背书人名称即将票据交付他人的，持票人在票据被背书人栏内记载自己的名称与背书人记载具有同等法律效力。

(3) 关于禁止背书的记载。背书人的禁止背书是背书行为的一项任意记载事项。如果背书人不愿意对其后手以后的当事人承担票据责任，即可在背书时记载禁止背书。《票据法》第三十四条规定：“背书人在汇票上记载‘不得转让’字样，其后手再背书转让的，原背书人对后手的被背书人不承担保证责任。”

(4) 关于背书时粘单的使用。《票据法》第二十八条规定：“票据凭证不能满足背书人记载事项的需要，可以加附粘单，粘附于票据凭证上。粘单上的第一记载人，应当在汇票和粘单的粘接处签章。”第一位使用粘单的背书人必须将粘单粘接在票据上，并且在粘接处签章，否则该粘单记载的内容即为无效。

(5) 关于背书不得记载的内容。《票据法》第三十三条规定，背书不得记载的内容有两项：一是附有条件的背书；二是部分背书。附有条件的背书是指背书人在背书时，记载一定的条件，以限制或者影响背书效力。根据《票据法》第三十三条第一款的规定，背书时附有条件的，所附条件不具有汇票上的效力。部分背书是指背书人在背书时，将汇票金额的一部分或者将汇票金额分别转让给二人以上的背书。《票据法》第三条第三款规定部分背书无效。

3．背书连续

背书连续是指在票据转让中，转让汇票的背书人与受让汇票的被背书人在汇票上的签章依次前后衔接。这就是说，票据上记载的多次背书，从第一次到最后一次在形式上都是相连续而无间断。如果背书不连续的，付款人可以拒绝向持票人付款，否则付款人得自行承担责任。背书连续主要是指背书在形式上连续，如果背书在实质上不连续，如有伪造签章等，付款人仍应对持票人付款。但是，如果付款人明知持票人不是真正票据权利人，则不得向持票人付款，否则应自行承担责任。

4．委托收款背书和质押背书

(1) 委托收款背书。这是指持票人以行使票据上的权利为目的，而授予被背书人以代理权的背书，其确立的法律关系不属于票据上的权利转让与被转让关系，而是背书人(原持票人)与被背书人(代理人)之间在民法上的代理关系，该关系形成后，被背书人可以代理行使票据上的一切权利。在此情形下，被背书人只是代理人，而未取得票据权利，背书人仍是票据权利人。

(2) 质押背书。质押背书确立的是一种担保关系，而不是一种票据权利的转让与被转让关系。因此质押背书成立后，即背书人作成背书并交付，背书人仍然是票据权利人，被背书人并不因此而取得票据权利。但是，被背书人取得质权人地位后，在背书人不履行其债务的情况下，可以行使票据权利，并从票据金额中按担保债权的数额优先得到偿还。

5．法定禁止背书

法定禁止背书是指根据《票据法》的规定而禁止背书转让的情形。《票据法》第三十六条规定："汇票被拒绝承兑、被拒绝付款或者超过付款提示期限的，不得背书转让；背书转让的，背书人应当承担汇票责任。"根据这一规定，法定禁止背书的情形有：

(1) 被拒绝承兑的汇票。这是指持票人在汇票到期日前，向付款人提示承兑而遭拒绝的汇票。在付款人拒绝承兑的情况下，收款人或持票人只能向其前手行使追索权，取得票据金额；如果其将这种票据转让的，受让人取得该汇票时，也只能通过向其前手行使追索权，取得票据金额。

(2) 被拒绝付款的汇票，这是指对不需承兑的汇票或者业已经付款人承兑的汇票，持票人于汇票到期日向付款人提示付款而被拒绝的汇票。《票据法》禁止将该种票据再行背书转让，如果背书转让的，背书人应承担汇票责任，受让人有权向其前手行使追索权。

(3) 超过付款提示期限的汇票。这是指持票人未在法定付款提示期间内向付款人提示付款的汇票。《票据法》规定不允许将该种汇票再行转让，否则，受让人的利益就可能受到损害。背书人以背书将该种票据进行转让，应该承担汇票责任。

(三)汇票的承兑

承兑是指汇票付款人承诺在汇票到期日支付汇票金额的票据行为。承兑是汇票特有的制度。出票人的出票行为完成之后，由于其是一种单方法律行为，故对付款人并不当然产生约束力，只有在付款人表示愿意向收款人或持票人支付汇票金额后，持票人才可于汇票到期日向付款人行使付款请求权，承兑就是这样一种明确付款人的付款责任，确定持票人票据权利的制度。

(1) 提示承兑。提示承兑是指持票人向付款人出示汇票，并要求付款人承诺付款的行为。因汇票付款日期的形式不同。提示承兑的期限亦不一样。①定日付款或者出票后定期付款的汇票，持票人应当在汇票到期日前向付款人提示承兑。②见票后定期付款的汇票，持票人应当自出票日起 1 个月内向付款人提示承兑。③见票即付的汇票无需提示承兑。

(2) 承兑成立。①承兑时间。付款人对向其提示承兑的汇票，应当自收到提示承兑的汇票之日起 3 日内承兑或者拒绝承兑。②接受承兑。付款人收到持票人提示承兑的汇票时，应当向持票人签发收到汇票的回单。回单上应当记明汇票提示承兑日期并签章。③承兑的格式。付款人承兑汇票的，应当在汇票正面记载"承兑"字样和承兑日期并签章；见票后定期付款的汇票，应当在承兑时记载付款日期。④退回已承兑的汇票。付款人依承兑格式填写完毕应记载事项后，并不意味着承兑生效，只有在其将已承兑的汇票退回持票人才产生承兑的效力。

(3) 不单纯承兑。即指付款人对原汇票文义或附加限制或予以变更所为的承兑。《票据法》第四十三条规定："付款人承兑汇票，不得附有条件；承兑附有条件的，视为拒绝

承兑。”

(4) 承兑的效力。付款人承兑汇票后，应当承担到期付款的责任。①承兑人于汇票到期日必须向持票人无条件地支付汇票上的金额，否则其必须承担迟延付款责任；②承兑人必须对汇票上的一切权利人承担责任，该等权利人包括付款请求权人和追索权人；③承兑人不得以其与出票人之间资金关系来对抗持票人，拒绝支付汇票金额；④承兑人的票据责任不因持票人未在法定期限提示付款而解除。

(四)汇票的保证

保证即是票据保证，即为票据债务人以外的第三人，以担保特定债务人履行票据债务为目的，而在票据上所为的一种附属票据行为。保证的作用在于加强持票人票据权利的实现，确保票据付款义务的履行，促进票据流通。

1. 保证的当事人与格式

(1) 保证的当事人。保证的当事人为保证人与被保证人。保证人是指票据债务人以外的，为票据债务的履行提供担保而参与票据关系中的第三人。根据《票据管理实施办法》第十二条和《高院审理票据纠纷案司法解释》第六十条规定，保证人应是具有代为清偿票据债务能力的法人、其他组织或者个人。

(2) 保证的格式。保证人必须在汇票或粘单上记载下列事项：①表明“保证”的字样；②保证人名称和住所；③被保证人的名称；④保证日期；⑤保证人签章。

2. 保证的效力

(1) 保证人对合法取得汇票的持票人所享有的汇票权利，承担保证责任。但是，被保证人的债务因汇票记载事项欠缺而无效的除外。被保证的汇票，保证人应当与被保证人对持票人承担连带责任。汇票到期后得不到付款的，持票人有权向保证人请求付款，保证人应当足额付款。

(2) 保证人为二人以上的，保证人之间承担连带责任。

(3) 保证人清偿汇票债务后，可以行使持票人对被保证人及其前手的追索权。

(五)汇票的付款

付款是指付款人依据票据文义支付票据金额，以消灭票据关系的行为。付款是付款人的行为，这与出票人、背书人等偿还义务的行为不同；前者是支付票据金额的行为，并以消灭票据关系为目的；后者则并不以票据金额为依据而支付，不能引起票据关系的消灭。

1. 付款的程序付款的程序包括提示与支付

(1) 付款提示。付款提示是指持票人向付款人或承兑人出示票据，请求付款的行为，包括以下几种。①见票即付的汇票，自出票日起 1 个月内向付款人提示付款。②定日付款、出票后定期付款或者见票后定期付款的汇票，自到期日起 10 日内向承兑人提示付款。持票人未按照规定期限提示付款的，在作出说明后，承兑人或者付款人仍应当继续对持票人承担付款责任。

(2) 支付票款。持票人依照规定提示付款的，付款人必须在当日足额付款。如果付款人或承兑人不能当日足额付款的，应承担迟延付款的责任。持票人获得付款的，应当在汇票上签收，并将汇票交给付款人。根据《票据管理实施办法》第二十五条之规定，此处所指的“签收”是指持票人在票据的正面签章，表明持票人已经获得付款。

2. 付款的效力

付款人依照票据文义支付票据金额之后，票据关系随之消灭，汇票上的全体债务人的责任便予以解除。但是，如果付款人付款存在瑕疵，即未尽审查义务而对不符法定形式的票据付款，或其存在恶意或重大过失而付款的，则不发生上述法律效力，付款人的义务不能免除，其他债务人也不能免除责任。

(六)汇票的追索权

追索权是指持票人在票据到期不获付款或期前不获承兑或有其他法定原因，并在实施行使或保全票据上权利的行为后，可以向其前手请求偿还票据金额、利息及其他法定款项的一种票据权利。

1. 追索权发生的条件

(1) 追索权发生的实质条件。发生下述情形之一的，持票人可以行使追索权：①汇票到期被拒绝付款；②汇票在到期日前被拒绝承兑；③在汇票到期日前，承兑人或付款人死亡、逃匿的；④在汇票到期日前，承兑人 或付款人被依法宣告破产或因违法被责令终止业务活动。

(2) 追索权发生的形式条件。追索权的发生除了构成前述实质条件之外，还须具有一定的形式条件。这一形式条件即是持票人行使追索权必须履行一定的保全手续而不致使追索权丧失。该等保全手续包括在法定提示期限提示承兑或提示付款，在不获承兑或不获付款时，在法定期限内作成拒绝证明。根据《中华人民共和国支付结算办法》(以下简称《支付结算办法》)第四十条的规定，拒绝证明应当包括下列事项：①被拒绝承兑、付款的票据种类及其主要记载事项；②拒绝承兑、付款的事实依据和法律依据；③拒绝承兑、付款的时间；④拒绝承兑人、拒绝付款人的签章。

2. 追索权的行使

(1) 发出追索通知。①通知当事人。被通知人是指向持票人承担担保承兑和付款的票据上的次债务人；他们都是被追索的当事人，因此被通知人可泛指持票人的一切前手，包括出票人、背书人、保证人等。②通知期限。持票人应当自收到被拒绝承兑或者被拒绝付款的有关证明之日起 3 日内，将被拒绝事由书面通知其前手；其前手应当自收到通知之日起 3 日内书面通知其再前手。持票人也可以同时向各汇票债务人发出书面通知。③通知的方式和通知应记载的内容。通知应当以书面形式发出。在规定期限内将通知按照法定地址或约定的地址邮寄的，视为已发出通知。书面通知应记明汇票的主要记载事项，并说明该汇票已被退票。④未在规定期限内发出追索通知的后果。持票人仍可以行使追索权，因延期通知给其前手或者出票人造成损失的，由没有按照规定期限通知的汇票当事人，承担对该损失的赔偿责任，但是所赔偿的金额以汇票金额为限。

(2) 确定追索对象。①追索对象。追索对象是指在追索关系中的被追索人，该被追索人为出票人、背书人、承兑人和保证人。持票人可以不按照汇票债务人的先后顺序，对其中任何一人、数人或者全体行使追索权。持票人对票据债务人中的一人或者数人已经进行追索的，对其他票据债务人仍可以行使追索权。但是，持票人为出票人的，对其前手无追索权。②被追索人的责任承担。被追索人对持票人承担连带责任。持票人对汇票债务人中的一人或者数人已经进行追索的，对其他汇票债务人仍可以行使追索权。被追索人清偿债务后，与持票人享有同一权利。

(3) 请求清偿金额和受领。①请求清偿金额。请求被追索人支付的金额和费用包括：被拒绝付款的汇票金额；汇票金额自到期日或者提示付款日起至清偿日止，按照中国人民银行规定的同档次流动资金贷款利率计算的利息；取得有关拒绝证明和发出通知书的费用。②受领清偿金额。持票人或行使再追索权的被追索人在接受清偿金额时，应当交出汇票和有关拒绝证明，并出具所收到利息和费用的收据。③被追索人清偿债务后的效力。被追索人清偿债务后，其责任解除。

学习情境四 支票

【案例 2-11】 甲为某私营企业负责人，2005 年 4 月间，在搬迁厂房过程中不慎遗失空白支票格式凭证 3 张。甲未及时按中国人民银行有关票据格式凭证管理的规定报失和刊登告示。其所遗失的其中一张支票格式凭证被孙某拾到并伪刻名称为“乙公司”的财务章加以签署。支票的收款人处空白，金额填写为 10 万元。孙某又持该伪造支票及身份证，到某商场购物，当场将该商场填写为支票的收款人。商场将该支票送银行入账时，遭到退票。

【问题】 (1) 甲应否承担票据责任？

(2) 某商场持有该伪造的支票是否享有票据权利？

【结论】 (1) 甲丢失的是支票格式凭证，并非经签章的空白支票。甲因为没有在票据上签章，未进行任何票据行为，故不承担票据责任。

(2) 某商场在本案的情形中不享有票据权利。因为伪造的票据为实质无效票据，直接从伪造出票的人手中取得票据，不能获得支付请求权。同时，在本案的伪造出票据上，无

任何真实签章，即无任何真实票据行为人承担票据义务。这一点与伪造的票据经真实的承兑或背书签章后，再流入持票人手中的情形不同。

(一)支票的概念

1．概念

支票，是指出票人签发的、委托办理支票存款业务的银行在见票时无条件支付确定的金额给收款人或者持票人的票据。支票的基本当事人包括出票人、付款人和收款人。出票人即存款人，是在批准办理支票业务的银行机构开立可以使用支票的存款账户的单位和个人；付款人是出票人的开户银行；持票人是票面上填明的收款人，也可以是经背书转让的被背书人。

2．种类

支票分为现金支票、转账支票和普通支票三种。支票上印有“现金”字样的为现金支票，现金支票只能用于支取现金。支票上印有“转账”字样的为转账支票，转账支票只能用于转账。支票上未印有“现金”或“转账”字样的为普通支票，普通支票可以用于支取现金，也可以用于转账。在普通支票左上角划两条平行线的，为划线支票，划线支票只能用于转账，不得支取现金。

3．适用范围

单位和个人在同一票据交换区域的各种款项结算，均可以使用支票。

(二)办理支票的程序

1．出票

签发支票必须记载下列事项：表明“支票”的字样；无条件支付的委托；确定的金额；付款人名称；出票日期；出票人签章。支票的金额、收款人名称，可以由出票人授权补记，未补记前不得背书转让和提示付款。出票人可以在支票上记载自己为收款人。支票的出票人签发支票的金额不得超过付款时其在付款人处实有的存款金额。

支票上的出票人签章，出票人为单位的，为与该单位在银行预留签章一致的财务专用章或者公章，加其法定代表人或者其授权的代理人的签名或者盖章；出票人为个人的，为与该个人在银行预留签章一致的签名或者盖章。支票出票人的预留银行签章是银行审核支票付款的依据，出票人不得签发与其预留银行签章不符的支票。

出票人作成支票并交付之后，出票人必须按照签发的支票金额承担保证向该持票人付款的责任。这一责任包括两项：一是出票人必须在付款人处存有足够可处分的资金，以保证支票票款的支付；二是当付款人对支票拒绝付款或者超过支票付款提示期限的，出票人应向持票人承担付款责任。

2．提示付款

支票属见票即付的票据，因而没有到期日的规定。支票的出票日实质上就是到期日。我国《票据法》第九十条规定："支票限于见票即付，不得另行记载付款日期。另行记载付款日期的，该记载无效。"因此，出票人在付款人处的存款足以支付支票金额时，付款人应当在见票当日足额付款。

(1) 提示期间。支票的持票人应当自出票日起 10 日内提示付款；异地使用的支票，其提示付款的期限由中国人民银行另行规定。超过提示付款期限的，付款人可以不予付款，但是出票人仍应当对持票人承担票据责任。持票人超过提示付款期限的，并不丧失对出票人的追索权，出票人仍应当对持票人承担支付票款的责任。

(2) 付款。持票人在提示期间内向付款人提示票据，付款人在对支票进行审查之后，如未发现有不符规定之处，即应向持票人付款。《票据法》第八十九条第二款规定："出票人在付款人处的存款足以支付支票金额时，付款人应当在当日足额付款。"

(3) 付款责任的解除。付款人依法支付支票金额的，对出票人不再承担受委托付款的责任，对持票人不再承担付款的责任。但是，付款人以恶意或者有重大过失付款的除外。这里所指的恶意或者有重大过失付款是指付款人在收到持票人提示的支票时，明知持票人不是真正的票据权利人，支票的背书以及其他签章系属伪造，或者付款人不按照正常的操作程序审查票据等情形。在此情况下，付款人不能解除付款责任。由此造成损失的，由付款人承担赔偿责任。

(三)签发空头支票行为的法律责任

1．民事责任

单位或个人签发空头支票或者签发与其预留的签章不符的支票，不以骗取财物为目的的，持票人有权要求出票人赔偿支票金额 2%的赔偿金。

2．行政责任

(1) 行政处罚。单位或个人签发空头支票或者签发与其预留的签章不符的支票，不以骗取财物为目的的，由中国人民银行处以票面金额 5%但不低于 1000 元的罚款。

(2) 罚款缴纳。罚款代收机构应根据《中国人民银行行政处罚决定书》决定的罚款金额收取罚款。对逾期缴纳罚款的出票人，人民银行可按每日按罚款数额的 3%加处罚款，或填写《中国人民银行强制执行申请书》，向人民法院申请强制执行。

(3) 违规责任。罚款代收机构对空头支票罚款收入占压、挪用的，中国人民银行及其分支机构可给予警告，没收违法所得，并处违法所得1倍以上3倍以下的罚款；没有违法所得的，处5万元以上30万元以下的罚款；情节严重的，建议罚款代收机构或其上级行按规定对罚款代收机构的高级管理人员及直接责任人员给予纪律处分。

出票人开户银行不报、漏报或迟报出票人签发空头支票情况的，由人民银行责令其纠正；逾期不改正、情节严重的，可建议出票人开户银行或其上级行按照规定对出票人开户银行的高级管理人员及直接责任人员给予纪律处分。对于屡次签发空头支票的出票人，银行有权停止为其办理支票或全部支付结算业务。

3. 刑事责任

签发空头支票或者故意签发与其预留的本名签名式样或者印鉴不符的支票，骗取财物的，属于票据欺诈行为，情节轻微，不构成犯罪的，依照国家有关规定给予行政处罚；构成犯罪的，应依法承担刑事法律责任。

学习情境五 本票

【案例 2-12】 A、B、C、D四人在某公司财务部门见习工作，在熟悉票据知识的过程中，四人对本票展开了讨论：

A说：“到期日是本票的绝对应记载事项。”

B说：“本票的基本当事人只有出票人和收款人。”

C说：“本票无须承兑。”

D说：“在我国，本票只有银行本票，企业和个人是不能开立本票的。”

【问题】 A、B、C、D四人关于本票的表述中，谁的说法是错误的？

【结论】 A的说法是错误的，本票限于见票即付，谈不上到期日。

(一)本票的概念

1. 概念

本票是出票人签发的，承诺自己在见票时无条件支付确定的金额给收款人或者持票人的票据。本票是由出票人约定自己付款的一种自付证券，其基本当事人有两个，即出票人和收款人，在出票人之外不存在独立的付款人。在出票人完成出票行为之后，即承担了到期日无条件支付票据金额的责任，不需要在到期日前进行承兑。因此，本票与汇票是不同的。

2. 种类

依照不同的标准，可以对本票作不同分类，例如记名式本票、指定式本票和不记名本票；远期本票和即期本票；银行本票和商业本票等。根据我国《票据法》第七十三条第二

款和第七十五条之规定，本票仅限于银行本票，且为记名式本票和即期本票。

银行本票是银行签发的，承诺自己在见票时无条件支付确定的金额给收款人或者持票人的票据。单位和个人在同一票据交换区域需要支付各种款项，均可以使用银行本票。银行本票分为定额银行本票和不定额银行本票。根据《支付结算办法》的规定，定额银行本票面额为1000 元、5000 元、10 000 元和 50 000 元。

3.《票据法》对本票体例的规定

本票作为票据的一种，具有与其他票据相同的一般性质和特征，因此，《票据法》总则中的内容均适用于本票。《票据法》对汇票的规定较为详细，而汇票中的有关规定，如出票、背书、保证、付款、追索权等具体制度，都可适用于本票，故《票据法》在立法体制上对本票的规定只就其个性方面，即与其他票据不同的方面加以规定。而对于与汇票相同的方面，则采用准用的办法适用汇票的有关规定。

(二)出票

本票的出票与汇票一样，包括作成票据和交付票据。本票的出票行为是以自己负担支付本票金额的债务为目的的票据行为。因此，《票据法》第七十四条规定：“本票的出票人必须具有支付本票金额的可靠资金来源，并保证支付。” 由此可见，本票出票人是票据金额的直接支付人，与汇票的承兑人相同，这与汇票的出票人只承担担保责任是不同的。

本票出票人出票，必须按一定的格式记载相关内容。与汇票一样，本票的记载事项也包括绝对应记载事项和相对应记载事项。

(1) 本票的绝对应记载事项。根据《票据法》第七十五条和《支付结算办法》第一百〇一条规定，本票的绝对应记载事项包括以下六个方面的内容：①表明“本票”字样。这是本票文句记载事项，无此记载，本票即为无效。②无条件支付的承诺。这是有关支付文句，表明出票人无条件支付票据金额，而不附加任何条件，否则，票据即为无效。③确定的金额。④收款人名称。⑤出票日期。⑥出票人签章。在上述绝对应记载事项中，除第一、二项以及未规定付款人名称外，其余四项与汇票的规定完全相同。

(2) 本票的相对应记载事项。根据《票据法》第七十六条规定，本票的相对应记载事项包括两项内容：①付款地。本票上未记载付款地的，出票人的营业场所为付款地。②出票地。本票上未记载出票地的，出票人的营业场所为出票地。此外，根据《票据法》第八十条第二款之规定，本票的出票行为，可适用《票据法》第二十四条关于汇票的规定。根据该条之规定，本票上可以记载《票据法》规定事项以外的其他出票事项，但是这些事项并不发生本票上的效力。

(三)见票付款

根据《票据法》的规定，银行本票是见票付款的票据，收款人或持票人在取得银行本票后，随时可以向出票人请求付款。根据《支付结算办法》第一百零八条之规定，跨系统银行本票的兑付，持票人开户银行可根据中国人民银行规定的金融机构同业往来利率向出票银行收取利息。

为了防止收款人或持票人久不提示票据而给出票人造成不利。《票据法》第七十八条规定了本票的付款提示期限："本票自出票日起，付款期限最长不得超过两个月。"持票人依照前述规定的期限提示本票的，出票人必须承担付款的责任。如果持票人超过提示付款期限不获付款的，在票据权利时效内向出票银行作出说明，并提供本人身份证或单位证明，可持银行本票向出票银行请求付款。从上可见，本票的出票人是票据上的主债务人，负有向持票人绝对付款的责任。

如果本票的持票人未按照规定期限提示本票的，则丧失对出票人以外的前手的追索权。这里所指的出票人以外的前手是指背书人及其保证人。由于本票的出票人是票据上的主债务人，对持票人负有绝对付款责任，除票据时效届满而使票据权利消灭或者要式欠缺而使票据无效外，并不因持票人未在规定期限内向其行使付款请求权而使其责任得以解除。因此，持票人仍对出票人享有付款请求权和追索权，只是丧失对背书人及其保证人的追索权。

(四)利用本票进行票据欺诈行为的法律责任

签发无可靠资金来源的本票，骗取资金的，本票的出票人在出票时作虚假记载，骗取财物的，属于票据欺诈行为，情节轻微，不构成犯罪的，依照国家有关规定给予行政处罚；构成犯罪的，应依法承担刑事法律责任。

◎ 情境综述

票据法律制度主要阐述了票据及票据法的概念，票据法律关系，票据行为，汇票、本票、支票主要内容，违反票据法的法律责任。票据就是指出票人依法签发的，约定自己或委托付款人在见票时或指定的日期向收款人或持票人无条件支付一定金额并可转让的有价证券。票据法律关系是指票据当事人之间在票据的签发和转让等过程中发生的权利义务关系。票据行为是指票据关系的当事人之间以发生、变更或终止票据关系为目的而进行的法律行为。票据权利是指持票人向票据债务人请求支付票据金额的权利，包括付款请求权和追索权。票据抗辩是指票据的债务人依照《票据法》的规定，对票据债权人拒绝履行义务的行为。

◎ 技能训练

一、单项选择题

1. 票据法中的票据在性质上属于(　　)。

A. 证权证券

B. 设权证券

C. 在票据背书转让前是设权证券，在转让后是证权证券

D. 在票据作成时是设权证券，以后是证权证券

2. 在我国，本票属于(　　)。

A. 委托证券　　B. 预约证券　　C. 证权证券　　D. 远期票据

3. 在我国票据种类中，票据上记载出票金额和实际结算金额两种金额的票据是(　　)。

A. 支票　　B. 银行本票　　C. 银行承兑汇票　D. 银行汇票

4. 甲为向乙支付120万元的购房款，向丙银行交付120万元申请签发本票。这张本票的当事人为(　　)。

A. 出票人甲，付款人丙，收款人乙

B. 出票人甲，付款人甲，收款人乙

C. 出票人丙，付款人丙，收款人乙

D. 出票人丙，付款人甲，收款人乙

5. 根据《票据法》的规定，对背书人记载“不得转让”字样的汇票，其后手再背书转让的，将产生的法律后果是(　　)。

A. 该汇票无效

B. 该背书转让无效

C. 背书人对后手的被背书人不承担保证责任

D. 背书人对后手的被背书人承担保证责任

6. 导致汇票无效的情形是(　　)。

A. 汇票未记载付款地　　B.汇票未记载付款日期

C. 收款人有改动　　D.出票日期记载不真实

7. 可以作为抗辩事由对抗任何持票人的是(　　)。

A. 持票人票据来源不合法　　B.持票人取得票据没有支付对价

C. 票据的原因关系无效　　D.票据金额未填写完整

8. 一银行本票的出票日期为2010年10月25日。该本票的权利消灭时效届满于(　　)。

A. 2010年12月25日　　B. 2011年4月25日

C. 2012年10月25日　　D. 2012年12月25日

9. 一银行承兑汇票的到期日为2006年5月15日，持票人甲没有及时提示付款，于2006年5月30日将汇票背书转让给乙，其后果是(　　)。

A. 背书无效，乙不能取得票据权利

B. 票据无效，甲、乙均不能享有票据权利

C. 背书有效，乙有权向全体票据债务人主张票据权利

D. 背书有效，乙只能向甲主张票据权利

10. 一支票出票时金额未填写，则(　　)。

A. 该支票是效力待定的票据

B. 该支票因为欠缺绝对必要记载事项而无效

C. 该支票虽然绝对必要记载事项有空白，但为票据法所认可

D. 该支票不得转让

二、多项选择题

1. 下列不符合我国票据法规定的有(　　)。

A. 出票时注明以某账户资金为限承担责任

B. 不记载收款人名称，只填写“持票人”

C. 把出票申请人当作银行汇票的出票人

D. 记载出票日与实际的出票日不符

E. 在银行汇票上记载见票后30日内付款

2. 根据我国《票据法》的规定，下列属于票据债务人的有(　　)。

A. 出票人　　B. 背书人　　C. 保证人

D. 承兑人　　E. 支票付款人

3. 票据权利包括(　　)。

A. 付款请求权　　B. 诉讼权　　C. 追索权　　D. 抗辩权

4. 下列属于远期票据的有(　　)。

A. 定日付款的票据　　B. 见票即付的票据

C. 见票后定期付款的票据　　D. 出票后定期付款的票据

5. 汇票承兑生效后，承兑人应当承担到期付款的责任。下列关于承兑人表述正确的有(　　)。

A. 承兑人在汇票到期日必须向持票人无条件地支付汇票上的金额

B. 承兑人必须对汇票上的付款请求权人承担责任

C. 承兑人必须对汇票上的追索权人承担责任

D. 承兑人的票据责任不因持票人未在法定期限提示付款而解除

6. 根据我国《票据法》的规定，下列属于变造票据的有(　　)。

A. 变更票据金额　　B. 变更票据上的到期日

C. 变更票据上的签章　　D. 变更票据上的付款日

7. 票据基本当事人包括出票人、付款人和收款人的票据是(　　)。

A. 汇票　　B. 支票　　C. 本票　　D. 所有的票据

8. 根据我国《票据法》的规定，汇票的绝对记载事项包括(　　)。

A. 付款日期　　B. 出票日期　　C. 收款人名称　　D. 出票人签章

9. 下列关于票据的表述中正确的有(　　)。

A. 银行汇票的基本当事人包括出票人、付款人和收款人

B. 支票是由出票银行签发的

C. 填明“现金”字样的银行汇票可以用于支取现金

D. 收款人可以将银行汇票背书转让给被背书人

10. 下列关于票据“提示付款”的说法错误的有(　　)。

A. 银行汇票自出票日起 2 个月

B. 商业承兑汇票自到期日起 10 个月

C. 银行承兑汇票自到期日起 10 个月

D. 本票自出票日起 1 个月

三、综合题

2010 年 5 月 10 日，甲开出一张以甲为出票人，乙为收款人，天津某银行为付款人的汇票，上面记载见票后 3 个月内付款。乙不慎将汇票丢失，被张三拾得，张三以乙的名义将汇票背书给丙，丙又背书给丁，同时由丙的好朋友李四在票据上做了保证签章。2010 年 5 月 25 日，丁将汇票背书给戊，戊于 6 月 25 日向天津某银行提示承兑，遭到拒绝。

要求:

根据上述情况和票据法律制度的有关规定，回答下列问题:

(1) 汇票上的基本当事人和非基本当事人各是那些人?

(2) 甲、乙、丙、丁、天津某银行、张三和李四是否承担票据责任? 为什么?

(3) 本案中的戊能否向其前手进行追索? 为什么?

(4) 本案中该汇票正确的提示承兑、提示付款日和付款日时间是什么?

项目三　市场管理法律制度

通过学习，掌握垄断行为的种类，不正当竞争的具体表现和法律责任，消费争议的解决办法；理解滥用市场支配地位的行为，产品质量的监督制度，产品生产者及销售者的质量责任；

了解反垄断法实施主体及诉讼机制，反不正当竞争法、消费者权益保护法和产品质量法的概念及原则。识别垄断行为，辨别不正当竞争行为，明确认识侵犯消费者权益的行为，分析产品责任的归属和应承担的法律责任；明辨在市场竞争中违反市场管理的违法行为及其后果，强化依法经营的意识，运用所学知识保护市场经济主体的合法权益。

任务一　反垄断法律制度

垄断，是指违反国家法律、法规、政策或社会公共利益，通过合谋性协议、安排和协同行动，或者通过滥用市场优势地位，排斥或控制其他经营者正当的经济活动，在某一领域内限制竞争的行为。

反垄断法，是指通过规范垄断和限制竞争行为来调整企业和企业联合组织相互间竞争关系的法律规范的总和。

学习情境一　垄断及垄断行为

【案例 3-1】 在《中华人民共和国反垄断法》(以下简称《反垄断法》)开始实施之际，国际矿业巨头必和必拓准备以 1400 亿美元的价格收购另一矿业巨头力拓，必和必拓提交了反垄断申请报告。中国商务部于 2008 年 11 月开始反垄断立案调查。最后必和必拓放弃收购。

【问题】 商务部为什么对必和必拓收购案进行反垄断立案调查？

【结论】 必和必拓与力拓两大矿业巨头的并购，势必造成垄断的局面，商务部因此予以立案专门调查该并购案是否涉嫌垄断。

(一)垄断和反垄断法

1. 垄断

垄断，是指市场上少数大企业，为了获取利润，通过相互协议或联合，对一个或几个部门商品的生产、销售和价格进行操纵和控制。

垄断可分为合法垄断和非法垄断两类。

一种为合法垄断，是指国家为了保护整个国民经济的健康发展，在《反垄断法》中明确规定的不适用垄断禁止法律的垄断行为。合法垄断的类型有：特定的经济部门的垄断、知识产权领域的垄断、对外贸易领域的垄断、协同组合行为。

另一种为非法垄断，是指违反法律、法规和社会公共利益，通过合谋性协议、安排和协同行动，或者通过滥用市场优势地位，排斥或控制其他经营者正当的经济活动，在某一领域内限制竞争的行为。非法垄断的类型有：独占、兼并、股份保有、董事的交叉任职、联合行为。

垄断的实现方式分为两类。

第一类是协议垄断，是指企业之间通过合谋性协议，安排或者协同行动，相互约束各自的经济活动，违反公共利益，在一定的交易领域内限制或妨碍竞争，协议垄断又表现为横向限制和纵向限制两类。

第二类是滥用市场优势地位，是指企业通过其市场优势地位，限制其竞争者进入市场或以其他方式不适当地限制竞争。

2. 反垄断法

反垄断法，是指通过规范垄断和限制竞争行为来调整企业和企业联合组织相互间竞争关系的法律规范的总和。

(1) 《反垄断法》的性质和地位

《反垄断法》是我国民商法律体系中的基础性法律之一。由于我国市场经济的快速发展，市场竞争的矛盾日益加剧，垄断开始出现。为了应对新时期市场竞争中出现的垄断现象，从维护广大市场主体和消费者的利益出发，必须对地区性垄断、行政性垄断予以治理，防止其常态化，甚至规律化。反垄断法的出台，适时地保证了新时期经济管理手段和政策措施不被大的利益集团所控制，维持了市场经济的公平和活跃。

(2) 《反垄断法》的适用主体

在我国，从事生产和流通的经营者也即市场竞争的主要参与者，通常被称作“企业”因此我国的《反垄断法》便以“企业”和“企业联合组织”为适用主体。

(3) 《反垄断法》的适用客体

《反垄断法》的规范对象大致是两类四大项。两类是指垄断和限制竞争行为，两者可统一于对竞争的限制基础上。四大项是指垄断(其中包括垄断状态、垄断化、垄断力的滥用)、限制竞争行为、经济力量过于集中、不公平交易方法和歧视。

(二)垄断行为

根据我国《反垄断法》，垄断行为是指排除、限制竞争以及可能排除、限制竞争的行为。垄断行为需具有危害性，是指这种行为和状态将会导致某一生产和流通领域的竞争受

到实质性的限制和损害；垄断行为需具有违法性，是指这种行为和状态是违反法律条文的明确规定的。《反垄断法》所指的垄断行为包括：经营者达成垄断协议的行为、经营者滥用市场支配地位的行为以及具有或者可能具有排除、限制竞争效果的经营者集中。

1. 经营者达成垄断协议的行为

垄断协议，是指两个以上经营者相互间达成的排除、限制竞争的协议、决定或者其他协同行为。垄断协议包括横向垄断协议和纵向垄断协议。

2. 经营者滥用市场支配地位的行为

经营者滥用市场支配地位，是指具有市场支配地位的经营者，滥用其支配地位，从事排除、限制竞争的市场行为。

3. 具有或者可能具有排除、限制竞争效果的经营者集中

《反垄断法》所称的经营者集中，是指一个经营者通过特定的行为取得对另一个经营者的全部或部分控制权。

学习情境二　垄断协议的规制

【案例 3-2】 波音和麦道公司分别是美国航空制造业的老大和老二，是世界航空制造业的第 1 位和第 3 位。1996 年年底，波音公司用 166 亿美元兼并了麦道公司。在干线客机市场上，合并后的波音不仅成为全球最大的制造商，而且是美国市场唯一的供应商，几乎占美国国内市场份额的百分之百。但是，美国政府不仅没有阻止波音兼并麦道，而且利用政府采购等措施促成了这一兼并活动。

【问题】 为什么美国政府没有判定该兼并活动为垄断？

【结论】 主要原因是：首先，民用干线飞机制造业是全球性寡占垄断行业，虽然波音公司在美国国内市场保持垄断，但在全球市场上受到来自欧洲空中客车公司的越来越强劲的挑战，面对空中客车公司的激烈竞争，波音与麦道的合并有利于维护美国的航空工业大国地位；其次，尽管美国只有波音公司一家干线民用飞机制造企业，但由于存在来自势均力敌的欧洲空中客车的竞争，波音公司不可能在开放的美国和世界市场上形成绝对垄断地位，如果波音滥用市场地位提高价格，就相当于把市场拱手让给空中客车。因此，美国政府促成了这一兼并活动。

如上所述，垄断协议是指排除、限制竞争的协议、决议或者其他协同行为。

协议是指两个或两个以上的经营者通过书面协议或者口头协议的形式，就排除、限制竞争的行为达成一致意见。

决议是指企业集团或者其他形式的企业联合体以决议的形式，要求其成员企业共同实施的排除、限制竞争行为。

其他协同行为，是指企业之间虽然没有达成书面或者口头协议、决议，但相互进行了沟通，心照不宣地实施了协调的、共同的排除、限制竞争的行为。

垄断协议的种类按照参与协议的主体，可以将垄断协议分为横向垄断协议和纵向垄断协议。

(一)横向垄断协议

横向垄断协议，是指在生产或者销售过程中处于同一阶段的经营者之间(如生产商之间、批发商之间、零售商之间)达成的协议。

《反垄断法》规定的横向垄断协议主要有以下几种。

1. 固定或者变更商品价格

价格竞争是经营者之间最重要、最基本的竞争方式，因此经营者之间通过协议、决议或者协同行为，固定或者变更商品价格的行为，是最为严重的反竞争行为。

2. 限制商品的生产数量或者销售数量

产品或者服务的供应数量减少，必然会导致价格上升，损害消费者利益，因此经营者之间限制商品的生产数量或者销售数量的协议是典型的垄断协议。

3. 分割销售市场或者原材料采购市场

经营者之间分割地域、客户或者产品市场的行为限制了商品的供应，限制了经营者之间的自由竞争。

4. 限制购买新技术、新设备或者限制开发新技术、新产品

开发新技术、新产品，有利于降低成本，提高生产效率，是一种有效的竞争手段，也有利于消费者。因此，经营者通过协议对新技术、新设备的购买以及新技术、新产品的开发做出限制，是减少竞争、破坏竞争的行为。

5. 联合抵制交易

联合抵制交易，是指协议各方联合起来不与其他竞争对手、供应商或者销售商交易。

6. 国务院反垄断执法机构认定的其他垄断协议

国务院反垄断执法机构可以对是否属于《反垄断法》规定的垄断协议作出认定。如果其符合《反垄断法》关于垄断协议定义的规定，即属于垄断协议。反之，则不属于垄断协议。

(二)纵向垄断协议

纵向垄断协议，是指在生产或者销售过程中处于不同阶段的经营者之间(如生产商与批

发商之间、批发商与零售商之间)达成的协议。相互之间没有竞争关系的竞争者之间的纵向协议，除少数涉及价格的协议外，多数不会排除、限制竞争。因而不属于《反垄断法》所规制的垄断协议。对涉及价格内容的纵向协议，多数情况下采取本身违法原则。涉及价格内容的纵向协议主要包括以下几种。

1. 固定向第三人转售商品的价格

固定转售商品价格协议与横向垄断协议中的固定价格协议一样，是最为严重的反垄断行为。许多国家对其采取本身违法原则。

2. 限定向第三人转售商品的最高价格或者最低价格

限制最高转售价格，即限制了销售商的涨价幅度，有利于保护消费者利益，同时，也在最高限价和批发价或出厂价之间为销售商留出竞争空间。因此，许多国家对此采取合理分析的原则，通过分析该协议是否排除、限制竞争而判断是否属于垄断协议。而限制最低转售价格，不利于保护消费者利益，因此许多国家对其采取本身违法原则，将其作为反垄断法的规制对象。

3. 国务院反垄断执法机构认定的其他垄断协议

国务院反垄断执法机构可以对是否属于《反垄断法》规定的垄断协议做出认定。本身违法原则或者合理分析原则是执法实践中应掌握的原则。《反垄断法》对垄断协议的界定，是依其是否排除、限制竞争为标准。如果其符合《反垄断法》关于垄断协议定义的规定，即属于垄断协议。反之，则不属于。

经营者达成并实施垄断协议的，由反垄断执法机构责令停止违法行为，没收违法所得，并处一年度销售额1%以上10%以下的罚款；尚未实施所达成的垄断协议的，可以处以50万元以下的罚款。经营者主动向反垄断执法机构报告达成垄断协议的有关情况并提供重要证据的，反垄断执法机构可以酌情减轻或者免除对该经营者的处罚。

行业协会违反本法规定，组织本行业的经营者达成垄断协议的，反垄断执法机构可以处50万元以下的罚款；情节严重的，社会团体登记机关可以依法撤销登记。

学习情境三　滥用市场支配地位的规制

【案例 3-3】 在1982年AT&T解体以前，AT&T公司实行包括提供长途、市话服务以及通信设备制造和研究开发在内的一体化经营。AT&T通过设计专门的技术标准，并保守网络标准信息，以排除其他制造企业。当司法部反垄断处受理此案时，AT&T在申述中举出柯达公司的例子：柯达公司开发出一种新的胶卷，这种胶卷只能用柯达公司自己制造的设备才能冲印，并对冲印其照片使用的化学试剂进行保密，从而形成胶卷生产和冲洗上下游一体化。但最终，美国司法部判AT&T的行为是垄断行为，却未判柯达。

【问题】 在 AT&T 和柯达相似的情形下，为什么美国司法部给予的判断却有着天壤之别？

【结论】 AT&T 与柯达的一体化的主要区别在于：一是行业特点不同。1982 年以前的电讯设备下游市场几乎都被 AT&T 垄断，可以说 AT&T 是电讯设备的垄断买主；而胶卷行业的用户是分散的竞争性买主。二是柯达公司开发了一个新的产品，尽管柯达产品的开发导致其他厂商的成本增加，但是他们仍然可以生产新的产品。实际上，柯达的行为客观促进了其他胶片生产厂商进一步的研究开发和技术进步；而 AT&T 是按其设备标准设计公共网络的标准，如果其他制造商不采用 AT&T 的标准，其设备就无法与公共网络连接。

因此，可以说柯达公司是利用竞争优势，而 AT&T 公司是滥用市场力量，其一体化和保密是反竞争的。由此可见，一体化行为是否违反反垄断法，主要判断依据是一体化企业是否滥用市场力量，关键要分清滥用市场力量和发挥竞争优势的区别。

(一)市场支配地位的概念

市场支配地位，是指企业或企业集团能够左右市场竞争或者不受市场竞争机制的制约。即居于市场支配地位的企业不必被迫考虑竞争者或交易对手的反应就可以自由定价或者自由地做出其他经营决策。

《反垄断法》对市场支配地位概念的规定为：经营者在相关市场具有能够控制商品价格、数量或者其他交易条件，或者能够阻碍、影响其他经营者进入相关市场能力的市场地位。简单来讲，经营者具有控制相关市场的能力，即控制相关市场交易条件的能力或者阻碍其他经营者进入该相关市场的能力。其中的相关市场，是指经营者在一定时期内就待定商品或者服务(统称商品)进行竞争的商品范围和地域范围。其中的经营者可以是一个，也可以是数个，经营者作为整体共同控制市场。需要强调的是，《反垄断法》并不禁止经营者具有市场支配地位，而是禁止具有市场支配地位的经营者滥用市场支配地位，从事排除、限制竞争的行为。为此，《反垄断法》在总则第六条中明确规定，具有市场支配地位的经营者，不得滥用市场支配地位，排除、限制竞争。

(二)滥用市场支配地位的概念和具体情形

1. 滥用市场支配地位概念

滥用市场支配地位，是指支配企业为维持或者增强其市场支配地位而实施的反竞争的行为，其特点如下。

(1) 行为主体具有特定性，是指行为主体是在市场上具有支配地位的企业，而非其他企业。

(2) 行为目的具有特定性，是指实施滥用行为是为了维持或增强其支配地位。

(3) 行为本身具有反竞争性，是指滥用行为是排除、限制竞争的行为。

2. 滥用市场支配地位的具体行为

(1) 以不公平的高价销售商品或者以不公平的低价购买商品，是指具有支配地位的企业违背平等互利原则，凭借其强势在交易活动中以不公平的高价销售商品或者以不公平的低价购买商品，损害交易对方利益的行为。

(2) 没有正当理由，以低于成本的价格销售商品，是指掠夺性定价行为，支配企业持续地以低于成本的价格销售商品，以便将竞争对手排挤出市场，阻止新的经营者进入市场以及成功地垄断该市场的行为。这种行为的代价很高，但支配企业在将来可能实现的利润会超过当前的损失。如果以低于成本的价格销售商品具有正当理由，则不属于本法规定的行为。比如销售鲜活商品，处理有效期限将至的商品或者其他积压商品，可以进行季节性降价。

(3) 没有正当理由，拒绝与交易相对人进行交易，是指拒绝交易行为，制造商没有正当理由拒绝向购买者，尤其是零售商或者批发商销售商品的行为。制造商通过拒绝供货行为，可以强迫批发商或者零售商按照其规定的价格等条件销售商品，从而限制了该种商品的价格竞争，也会造成其他经营者进入该市场的障碍。

(4) 没有正当理由，限定交易相对人只能与其进行交易或者只能与其指定的经营者进行交易。独家交易行为，是指具有支配地位的企业凭借其地位，不合理地要求交易相对人只能与其进行交易，或者只能与其指定的经营者进行交易。

(5) 没有正当理由，搭售商品或者在交易时附加其他不合理的交易条件，是指具有支配地位的企业强迫交易对方购买从性质、交易习惯上均与合同无关的产品或服务的行为。搭售的目的是为了将市场支配地位扩大到被搭售产品的市场上，或者妨碍潜在的竞争者进入。在判定搭售行为是否违反反垄断法，首先应考虑搭售是否是一种不合理的安排，即搭售是否出于该商品的交易习惯，若将被搭售的商品分开销售，是否有损于该商品的性能或使用价值；其次应考虑该搭售行为是否具有反竞争的效果。

(6) 没有正当理由，对条件相同的交易相对人在交易价格等交易条件上实行差别待遇。是指支配企业没有正当理由而对条件相同的交易对方，例如购买相同数量、相同质量货物的交易对方提供不同的价格或者其他交易条件，致使有的交易对方处于不利的竞争地位。

(7) 国务院反垄断执法机构认定的其他滥用市场支配地位的行为。鉴于实践中情况比较复杂，本条在对滥用市场支配地位行为作出具体列举的同时，又规定了兜底条款，即授权国务院反垄断执法机构可以对本条列举之外的其他行为是否属于滥用市场支配地位行为作出认定。

经营者滥用市场支配地位的，由反垄断执法机构责令停止违法行为，没收违法所得，并处上一年度销售额1%以上10%以下的罚款。

学习情境四 经营者集中的规制

【案例 3-4】 中国商务部2009年3月18日正式宣布，根据《反垄断法》禁止可口可乐收购汇源。据悉，这是《反垄断法》自去年8月1日实施以来首个未获通过的案例。

商务部依据《反垄断法》第二十八条，商务部认定可口可乐公司收购中国汇源公司将对竞争产生不利影响，作出禁止此项集中的决定。从市场份额及市场控制力、市场集中度、集中对市场进入和技术进步的影响、集中对消费者和其他有关经营者的影响及品牌对果汁饮料市场竞争产生的影响等几个方面对此项集中进行了审查。审查工作严格遵循相关法律法规的规定。审查过程中，充分听取了有关方面的意见。商务部最后作出了禁止可口可乐收购汇源的反垄断审查决定。

【问题】 商务部基于哪些理由未通过可口可乐对于汇源的收购?

【结论】 经审查，商务部认定：此项集中将对竞争产生不利影响。集中完成后可口可乐公司可能利用其在碳酸软饮料市场的支配地位，搭售、捆绑销售果汁饮料，或者设定其他排他性的交易条件，集中限制果汁饮料市场竞争，导致消费者被迫接受更高价格、更少种类的产品；同时，由于既有品牌对市场进入的限制作用，导致了限制竞争的效果；此外，集中还挤压了国内中小型果汁企业生存空间，给中国果汁饮料市场竞争格局造成不良影响。汇源目前掌控着国内10%的果蔬汁市场份额，该市场价值去年增长了15%至20亿美元；可口可乐则占有9.7%的市场份额，并主导着稀释果汁系列饮料。中国是可口可乐的第四大市场，也是与其对手百事可乐竞争的主要战场。

经过评估，商务部认为修改方案仍不能有效减少此项集中对竞争产生的不利影响。据此，根据《反垄断法》第二十八条，商务部作出禁止此项集中的决定。

(一)经营者集中的含义

经营者集中，是指经营者通过合并、兼并及购买竞争对手股权或资产等方式进行的企业行为。经营者集中是优化产业结构和企业组织结构的重要手段，也是企业迅速扩张、提高规模经济效益和市场竞争力的有效手段。经营者集中会对竞争产生一定影响，由于经济力量的集中和市场结构的改变，容易导致市场中的竞争者数量减少，相关市场竞争程度降低，也使数量减少了的竞争者之间容易作出协调一致的行为，并且产生和加强市场支配力量，有可能排除和限制竞争，损害消费者利益，所以各国反垄断法都将经营者集中的管制作为其重要内容之一。

(二)经营者集中的情形

1. 经营者合并

经营者合并，是指两个或两个以上的企业通过订立合并协议，合并为一家企业的法律行为。经营者合并时两个或两个以上企业自愿的共同行为，必须遵守法律规定，通过依法

订立的合同来完成，并产生相应的法律后果；有的还须依法经有关部门批准。通过证券交易所集中竞价进行强制收购而形成的企业合并也是本法所称的经营者合并。

经营者合并通常有两种方式：一种是吸收合并，又称存续合并，是指两个或两个以上的企业合并时，其中一个或一个以上的企业并入另一家企业的法律行为，通常是实力强大的企业吸收合并弱小企业；另一种方式是新设合并，是指两个或者两个以上的企业组合成为一家新企业的法律行为，原有的企业不再存在，结合成为一家新的企业。

2. 经营者通过取得股权或者资产的方式取得对其他经营者的控制权

这其中包含两种方式：一种方式是一家企业通过购买、置换等方式取得另一家或几家企业的股权，该企业成为另一家或几家企业的控股股东进而取得对其他经营者的控制权；另一种方式是一家企业通过购买、置换、抵押等方式取得另一家或几家企业的资产，该企业成为另一家或几家企业的控股股东或实际控制人，取得对其他经营者的控制权。

3. 经营者通过合同等方式取得对其他经营者的控制权或者能够对其他经营者施加决定性影响

一家，企业可以通过委托经营、联营等合同方式，与另一家或几家企业之间形成控制和被控制关系，或者可以施加决定性影响。也可以通过合同方式直接或者间接控制其他经营者的业务或人事，或者在业务或人事方面施加决定性影响。

(三)经营者集中事先申报制度

经营者集中达到国务院规定的申报标准的，经营者应当事先向国务院反垄断执法机构申报，未申报的不得实施集中。经营者向国务院反垄断执法机构申报集中，应当提交法律规定的文件、资料，便于国务院反垄断执法机构进行审查，包括申报书、集中对相关市场竞争状况影响的说明、集中协议、国务院反垄断执法机构规定的其他文件及资料。

经营者集中具有或者可能具有排除、限制竞争效果的，国务院反垄断执法机构应当作出禁止经营者集中的决定。反之，经营者能够证明该集中对竞争产生的有利影响明显大于不利影响，或者符合社会公共利益的，国务院反垄断执法机构可以作出对经营者集中不予禁止的决定。

经营者违法实施集中的，由国务院反垄断执法机构责令停止实施集中、限期处分股份或者资产、限期转让营业以及采取其他必要措施恢复到集中前的状态，可以处50万元以下的罚款。

学习情境五　行政性限制竞争行为的规制

【案例3-5】 只要你是一般纳税人，申请报税资格时，可能会毫无防备地遇到一个隐蔽的垄断行业，你必须花费1万多元，只为购买一台老式计算机和配套设备。

你没法说“不”，只因为你需要一张装配在计算机上的“金税卡”。这是一个有着惊人利润的国家特许行业。2007 年，金税卡及配套设备销售已有 16 亿多元。“现在全国一般纳税人如果按 300 万计算，年新增率为 20%，那么，金税卡配套的计算机和打印机的销售可能有 60 多亿。”一名曾经从事金税卡销售的业内人士估算。

2010 年 7 月，贵阳一家投资公司的会计小唐在国税服务大厅办理一般纳税人资格时，看到贴在墙上的一张通知：开具发票的计算机要安装金税卡，上面有服务单位的地址和电话。首先要上培训课，学习报税等常用知识，培训费 500 元/人。“要求要有两个人参加。”小唐说。她们交了 1000 元。上课时，老师发了一份销售清单，上列 17 项产品，包括金税卡、计算机、打印机、U 盘、Windows XP 操作系统、计算机桌椅、报税清单纸，还有各类杀毒、财务软件。老师说：“上课看一下要买什么，下课来签合同。”小唐回忆。教室里有二十多人，是来自不同公司的会计、出纳。现场小声骚动。小唐听到旁边有个女孩叹了口气，说：“我们都已经买好了，现在完了，要重复买了。”“所有纳税人心里就是一个字：贵！”一家办公设备批发公司的陈总说，陈总公司在一家电子城。清单上列出供选择的 3 款“长城酷睿”计算机，价格都在 5000 元左右。“这样的配置只要 2500 多块钱就能在电子城买到，还带操作系统。实际上，电子城都不卖这样的配置，前年就已经淘汰了。”陈总说。清单产品远远高于市场价，她举例，报税清单纸 150 元/箱，市场价只要 50 多元；一个系统隔离卡 680 元，“在电子城也就 200 多，你要我可以马上拿货。”她说。

【问题】 上述案例反映了什么问题？

【结论】 这是一种典型的行政垄断行为，是税务机关利用行政优势而进行的强制交易。

(一)行政垄断主体

行政垄断之所以被视为滥用权力，是因为这些行为既不属于政府为维护社会经济秩序而进行的经济管理，也不属于政府为宏观调控而采取的产业政策、财政政策等经济政策。

行政垄断有三个构成要件：政府行为、限制竞争行为、滥用行政权力的行为。

我国《反垄断法》明确：行政垄断行为的主体是行政机关和法律、法规授权的具有管理公共事务职能的组织，但这里不能包括有权代表国家的中央政府。《反垄断法》反对垄断和保护竞争，但它不反对主权国家选择的限制竞争政策或者国家本身从事的限制竞争行为。换言之，中央政府的下属机构和地方政府机构不属于主权主体，他们的行为如果违反了国家的法律或者基本政策，即行为的本质是滥用行政权力，就应当受到《反垄断法》的追究。

(二)行政垄断行为

1. 妨碍商品自由流通

行政机关和法律、法规授权的具有管理公共事务职能的组织行使行政权力，必须依法办事，不得滥用行政权力，排除、限制市场竞争。

2. 强制交易

强制交易，是指政府及其所属部门滥用权力，在特定市场内限定他人购买其指定的经营者提供的商品，限制其他经营者正当的经营活动，以排挤其他经营者的公平竞争行为。行政机关和法律、法规授权的具有管理公共事物职能的组织不得滥用行政权力，限定或者变相限定单位或者个人经营、购买、使用其指定的经营者提供的商品。

3. 限制跨地区招投标活动

行政机关和法律、法规授权的具有管理公共事物职能的组织不得滥用行政权力，以设定歧视性资质要求、评审标准或者不依法发布信息等方式，排斥或者限制外地经营者参加本地的招投标活动。

4. 排斥或限制外地经营者的投资活动

行政机关和法律、法规授权的具有管理公共事物职能的组织不得滥用行政权力，采取与本地经营者不平等待遇等方式，排斥或者限制外地经营者在本地投资或者设立分支机构。

5. 强制经营者从事违法的垄断行为

行政机关不得滥用行政权力，制定含有排除、限制竞争内容的规定。

(三)行政垄断的法律责任

行政机关和法律、法规授权的具有管理公共事物职能的组织滥用行政权力，实施排除、限制竞争行为的，由上级机关责令改正；对直接负责的主管人员和其他直接责任人员依法给予处分。反垄断执法机构可以向有关上级机关提出依法处理的建议。

◎ 情境综述

反垄断法主要阐述了垄断及反垄断的概念和特点及各种垄断行为。反垄断法，是指通过规范垄断和限制竞争行为来调整企业和企业联合组织相互间竞争关系的法律规范的总和。垄断，是指违反国家法律、法规、政策和社会公共利益，通过合谋性协议，安排和协同行动，或者通过滥用经济优势地位，排斥或者控制其他经营者正当的经济活动，在某一领域内实质上限制竞争的行为。

◎ 技能训练

一、单项选择题

1. 《反垄断法》于(　　)由全国人大常委会第二十九次会议通过。

A. 2007年5月30日　　B. 2007年8月30日

C. 2008年5月30日　　D. 2008年8月30日

2. 在不会严重限制相关市场竞争，并能使消费者分享由此产生的利益前提下，经营者与具有竞争关系的经营者(　　)不为《反垄断法》所禁止。

A. 为排除竞争，达成的联合抵制交易协议

B. 为实现其支配地位，达成的限制商品的生产数量协议

C. 为限制竞争，达成的固定商品价格协议

D. 为改进技术，达成的限制购买新技术协议

3. 行政机关滥用行政权力，实施对外地商品设定歧视性收费项目实行歧视性收费标准，妨碍商品在地区之间自由流通的行为是(　　)。

A. 滥用行政权力排除、限制竞争的行为　B. 宏观调控行为

C. 经营者集中行为　　D. 滥用市场支配者地位行为

4. 依《反垄断法》规定，依据其在相关市场的市场份额，可以推定(　　)具有市场支配地位。

A. 合计份额达到3/4的三个经营者

B. 合计份额达到2/3的两个经营者

C. B选项情形下，其中份额不足1/10的经营者

D. 份额达到1/2的一个经营者

5. 下列不是垄断协议的为(　　)。

A. 家乐福和沃尔玛约定：前者占北京市场，后者占天津市场

B. 因为价格问题，甲乙两家汽车厂口头约定都不购买丙钢铁公司的钢材

C. 甲药厂和乙医药连锁超市约定：后者出售前者的某种专利药品只能按某价格出售

D. 甲药厂和乙医药连锁超市约定：后者出售前者的某种专利药品最高按某价格出售

6. 经营者违反《反垄断法》的规定，达成并实施垄断协议的，由反垄断执法机构责令停止违法行为，没收违法所得，并处一定数额的罚款。该罚款数额是(　　)。

A. 50万元以下

B. 100万元以下

C. 上一年度销售额1%以上10%以下

D. 上一年度销售额2%以上20%以下

7. 对于国务院反垄断委员会的机构定位和工作职责，下列选项正确的是(　　)。

A. 是承担反垄断执法职责的法定机构

B. 应当履行协调反垄断行政执法工作的职责

C. 可以授权国务院相关部门负责反垄断执法工作

D. 可以授权省、自治区、直辖市人民政府直接负责反垄断执法工作

8. 世界上第一部正式的反垄断法是(　　)。

A. 日本《禁止垄断法》　　B. 德国《反对限制竞争法》

C. 美国《谢尔曼法》　　D. 俄罗斯《竞争和垄断法》

9. 依据《反垄断法》规定，具有市场支配地位的经营者从事的(　　)的行为是滥用市场支配地位的行为。

A. 以不公平的高价销售商品

B. 以低于成本的价格销售商品

C. 限定交易相对人只能与其进行交易

D. 拒绝与交易相对人进行交易

10. 依据《反垄断法》规定，下列属于经营者集中情形的是(　　)。

A. 经营者通过取得资产的方式，取得对其他经营者的表决权

B. 经营者通过合同等方式，能够对其他经营者施加影响

C. 经营者合并

D. 经营者联合抵制交易

11. 根据《反垄断法》的规定，下列各项中，属于法律禁止的纵向垄断协议的是(　　)。

A. 限制开发新技术、新产品

B. 限制商品的生产数量或者销售数量

C. 限制购买新技术、新设备

D. 限定向第三人转售商品的最低价格

12. 行业协会违反《反垄断法》的规定，组织本行业的经营者达成垄断协议的，反垄断执法机构可以处一定数额的罚款。该罚款数额是(　　)。

A. 50万元以下

B. 100万元以下

C. 上一年度销售额1%以上10%以下

D. 上一年度销售额2%以上20%以下

13. 根据《反垄断法》的规定，下列关于市场支配地位推定的表述中，不正确的是(　　)。

A. 经营者在相关市场的市场份额达到 1/2 的，推定为具有市场支配地位

B. 两个经营者在相关市场的市场份额合计达到 2/3，其中有的经营者市场份额不足 1/10 的，不应当推定该经营者具有市场支配地位

C. 三个经营者在相关市场的市场份额合计达到 3/4，其中有两个经营者市场份额合计不足 1/5 的，不应当推定该两个经营者具有市场支配地位

D. 被推定具有市场支配地位的经营者，有证据证明不具有市场支配地位的，不应当认定其具有市场支配地位

14. 根据《反垄断法》的规定，负责经营者集中行为反垄断审查工作的机构是(　　)。

A. 国家工商局　　　　B. 国家发改委

C. 商务部　　　　D. 反垄断审查委员会

15. 对于国务院反垄断委员会的机构定位和工作职责，下列选项正确的是(　　)。

A. 是承担反垄断执法职责的法定机构

B. 应当履行协调反垄断行政执法工作的职责

C. 可以授权国务院相关部门负责反垄断执法工作

D. 可以授权省、自治区、直辖市人民政府的相应机构负责反垄断执法工作

16. 依《反垄断法》规定，下列属于垄断行为的是(　　)。

A. 经营者利用市场支配地位　　　　B. 经营者达成垄断协议

C. 经营者集中　　　　D. 政府利用行政权力宏观调控

17. 依《反垄断法》规定，负责组织、协调、指导反垄断工作的机构是(　　)。

A. 各级人民法院　　　　B. 反垄断委员会

C. 国务院反垄断执法机构　　　　D. 各级人民政府

18. 在经营者集中具有排除、限制竞争效果的前提下，国务院反垄断执法机构可以作出对经营者集中不予禁止决定的情形是(　　)。

A. 经营者证明该集中对竞争能产生有利影响

B. 该集中对竞争产生的有利影响小于不利影响

C. 经营者能证明该集中符合社会公共利益

D. 该集中对竞争产生了巨大的不利影响，违背社会公共利益

19. 行政机关滥用行政权力，实施对外地商品设定歧视性收费项目，实行歧视性收费标准，妨碍商品在地区之间自由流通的行为是(　　)。

A. 滥用行政权力排除、限制竞争的行为

B. 宏观调控行为

C. 经营者集中行为

D. 滥用市场支配者地位行为

20. 对反垄断执法机构依法作出的禁止经营者集中的决定不服的，( )。

A. 可以依法申请行政复议或提起行政诉讼

B. 不能提起行政诉讼

C. 应该直接提起行政诉讼

D. 可先依法申请行政复议，对行政复议不服的，可提起行政诉讼

二、多项选择题

1. 根据《反垄断法》的规定，下列各项中，不适用《反垄断法》的行为有(　　)。

A. 知识产权的正当行使

B. 经营者达成垄断协议

C. 可能具有排除、限制竞争效果的经营者集中

D. 农业生产中的联合或者协同行为

2. 甲乙公司违反《反垄断法》的规定，达成垄断协议。根据《反垄断法》的规定，下列表述中，正确的有(　　)。

A. 如果实施垄断协议的，由反垄断执法机构责令停止违法行为

B. 如果实施垄断协议的，由反垄断执法机构没收违法所得

C. 如果实施垄断协议的，由反垄断执法机构并处上一年度销售额 1%以上 10%以下的罚款

D. 如果尚未实施垄断协议的，反垄断执法机构可以处其 50 万元以下的罚款

3. 根据《反垄断法》的规定，下列各项中，属于经营者集中的有(　　)。

A. 经营者合并

B. 经营者通过取得股权或资产的方式取得对其他经营者的控制权

C. 经营者通过合同取得对其他经营者的控制权

D. 经营者通过合同外的方式取得能够对其他经营者施加决定性影响的地位

4. 根据《反垄断法》的规定，下列各项中，属于法律禁止的横向垄断协议的有(　　)。

A. 固定或者变更商品价格的协议

B. 限制购买新技术、新设备或者限制开发新技术、新产品

C. 联合抵制交易

D. 固定向第三人转售商品的价格

5. 根据《反垄断法》的规定，下列各项中，可被豁免的垄断协议有(　　)。

A. 为改进技术、研究开发新产品的

B. 限制开发新技术、新产品的

C. 为提高产品质量、降低成本、增进效率，统一产品规格、标准或者实行专业化分工的

D. 为实现节约能源、保护环境、救灾救助等社会公共利益的

6. 对于违反《反垄断法》实施集中的经营者，国务院反垄断执法机构可以采取的措施有( )。

A. 责令停止实施集中　　B. 限期处分股份或者资产

C. 限期转让营业　　D. 处以罚款

三、判断题

1.《反垄断法》仅适用于中华人民共和国境内经济活动中的垄断行为。 ( )

2. 具有市场支配地位的经营者滥用市场支配地位是违法行为。 ( )

3. 我国国务院反垄断委员会不享有准司法权，只有反垄断执法机构享有该权力。 ( )

4. 根据《反垄断法》规定，实施垄断行为的主体只能是企业。 ( )

5. 对滥用优势地位的规制是《反垄断法》的三大支柱之一。 ( )

6. 事先申报制度规定经营者要得到反垄断执法机构的许可才能实施集中。 ( )

四、简答题

1. 垄断行为的主要类型包括哪些？

2. 简要阐述垄断协议的概念与法律特征。

3. 审查经营者集中应当考虑哪些因素？

4. 反垄断执法机构调查涉嫌垄断行为可以采取哪些措施？

5. 简要阐述垄断行为的概念。

6. 根据我国《反垄断法》，垄断协议适用除外的具体情形包括哪些？

7. 《反垄断法》禁止具有竞争关系的经营者达成哪些垄断协议？

8. 行业协会限制竞争行为的主要类型有哪些？

五、论述题

1. 举例说明行政机关和公共管理组织不得滥用行政权力实施哪些行为？

2. 运用反垄断法原理，举例并分析我国市场运行中的经营者集中行为的类型，并剖析其利弊。

六、案例分析题

1. 2000 年 4 月，新疆乌鲁木齐新市区人民政府某街道办事处召集新啤集团的一名厂家代表和新疆乌苏卢云啤酒有限责任公司的 3 名经销商，对铁路局夜市的啤酒销售权进行招标，最后新啤集团以 4 万元竞价成交。5 月，该办事处与新啤集团签订了《新疆啤酒经销合同》，双方约定新啤集团为该街道办事处管辖的铁路局夜市瓶装及生啤的唯一经销商，该街道办事处全权负责及保护新啤集团产品的展示及新啤集团生啤桶，确保新啤集团以外的任何啤酒产品不得进入夜市，其他啤酒厂家不在夜市做促销活动以及其他厂家的经销商不得进入夜市进行促销活动。合同签订后，办事处即通知夜市内的所有经营户，只能经销新啤集团的啤酒，不得销售其他品牌的啤酒，否则将采取相应措施。

思考：该街道办事处的行为是否触犯了《反垄断法》和《不正当竞争法》？其行为如何定性？应如何承担法律责任？

2. 1998年2月21日，济南七大商场以“长虹”售后服务质量不好为由，宣布拒售“长虹”彩电，采取联合行动，同时将各自商场内的“长虹”彩电撤下专柜。而“长虹”方面说，每天有四辆流动服务车在市内流动维修，济南消费者协会也证实没有关于“长虹”彩电的投诉。

这些商场联手拒售“长虹”彩电的真实原因是，“长虹”采取现款现货经销制，在销售上实行台阶式返利的方式，而商场方面认为自己实力雄厚，商誉好，希望“长虹”对他们实行不同于一般小经销商的销售方式，允许他们先拿一批货做铺底销售，也即先给货，后付款。而“长虹”不愿意对任何商场作政策倾斜，导致了事件的发生。

思考：济南七大商场的行为是否违法？违反什么法律？其行为构成什么性质的行为？对这些商场的这类行为，由哪一个部门来进行监管？

3. 2006年12月26日。世界拉面协会中国分会(以下简称“方便面中国分会”)在北京召开了一届八次峰会，研究棕榈油和面粉涨价引起的企业成本增加的问题。会议商定了高价面(当时价格每包1.5元以上)和低价面(当时价格每包1元以下)涨价的时间和实施步骤。2007年4月21日，方便面中国分会在杭州召开一届九次峰会，再次研究方便面调价日程，明确了调价幅度和调价时间，高价面从每包1.5元直接涨到1.7元，计划从6月1日起全行业统一上调。2007年7月5日，方便面中国分会又一次在北京召开价格协调会议，部分企业决定从7月26日起全面提价。有关企业按照以上会议协调安排，从当年6月起，相继调高了方便面的价格。

思考：结合我国《反垄断法》的规定，指出以上案例中的违法行为的具体类型。

4. 中国某航空股份有限公司在河南民用航空市场上占有60%～65%的市场份额，自2005年起推出五级代理人制度，按照对其的“忠诚度”将代理人分为五级，分别享受不同的销售待遇，包括供应机票种类和促销奖励等。其中五级待遇最高，优先保证供应其热线航班机票，并给予较高的折扣，条件是不得销售其他航空公司的机票，不得向其他代理商提供该航空公司的机票和航班信息。其他级别待遇依次下降。为了维持这一制度，航空公司还采取了一系列惩罚措施：如装扮成顾客考察代理商的忠诚度，没收代理商销售的其他航空公司机票；通过网络监控代理商每天的售票情况，对不守规的代理商屏蔽该航空公司的航班信息，增加其退票难度等。

思考：该航空公司的行为是否违反了《反垄断法》？其行为是否构成差别性待遇行为，构成不正当竞争行为？为什么？

任务二 反不正当竞争法律制度

我国于 1993 年通过了《中华人民共和国反不正当竞争法》(以下简称《反不正当竞争法》)，并在总则中界定市场交易的基本准则：诚实信用。稳定了市场经济的基础。其中还认定了影响市场秩序的不正当竞争行为。

不正当竞争行为，是指相对于市场竞争中的正常竞争手段而言，经营者为了争夺市场竞争优势，违反法律和公认的商业道德，采取欺诈、混淆等手段扰乱正常市场竞争秩序，并损害其他经营者合法利益的行为。《反不正当竞争法》是指调整经营者之间、经营者与消费者之间因不正当竞争行为而产生的社会关系的法律规范的总称。不正当竞争的主体，是参与市场竞争的经营者，只有经营者才存在不正当竞争的行为，非经营者的行为不具有不正当竞争的性质。不正当竞争行为，通常表现为违法者采取欺诈的方式进行竞争，违背自愿、平等、公平、诚实信用原则和商业道德，从中牟取非法利益。

学习情境一 欺骗性市场交易行为

【案例 3-6】 明亮的店内装修，琳琅满目的苹果全线产品，身穿统一蓝色 T 恤的店员，印有苹果标识的铭牌……在苹果授权的零售店，顾客都能看到上述场景。目前在中国大陆地区，经过苹果授权的零售专卖店只有五家，分布在北京、上海、香港。然而，西安的街头也涌现出不少家标有 Apple Store 字样的苹果零售店，分布在西安的东大街、案板街、吴家坟。然而，令人匪夷所思的是，这些所谓的苹果零售专卖店均未取得苹果官方授权，记者在苹果官网上也未查到任何相关信息。也就是说，这些近乎以假乱真的苹果零售店竟是苹果授权的零售店的“山寨版”。“这样做完全是误导消费者。一般来说，普通消费者不懂如何分辨苹果店的真假，也不会刻意了解这家店是官方授权还是非授权，他们只在乎商品的真伪和质量。”

【问题】 上述案例所说的是一种什么行为？

【结论】 仿冒正规授权开店，是一种欺骗性市场交易的行为。

(一)欺骗性市场交易行为的表现

欺骗性市场交易行为，是指经营者违背诚实信用的商业道德的欺骗性市场交易行为，即经营者采用假冒、模仿和其他虚假手段从事市场交易，牟取非法利益的行为，包括经营者不正当地利用他人的商业信誉和商品声誉，致使其经营的商品与他人的商品相混淆，或经营者隐瞒事实真相或虚构事实，造成消费者和用户对其商品的质量、性能、成分、用途等发生误认、误购等。经营者在市场活动中不以较有利的质量、价格、服务或其他条件去

争取交易机会，而是采用上述不正当的手段获取有利的竞争地位，不仅损害诚实经营者的利益，也损害消费者的利益，因而《反不正当竞争法》对此予以严格禁止。欺骗性市场交易行为包括以下四类情况。

(1) 假冒他人的注册商标。

假冒他人的注册商标，是指《中华人民共和国商标法》(以下简称《商标法》)中侵犯注册商标专用权的行为，包括：未经注册商标所有人的许可，在同一种商品或者类似商品上使用与其注册商标相同或者相似的商标的行为；销售明知是假冒注册商标的商品的行为；伪造、擅自制造他人注册商标标志或者销售伪造、擅自制造的注册商标标志的行为；给他人的注册商标专用权造成其他损害的行为。

根据《中华人民共和国商标法实施细则》，对于假冒他人的注册商标行为又增添了三种：经销商经销明知或者应知是侵犯他人注册商标专用权商品的；在同一种或者是类似商品上，将与他人注册商标相同或者近似的文字、图形作为商品名称或者商品装潢使用，并足以造成误认的；故意为侵犯他人注册商标专用权行为提供仓储、运输、邮寄、隐匿等便利条件的。

(2) 擅自使用知名商品特有的名称、包装、装潢，或者使用与知名商品近似的名称、包装、装潢，造成和他人的知名商品相混淆，使购买者误认为是该知名商品。

商品的名称、包装、装潢是商品的外表特征，他们既是区别不同商品的特征，也在一定程度上反映经营者的商业信誉和商品声誉。商品的名称、包装、装潢往往又是创造商品形象、开拓市场的重要战略手段，因此知名度较高的商品的名称、包装、装潢本身就会成为高声誉商品的象征。擅自使用他人知名商品特有的名称、包装、装潢，或者模仿他人知名商品特有的名称、包装、装潢，在市场上产生混淆，造成误认、误购的，均侵犯他人特定的知识产权，属于危害竞争秩序的不正当竞争行为。

(3) 擅自使用他人的企业名称或者姓名，引人误认为是他人的商品。

在市场交易活动中，企业名称或者姓名是经营者的营业标志，是区别商品或服务来源的标志。企业名称或者姓名体现了经营者通过付出努力和资本获得的无形财产，保护企业名称或姓名，主要是保护附于企业名称或姓名中的商业信誉。冒用他人的厂名是盗用他人的商业信誉，属于典型的不正当竞争行为。

(4) 在商品上伪造或者冒用认证标志、名优标志等质量标志，伪造产地，对商品质量作引人误解的虚假意思表示。

这类不正当竞争行为并不侵犯哪个特定经营者的知识产权，它或者虚构事实，或者隐瞒事实真相，是对商品的质量、企业信誉作引人误解的虚假意思表示的欺诈交易行为。这类不正当竞争行为包括：在商品上伪造或者冒用认证标志、名优标志等质量标志；伪造产地；对商品质量作引人误解的虚假表示。

(二)欺骗性市场交易行为的法律责任

经营者擅自使用知名商品特有的名称、包装、装潢，或者使用与知名商品近似的名称、包装、装潢，造成和他人的知名商品相混淆，使购买者误认为是该知名商品的，监督检查部门应当责任停止违法行为，没收违法所得，可以根据情节处以违法所得一倍以上，三倍以下的罚款；情节严重的，可以吊销营业执照；销售伪劣商品，构成犯罪的，依法追究刑事责任。

经营者假冒他人的注册商标，擅自使用他人的企业名称或者姓名，伪造或者冒用认证标志、名优标志等质量标志，伪造产地，对商品质量作引人误解的虚假表示的，依照《中华人民共和国商标法》和《中华人民共和国产品质量法》的规定处罚。

学习情境二　独占地位的经营者限制竞争行为、滥用行政权力限制竞争行为

【案例 3-7】 2011 年 1 月，某省工商局根据投诉线索，查明某市政府在强制推广应用卫星定位汽车行驶记录仪工作中，指定该市 XSK 导航科技有限公司的卫星定位汽车行驶监控平台为市级监控平台，强制其他 GPS 运营商必须将所属车辆的监控数据通过 XSK 公司上传并交纳费用，否则不予通过车辆年审。

【问题】 请对某市政府的行为予以分析。

【结论】 某市政府的行为超出了法定权限和有关政策要求，干预了企业正常经营活动，对市场竞争格局带来了不利影响，损害了其他 GPS 运营商的合法权益，违反了《反垄断法》第三十二条的规定，构成滥用行政权力排除、限制竞争行为。

(一)独占地位的经营者限制竞争行为及其法律责任

1. 独占地位的经营者限制竞争行为

独占地位的经营者限制竞争行为，是指公用企业及其他依法具有独占地位的经营者，不得限定他人购买其指定的经营者的商品，以排挤其他经营者的公平竞争。这种限制竞争的行为表现为限定他人购买其指定的经营者的商品，即规定用户和消费者购买某种特定的商品时，只能购买它指定的某经营者生产的商品。其具体表现有以下四种。

(1) 公用企业或其他依法具有独占地位的经营者之所以要实施这种行为，往往是因为与被指定的经营者有利益关系。

(2) 公用企业或其他依法具有独占地位的经营者之所以有条件实施这种行为，主要是由于其本身提供的商品或服务是人所共需的，他人不得不从该经营者处购买商品或者接受服务。而在大多数情况下，被指定的商品与这些公用企业或独占经营者的商品或服务有直

接联系。例如：煤气公司在安装煤气管道时，强制用户必须购买某企业的燃气具，而该燃气具是使用煤气的必备工具。

(3) 限定他人购买某种商品，往往以某种正当理由为借口。例如，这些企业的商品为唯一符合标准的产品等。

(4) 实施这种行为手段，一般是以停止其产品供应、削减产品供应作为威胁手段，使他人被迫接受其条件。

2. 独占地位的经营者限制竞争行为的法律责任

公用企业或者其他依法具有独占地位的经营者，限定他人购买其指定的经营者的商品，以排挤其他经营者的公平竞争的，省级或者设区的市的监督检查部门应当责令停止违法行为，可以根据情节处以 5 万元以上 20 万元以下的罚款。被指定的经营者借此销售质次价高商品或者滥收费用的，监督检查部门应当没收违法所得，可以根据情节处以违法所得一倍以上三倍以下的罚款。

(二)滥用行政权力限制竞争行为及其法律责任

1. 滥用行政权力限制竞争行为

滥用行政权力限制竞争，是指政府及其所属部门滥用行政权力，限定他人购买其指定的经营者的商品，限制其他经营者正当的经营活动，限制外地商品进入本地市场，或者本地商品流向外地市场。

政府及所属部门限定他人购买其指定的经营者的商品的行为，可以是直接行为也可以是间接行为。直接行为，是指政府及所属部门明文规定或公开要求他人购买自己指定的经营者的商品。间接行为，是指政府及其所属部门利用其职权限制他人自由选择经营者的商品，从而达到他人购买其指定的经营者的商品的目的。

地区封锁行为，是指限制外地商品进入本地市场，或者本地商品流向外地市场的行为。这类行为采取不合理或不合法的手段，人为地隔断地区之间的贸易往来，割裂地区之间的资源、技术等经济联系。地区封锁行为可以是直接行为，也可以是间接行为。

2. 滥用行政权力限制竞争行为的法律责任

政府及其所属部门滥用行政权力，限定他人购买其指定的经营者的商品的，被指定者借此销售质次价高商品或者滥收费用的，工商行政管理机关应没收其违法所得，并可根据情节处以违法所得一倍以上三倍以下的罚款。

学习情境三 附加不合理条件的行为、压价排挤竞争对手行为和不正当有奖销售行为

【案例 3-8】 2008 年 12 月 9 日，河南某置业有限公司在林州报太行文化传播版面及林州电视台发布“世纪城 猜房价 赢大奖”活动。活动细则称，现在拿起手机于活动截止期限内，发送您认为的世纪城指定户型价格以及姓名到 10657020001950000O，就有可能最高赢取 20 000 元现金大奖，并于当日开展了该有奖销售活动。

【问题】 请对该行为性质进行分析。

【结论】 其行为构成了不正当有奖销售行为，2009 年 6 月 3 日，林州市工商局依据《反不正当竞争法》责令当事人停止有奖销售活动，并对当事人作出了罚款 16 000 元的行政处罚。

(一)附加不合理条件的行为及其法律责任

1. 附加不合理条件的行为

附加不合理条件的行为，是指经营者利用其经济优势，违背购买者的意愿，在销售一种商品或提供一种服务时，要求购买者以购买另一种商品或接受另一种服务为条件，或就该种商品或服务的价格、销售对象、销售地区、销售顾客等进行不合理的限制。这些做法限制了市场竞争，破坏了市场秩序，是法律应当禁止的。

经营者实施附加其他不合理条件交易行为时，利用的一般是其经济的优势地位。经济的优势地位，是指经营者的产品必须具有某种独特的性质，能使购买者产生对它的特殊需求，并且已经形成了一定的市场支配力。附加不合理条件的行为，必须在违背购买者的意愿的情况下才被禁止，如果购买者自愿接受，那么这些附加条件就是合法的。

2. 附加不合理条件的行为的法律责任

附加不合理条件的不正当竞争行为应承担法律责任，主要有行政责任和民事责任两种：行政责任，是指由行为实施地的工商行政管理机关给予责令停止违法行为，没收违法所得、罚款、责令停业整顿、吊销执照的处罚；民事责任，是指停止侵权、赔礼道歉、赔偿损失等。法院在审理此类案件中，根据行为人实施不正当竞争行为的情节程度，还可以对其进行民事制裁。民事制裁的方式有罚款、收缴非法所得等。

(二)压价排挤竞争对手行为及其法律责任

1. 压价排挤竞争对手行为

压价排挤竞争对手行为，是指为了排挤竞争对手，以低于成本的价格销售商品的行为。压价排挤竞争对手行为具体表现为：行为的主体是处于卖方地位的经营者；经营者进行了低于成本的价格销售商品的行为；经营者进行销售行为时在主观上是故意排挤竞争对手；经营者的行为客观上侵犯了同业竞争对手的公平交易权利和社会的正常竞争秩序。

该行为的免责情况有以下四类。

1) 销售鲜活商品

经营者在销售新鲜的水果、蔬菜或有生命而存活期短的活鱼、活虾等商品时，可以根据天气、购买力的变化而改变价格。

2) 处理有效期限即将到期的商品或者其他积压的商品

经营者在处理有效期限即将到期的罐头、饮料等商品或者因为产销不对路等原因积压的其他老式商品时，可以低于成本价格进行销售。

3) 季节性降价

在季节性非常强的行业，符合公共利益的善良风俗的情况下有此情况。

4) 因清偿债务、转产、歇业降价销售商品

当经营者遇到负债累累需要清偿、产销不对路被迫转产、经营不善不得不歇业等经营上的重大困难时，只有降价销售商品，才能尽量减少库存，加快资金周转，这时虽然有低于成本价格销售的事实存在，但是并不影响市场的正常秩序，所以法律不认定其为不正当竞争行为。

2. 压价排挤竞争对手的法律责任

经营者以压价排挤竞争对手的，给其他经营者造成损害的，应当承担损害赔偿责任。

(三)不正当有奖销售行为及其法律责任

1. 不正当有奖销售行为

有奖销售，是指经营者以提供奖品或奖金的手段推销商品或服务的行为，主要有附赠品和抽奖两种形式。有奖销售可以促进商品的流通，提高市场占有率，并带来一定的经济利益。这种促销手段对于市场竞争秩序有着双重影响：在符合商业道德且限定在一定范围内的有奖销售，可以起到活跃市场、促进竞争的积极作用；但是如果超过一定的范围或采取不正当手段进行有奖销售，则会造成对竞争秩序的破坏，损害消费者的利益。因此，法律并不是一概否定有奖销售，而是禁止以下三种形式的有奖销售。

1) 欺骗性的有奖销售行为

该行为产生于抽奖式有奖销售中，经营者以奖金或奖品为诱饵，引诱消费者，而所设之奖不能为任何消费者所得，构成经营者对消费者的欺骗。

2) 利用有奖销售手段推销质次价高商品的行为

该行为的特点是商品质价不符，形式上为有奖销售，实质上变相涨价、欺骗消费者。

3) 最高奖金额超过 5 000 元的抽奖销售行为

正常的抽奖式有奖销售作为一种商家促销手段，对于活跃商品流通有积极作用，应允许这种行为在一定范围内存在，超过这一范围，就会造成对市场竞争秩序的破坏。因此，法律规定禁止最高奖金超过 5 000 元的抽奖式有奖销售行为，如果为奖品，其价值也不能超过 5 000 元。

2. 不正当有奖销售行为的法律责任

凡经营者违法有奖销售的，工商行政管理机关应当责令其停止，同时根据其情节轻重，可以处 1 万元以上 10 万元以下的罚款。凡是属于法律明文规定禁止的有奖销售行为的，都要责令其停止，而是否同时处以罚款及罚款具体数额多少，要根据违法行为情节的轻重来决定。

学习情境四 商业贿赂行为、商业诽谤行为和侵犯商业秘密行为

【案例 3-9】 原告某商厦物业管理有限公司经营的某商厦系向个体经营户出租经营摊位的商场。原告在经营期间，为促使导游引导外地来此游客到其商厦购物，规定凡导游带领游客到商厦购物的，按游客人数给付导游和司机一定金额的“导购费”。被告工商行政管理局查明后，认为原告物业公司为促进其商场商品销售，用现金贿赂旅行社导游及司机，让导游及司机带游客到商厦购物，原告物业公司的行为已构成商业贿赂，根据《反不正当竞争法》第二十二条的规定，工商局于 2002 年 11 月 22 日对原告物业公司作出行政处罚决定，要求物业公司立即停止商业贿赂行为，并处以罚款 3 万元。物业公司对该处罚不服，于 2002 年 12 月 5 日向法院起诉，要求撤销处罚决定书。法院一审认为，被告作为工商行政管理机关，有权对构成商业贿赂的行为进行处罚，被告所作的处罚决定，认定事实清楚，适用法律正确，程序合法，遂判决维持被告工商局作出的对原告的处罚。法院宣判后，原告不服，提起上诉，后在二审审理期间撤回上诉。

【问题】 如何界定商业贿赂行为？

【结论】 我国《反不正当竞争法》对于商业贿赂行为有法律规定，该法第八条第一款规定：“经营者不得采用财物或者其他手段进行贿赂以销售或者购买商品，在账外暗中给予对方单位或者个人回扣的，以行贿论处；对方单位或者个人在账外暗中收受回扣的，以受贿论处。”

(一)商业贿赂行为及其法律责任

1. 商业贿赂行为

商业贿赂行为，是指在商品交易活动中，经营者为获得交易机会，特别是获得相对于竞争对手的竞争优势，通过不正当的手段收买客户的雇员或代理人以及政府有关部门工作人员的行为。商业贿赂行为破坏了市场上基于商品价格、质量等的正常竞争，会损害诚实

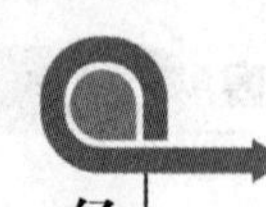

经营者的利益，而且败坏社会风气，极易引发犯罪。

2. 商业贿赂行为的特征

商业贿赂行为体现为，经营者利用财物或者其他手段进行贿赂以销售或购买商品，该行为具有如下特征。

(1) 主体是从事商品交易的经营者，既可以是卖方，也可以是买方。

(2) 经营者主观上为故意。非故意的过失行为不能构成商业贿赂；收到恐吓或胁迫而进行的行为属于遭受勒索，也不构成商业贿赂。

(3) 客观上商业贿赂须通过秘密方式进行。向有关人员支付的款项或者提供的优惠，既不向有关人员的雇主或其他人员报告，一般也会通过伪造财物会计账册等形式进行掩盖，具有很大的隐蔽性。

(4) 对象是对其交易项目的成交具有决定性影响的个人。通常为交易相对人的经理、采购人员、代理人或其他雇员等，也包括预期经营活动有关的政府官员。但不含促成交易而获得佣金的独立中间人。

(5) 行为上向有关人员支付的款项或者提供的优惠违反了国家有关财务、会计及廉政等方面的法律规定，超出了一般性商业惯例中提供的优惠。不违反国家法律法规规定，在商业活动中按照一般惯例提供的优惠，不属于商业贿赂行为。

(6) 目的在于通过对交易行为施加不正当影响，以便促成或使其在交易行为中挤掉同业竞争对手，取得优势。

(7) 商业贿赂的形式多样。除了金钱回扣之外，还有提供免费度假、国内外旅游、房屋装修、高档宴席、色情服务、赠送昂贵物品以及解决子女或亲属入学、就业等许多方式。

3. 商业贿赂行为的法律责任

经营者采用财物或者其他手段进行贿赂以销售或者购买商品，构成犯罪的，依法追究刑事责任；不构成犯罪的，监督检查部门可以根据情节处以1万元以上20万元以下的罚款，有违法所得的，予以没收。

(二)商业诽谤行为及其法律责任

1. 商业诽谤行为

商业诽谤行为，是指经营者自己或利用他人，通过捏造、散布虚伪事实等不正当手段，对竞争对手的商业信誉、商品声誉进行恶意的诋毁、贬低，以削弱其市场竞争能力，并为自己谋取不正当利益的行为。商业诽谤行为的构成要素有以下四种。

(1) 行为主体是从事商品经营或者营利性服务的法人、其他经济组织和个人。虽然大多情况下，经营者是自己实施对竞争对手的商业诽谤行为，但有时，经营者也可能利用他人实施此种行为。

(2) 行为的主观方面为明知故意。行为人实施商业诽谤行为，是以削弱竞争对手的市场竞争能力，并谋求自己的市场竞争优势为目的，这种主观故意性是明显而确定的。

(3) 侵害客体是特定经营者，即指作为行为人竞争对手的经营者的商业信誉、商品声誉。经营者的商业信誉、商品声誉，属于民法中公民或法人的名誉权和荣誉权，这些是通过经营者参与市场竞争的连续性活动而逐渐形成的。

(4) 行为的客观方面表现为捏造、散布虚伪事实，对竞争对手的商业信誉、商品声誉进行诋毁、贬低，对其造成或可能造成一定的损害后果。

2. 商业诽谤行为的法律责任

诽谤竞争对手一般承担民事责任，民事责任的形式主要有：停止侵权、公开赔礼道歉、消除影响、赔偿损失。赔偿损失的范围一般包括直接损失和间接损失。直接损失包括：因诽谤行为造成的实际经济损失；为消除影响和调查、制止侵权行为而支出的费用。间接损失包括：因诽谤行为造成客户终止履行合同而丧失的可得利益损失；因诽谤行为造成停产滞销期间设备折旧费及贷款利息等。

(三)侵犯商业秘密行为

1. 侵犯商业秘密行为

商业秘密，是指不为公众所知悉，能为权利人带来经济利益、具有实用性并经权利人采取保密措施的技术信息和经营信息。侵犯商业秘密，是指不正当地获取、披露或使用权利人商业秘密的行为。侵犯商业秘密行为具体表现为以下几种。

(1) 以盗窃、利诱、胁迫或其他不正当手段获取权利人的商业秘密。

此处，盗窃商业秘密既包括内部知情人员盗窃权利人的商业秘密，也包括外部人员盗窃权利人的商业秘密。以利诱手段获取权利人的商业秘密，是指行为人通过向掌握或了解商业秘密的有关人员直接提供财物、提供更优厚的工作条件或对此做出某些承诺，而从中获取权利人的商业秘密。以胁迫手段获取权利人的商业秘密，是指行为人通过威胁、强迫掌握或了解权利人的商业秘密的有关人员，而从中获取权利人的商业秘密。以其他不正当手段获取权利人的商业秘密，是指行为人除了上述手段外，采用其他不正当手段获取权利人的商业秘密。

(2) 披露、使用或允许他人使用上述手段获取的权利人的商业秘密。

此处，“上述手段”是指以盗窃、利诱、胁迫或其他不正当手段，以这些手段获取的权利人的商业秘密，都认为是侵犯商业秘密的不正当手段。因此，获取者再向第三人披露、自己使用或允许第三人使用这些不正当手段获取的商业秘密，也是法律所禁止的。

(3) 违反约定或违反权利人有关保守商业秘密的要求，披露、使用或允许他人使用其

所掌握的商业秘密。

在与权利人签订有保密协议或权利人对其商业秘密有保密要求的情况下，掌握或了解权利人商业秘密的人，应当遵守有关保密协议或权利人的保密要求，严格为其保密。否则，这些人如果违反上述协议或要求，擅自向他人披露、自己使用或允许他人使用其所掌握或了解的商业秘密，就不仅仅是一种违约行为，而是一种侵犯商业秘密的不正当竞争行为。第三人明知或者应知上述违法行为，仍然获取、使用或者披露他人的商业秘密，视为侵犯商业秘密。

2. 侵犯商业秘密的法律责任

根据我国《刑法》第二百一十九条规定，构成侵犯商业秘密罪，给权利人造成重大损失的，处三年以下有期徒刑或者拘役，并处或者单处罚金；造成特别严重后果的处三年以上七年以下有期徒刑并处罚金；对尚不构成犯罪的，给予停止违法行为，以及 1 万元以上 20 万元以下罚款和行政处罚。根据《反不正当竞争法》规定，侵犯商业秘密的民事责任一般为停止实施侵犯他人商业秘密的侵权行为、公开赔礼道歉、赔偿损失。

学习情境五　虚假宣传行为和串通招、投标行为

【案例 3-10】 下面是几个被行政管理机关处罚的广告:

(1) 斯壮森化妆品广告。2004 年 12 月 26 日和 2005 年 3 月 26 日，西安进亿工贸有限公司分别在江南都市报和南昌晚报发布斯壮森化妆品广告。该广告含有违背社会良好风尚内容，且夸大其功效，欺骗和误导消费者。被南昌市工商局处 3500 元罚款。

(2) 斑神牌祛斑霜系列产品化妆品广告。2004 年 11 月，当事人张妍妍自行设计并制作斑神祛斑霜系列产品化妆品宣传画广告。该广告自称“9 天美白，15 天祛斑，永不反弹”，擅自超出产品说明书内容，欺骗和误导消费者，被南昌市东湖区工商局处 10 000 元罚款。

(3) 尤立清消毒剂广告。2005 年 3 月 8 日，陕西敬轩堂医药保健有限公司在《南昌晚报》发布尤立清消毒剂广告。该广告宣传有悖于社会主义精神文明建设的内容，且含有不科学表示功效的用语，被南昌市青云谱区工商局处以 3000 元罚款。

(4) 癣清消毒剂广告。2005 年 5 月 24 日，黔东南州立可清科技有限公司在《南昌晚报》发布题为“日本癣清国际品质，皮肤顽癣，喷喷就好”的癣清消毒剂广告。该广告使用不科学表示功效的用语，自称对各类顽癣彻底根治，误导消费者，被南昌市青云谱区工商局处以 8000 元罚款。

(5) 希银牌银离子 2000 消毒剂广告。2005 年 2 月，南昌市天天大药房利用其店堂发布希银牌银离子 2000 消毒剂印刷品广告。该广告中出现明示或暗示治疗疾病的效果，含有与药品相混淆的用语，欺骗和误导消费者。南昌市青山湖区工商局对天天大药房没有拒绝发布违法印刷品广告的行为处以 8000 元罚款。

【问题】 以上行为的性质是什么？

【结论】 均为虚假宣传行为，而被法律禁止。

(一)虚假宣传行为及其法律责任

1. 虚假宣传行为

虚假宣传造成的对商品的质量、性能、用途、生产者或产地等作虚假或引人误解的宣传，无疑将造成消费者及用户不能够正确地选择所需商品。引人误解的虚假宣传还将造成其他诚实的经营者失去客户，竞争的公平性无法保障。因此，对引人误解的虚假宣传必须加以禁止。

2. 虚假宣传行为的法律责任

用广告或其他方法，对商品作引人误解的虚假宣传的，监督检查部门应当责令停止违法行为，消除影响，可以根据情节处以 1 万元以上 20 万元以下的罚款。广告的经营者，在明知或应知的情况下，代理、设计、制作、发布虚假广告的，监督检查部门应当责令停止违法行为，没收违法所得，并依法处以罚款。

(二)串通招、投标行为

1. 串通招、投标行为

招标投标，是以招标的形式使投标者分别提出其条件，由招标者选择其中最优者，并与之订立合同的一种法律形式。为了有效地制止招标投标活动中的不正当竞争行为，确保招标投标活动的公平性，我国《反不正当竞争法》规定了招标投标中的不正当竞争行为：

(1) 投标者之间串通投标，抬高标价或压低标价的行为

参加投标的经营者彼此之间通过口头或书面的协议、约定，就投标报价及其他投标条件相互沟通，以避免相互竞争，或协议轮流在类似项目中中标，共同损害招标者利益的行为。例如，投标者相互串通，抬高标价或者压低标价，损害招标者利益的行为；又如，投标者之间相互串通，协议在类似项目中轮流中标，从而损害招标者利益的行为。

(2) 招标者与投标者相互勾结，以排挤竞争对手的公平竞争行为

招标者与特定投标者在招标投标活动中，以不正当手段从事私下交易，使公开招标投标流于形式，共同损害其他投标者利益的行为。

2. 串通招、投标行为的法律责任

串通招、投标，抬高标价或者压低标价的，投标者和招标者相互勾结，以排挤竞争对手的公平竞争的，其中标无效。监督检查部门可以根据情节处以 1 万元以上 20 万元以下的罚款。

◎ 情境综述

《反不正当竞争法》主要阐述了不正当竞争行为的表现及法律责任。具体包括欺骗性市场交易行为；独立地位的经营者限制竞争行为、滥用行政权力限制竞争行为；附加不合理条件的行为、压价排挤竞争对手行为和不正当有奖销售行为；商业贿赂、诽谤行为和侵犯商业机密行为；虚假宣传行为和串通招、投标行为。

◎ 技能训练

一、单项选择题

1. 我国对不正当竞争行为进行监督检查的主管部门是(　　)。

A. 国内贸易部　　B. 技术监督局

C. 工商行政管理局　　D. 物价局

2. 我国《反不正当竞争法》规定，抽奖式有奖销售最高奖金的金额不得超过人民币(　　)元。

A. 3000　　B. 5000　　C. 7000　　D. 10 000

3. 违背相对交易人的意愿的搭售行为是侵害了购买者的(　　)权。

A. 自主选择　　B. 知悉真情　　C. 维护尊严　　D. 依法求偿

4. 商业秘密的两大特征是(　　)。

A. 新颖性和保密性　　B. 商业性和秘密性

C. 创造性和专有性　　D. 实用性和专有性

5. 在《反不正当竞争法》中商业贿赂主要指(　　)。

A. 回扣　　B. 让利　　C. 折扣　　D. 佣金

6. 实施滥用行政权力不正当竞争行为的主体是(　　)。

A. 具有独占地位的经营者　　B. 公用企业

C. 专卖企业　　D. 政府及其所属部门

7. 擅自使用他人的企业名称或者姓名，引人误认为是他人的商品的行为属于(　　)。

A. 采用欺骗性标志交易行为　　B. 虚假宣传行为

C. 侵犯商业秘密行为　　D. 诋毁商誉行为

8. 抽奖式的有奖销售，最高的金额不得超过(　　)元。

A. 3000　　B. 5000　　C. 10 000　　D. 50 000

9. 监督检查部门工作人员监督检查不正当竞争行为时(　　)。

A. 可出示检查证件　　　　　　　　B. 应出示检查证件
C. 可不出示检查证件　　　　　　　D. 在某些场合应出示检查证件

10. 经营者的不正当竞争行为给被侵害的经营者造成的损失难以计算，赔偿额为(　　)。
A. 受害人在被侵权期间所获得的利润
B. 侵权人在侵权期间所获得的利润
C. 侵权人在侵权期间因侵权所获得的利润
D. 侵权人在侵权期间所获得的利润的一倍半

11. 《反不正当竞争法》中的“经营者”指(　　)。
A. 从事商品经营或营利性服务的法人，其他经济组织，个人
B. 某些经济组织
C. 公民个人
D. 各种法人

二、多项选择题

1. 《反不正当竞争法》的基本原则主要有(　　)。
A. 自愿原则　　B. 等价有偿原则　　C. 平等原则
D. 公平原则　　E. 诚实信用原则

2. 《反不正当竞争法》的主体——经营者可以是(　　)。
A. 从事生产的法人　　　　　　　B. 从事销售的个人
C. 从事营利性服务的个人　　　　D. 从事商品服务的个人
E. 从事营利性服务的法人

3. 我国《反不正当竞争法》严加禁止的不正当竞争行为有(　　)。
A. 以格式合同对消费者作出不合法律规定的行为
B. 侵犯消费者的人身权行为
C. 产品无中文标明的产品名称行为
D. 降价排挤行为
E. 通谋投标行为

4. 滥用行政权力行为主要表现有(　　)。
A. 限定他人购买其指定的经营者的商品
B. 违背交易相对的人的意愿提出附加的不合理条件
C. 限制其他经营者的正当的经营活动
D. 限制外地商品进入本地市场
E. 分割统一市场，进行部门封锁

5. 下列有奖销售行为中属于不正当有奖销售行为的有(　　)。

A. 谎称有奖进行有奖销售

B. 故意让内定人员中奖进行有奖销售

C. 利用有奖销售的手段推销质次价高的商品

D. 抽奖式有奖销售的奖品为 5000 元的实物

E. 抽奖式有奖销售的最高金额超过 5000 元

6. 下列以低于成本的价格销售商品情形中不属于不正当竞争行为的有(　　)。

A. 销售鲜活商品　　B. 季节性降价

C. 处理有效期限即将到期的商品　　D. 处理积压商品

E. 转产处理销售商品

7. 监督检查部门在对不正当竞争行为进行监督检查时，享有的职权有(　　)。

A. 处罚权　　B. 责令赔偿权　　C. 检查权

D. 询问权　　E. 查询复制权

8. 我国依法有权对不正当竞争行为进行监督检查的机关包括(　　)。

A. 监察部　　B. 建设部　　C. 文化部

D. 化工部　　E. 对外贸易经济合作部

9. 有下列情形之一的，不属不正当竞争行为(　　)。

A. 最高奖的金额为 3000 元的抽奖式有奖销售

B. 以低于成本的价格销售鲜活商品

C. 擅自使用某个体工商户的商号

D. 在级别低的名优产品上使用级别高的名优标志

10. 政府及其所属部门，不得滥用行政权力(　　)。

A. 限定他人购买其指定的经营者的商品

B. 限制其他经营者的正当的经营活动

C. 限制外地商品进入本地市场

D. 限制本地商品流向外地市场

11. 在商品上伪造冒名使用(　　)，对商品质量作引人误解的虚假表示，是不正当竞争行为。

A. 认证标志　　B. 名优标志　　C. 产地　　D. 非注册商标

12. 监督检查部门在监督检查不正当竞争行为时，(　　)应当如实提供有关资料或情况。

A. 被检查的经营者　　B. 利害关系人

C. 证明人　　D. 国家机关

13. 广告的经营者，在明知或应知的情况下，代理、设计、制作、发布虚假广告的监督检查部门应当(　　)。

A. 责令停止违法行为　　B. 赔偿损失

C. 没收非法所得　　D. 依法处以罚款

14. 经营者给(　　)的，必须如实入账，接受折扣、佣金的经营者必须如实入账。

A. 对方折扣　　B. 对方佣金　　C. 中间人折扣　　D. 中间人佣金

15. 根据《反不正当竞争法》的规定，对不正当竞争行为进行监督检查的专门机构是(　　)。

A. 各级人民政府　　B. 县级以上人民政府工商管理部门

C. 法律，行政法规规定的其他部门　D. 各级政府的行政执法部门

16. 下列以低于成本价格销售商品的不属于不正当竞争行为的有(　　)。

A. 销售鲜活商品

B. 因清偿债务、转产、歇业降价销售商品

C. 季节性降价

D. 处理有效期即将到期的商品或其他积压的商品

三、填空题

1. 我国《反不正当竞争法》采用(　　)救济与(　　)救济并用的救济途径。

2. 《反不正当竞争法》确定了法律竞合时的处理原则为(　　)。

3.《反不正当竞争法》把(　　)及其(　　)滥用行政权力行为妨害经营者的正当竞争行为也规定为不正当竞争行为。

4. 不正当竞争行为根据行为特点的不同，可以分为(　　)的不正当竞争行为和(　　)的不正当竞争行为两种。

5. 商业贿赂的手段是(　　)或者(　　)。

6. 我国《反不正当竞争法》禁止商业贿赂行为，但允许有(　　)和(　　)的合法行为。

7. 不属于不正当竞争行为的降价销售行为有(　　)、处理有效期即将到期的商品或其他积压商品、(　　)和因清偿债务、转产及歇业而降价销售商品的。

8. 有奖销售主要包括(　　)式和(　　)式两种。

9. 有奖销售实质是一种(　　)销售，是企业重要的(　　)手段。

10. 抽奖式的有奖销售，最高奖的金额不能超过(　　)元。

11. 我国《反不正当竞争法》规定了两类经营者为强制性交易行为的主体，即(　　)和(　　)。

12. 滥用行政权力限制竞争行为也称为(　　)和(　　)。

13. 商业贿赂的一个重要构成要件是(　　)或(　　)的经营者在主观上只能是故意。

14. 降价排挤是指同业竞争者以(　　)为目的，不当地降低价格来销售商品的行为。

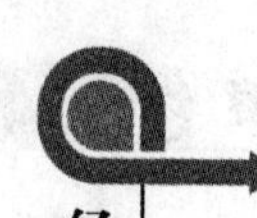

四、判断题

1. 凡是以低于成本价格销售商品的行为均被认为不正当竞争行为。 (　　)

2. 某经营者为清偿债务而降低销售商品的行为不属于不正当竞争行为。 (　　)

3. 佣金是给付中间人的，不是付给合同的另一方当事人的，但是，合同当事人的经办人也可以收取佣金。 (　　)

4. 对于非注册商标，商标法和反不正当竞争法均不予保护。 (　　)

5. 有奖销售都是不正当竞争行为。 (　　)

6. 经营者利用自己经济优势地位，胁迫竞争对手回避或放弃与自己进行竞争的行为，不属《反不正当竞争法》第二章所列举的不正当竞争行为，因此不是不正当竞争行为。 (　　)

7. 监督检查部门在监督检查不正当竞争行为时有权查询、复制与不正当竞争行为有关的协议、单据、文件、记录、业务函电和其他资料。 (　　)

8. 经营者销售或购买商品，可以以明示方式折扣。 (　　)

五、案例分析题

1. 甲乙两旅行社都是享有盛名的国家承办境外旅游客到国内观光的经济组织。1992年，两旅行社均接待海外游客 20 万人次，经济效益不相上下。1995 年上半年，甲旅行社以高薪为条件，致使乙旅行社海外部 15 名工作人员全部辞职，转入甲旅行社工作。甲旅行社为此成立海外旅行二部，该 15 名原乙旅行社的工作人员在转入甲旅行社时将自己的业务资料、海外业务单位名单都带入甲旅行社。1995 年上半年，两旅行社的业务均发生很大的变化，甲旅行社的海外游客骤然上升，效益大增，而乙旅行社业务受到极大影响，造成了较大的经济损失。

试分析：(1)甲旅行社的行为是否构成不正当竞争？如是，应属哪种不正当竞争行为？为什么？(2)对甲旅行社是否应进行法律制裁？如何制裁？

2. A 单位经过介绍人 B 向 C 服装厂订购工作服 500 套，双方在合同中订明，C 服装厂给 A 单位 10%的折扣优惠。A 单位依照合同通过银行转账支付了 450 套的货款。C 服装厂提款后一个月交货给 A 单位。同时服装厂为了酬谢介绍人 B，支付介绍费 1000 元。

试分析：(1)C 服装厂与 A 单位的交易行为中有无不合法的？为什么？(2)介绍人 B 收取服装厂的 1000 元是否合法？

任务三　消费者权益保护法律制度

消费者，是指为生活消费需要购买、使用商品或者接受服务的人，消费是由需要引起的，消费者购买商品和接受服务的目的是满足自己的各种需要，购买商品和接受服务本身体现了消费者一定的经济利益的追求。

消费者权益保护法，是调整因保障公民的物质、文化消费权益而产生的社会关系的法律规范的总称。因此，广义上，凡是涉及消费者权益保护的法律法规都属于消费者权益保护法的范畴。

学习情境一 消费者的权利

【案例 3-11】 2011 年 10 月，许多网友称打开计算机，就会出现有腾讯的信件言称，“将在装有 360 软件的计算机上停止运行 QQ 软件”等。这是腾讯和 360 之间关于商业利益的较量。但是，腾讯公司这样的行为显然侵犯了消费者的权利，违反了我国有关法律规定，应该受到法律的惩罚。

【问题】 腾讯公司侵犯了消费者的什么权利？

【结论】 腾讯侵犯了消费者的自主选择权。自主选择权作为消费者的基本权利是受到《中华人民共和国消费者权益保护法》(以下简称《消费者权益保护法》)的保护的，该法第九条有明确规定：消费者享有自主选择商品或者服务的权利。消费者有权自主选择提供商品或者服务的经营者，自主选择商品品种或者服务方式，自主决定购买或者不购买任何一种商品、接受或者不接受任何一项服务。因而，消费者在自主选择商品或者服务时，有权进行比较、鉴别和挑选。消费者使用了腾讯 QQ 提供的服务的同时也有权选择是不是同时使用 360 的服务，而腾讯 QQ 限制消费者使用 360 的服务，显然是涉嫌违反以上法律的规定。同样，对这样的明显违法的行为，应当予以法律的惩罚。

《消费者权益保护法》通过国家立法的形式确认了消费者的权力与经营者相对应的义务，其中如果侵犯了消费者的权利，经营者就要承担侵权责任，如果未能按照与消费者的约定履行义务，则要承担违约责任。具体有以下十一项：

1. 安全权

消费者的安全权，是指消费者在购买使用商品或接受服务时所享有的人身的财产安全不受侵害的权利。消费者在购买、使用商品和接受服务时享有人身、财产安全不受侵害的权利。消费者有权要求经营者提供的商品和服务，符合保障人身、财产安全的要求。

2. 人身安全权

消费者的生命安全权，是指消费者的生活不受危害的权利；消费者的健康安全权，是指消费者的身体健康不受损害的权利。

3. 财产安全权

消费者的财产不受损失的权利，财产损失有时表现为财产在外观上发生毁损，有时则表现为价值的减少。

4. 知情权

消费者的知情权，是指消费者在购买商品、使用商品或者接受服务时，有权了解和掌握商品的真实情况。根据《消费者权益保护法》第八条规定，消费者有知悉其购买、使用的商品或接受的服务的真实情况的权利。消费者有权根据商品或服务的不同情况，要求经营者提供商品的价格、产地、生产者、用途、性能、规格、等级、主要成分、生产日期、有效期限、检验合格证明、使用方法说明书、售后服务，或者服务的内容、规格、费用等有关情况。具体包括以下三个方面。

(1) 消费者有权要求经营者按照法律法规规定的方式表明商品或者服务的真实情况，例如商品或服务的价格。另外，消费者有权要求经营者提供商品的生产者、用途性能、主要成分等信息。

(2) 消费者在购买、使用商品或者接受服务时，有权询问和了解商品或服务的有关情况。在交易过程中，消费者的询问、了解权利是受法律保护的，经营者应当一一予以回答。

(3) 消费者不仅有权知悉商品或者服务的情况，更重要的是知晓真实的情况。经营者在向消费者推出其商品或服务时，应向消费者提供真实的情况。经营者所提供的有关商品或者服务的信息不真实，或者因引人误解的宣传而使消费者接受该商品或服务时，消费者基于经营者在进行交易时未如实披露的有关信息可以主张交易无效。

5. 自主选择权

消费者的选择权，是指消费者根据自己的意愿自主地选择其购买的商品及接受的服务的权利。根据《消费者权益保护法》第九条规定，消费者享有自主选择商品或服务的权利。消费者有权自主选择提供商品或服务经营者。自主选择商品品种或服务方式，自主决定购买或者不购买任何一种商品，接受或不接受任何一项服务。消费者在自主选择商品或服务时，有权进行比较、鉴别和挑选。

经营者应当保证消费者的自主选择商品的权利，不能强制交易。如果属于垄断经营的商品或者服务，政府就会启动价格听证程序，以政府定价或政府指导价的形式对某类或某种商品、服务项目的价格进行确定。

6. 公平交易权

消费者公平交易权，是指消费者在与经营者进行交易中所享有的获得公平的交易条件的权利。根据《消费者权益保护法》第十条规定，消费者享有公平交易的权利。消费者在购买商品或接受服务时，有权获得有质量保障、价格合理、计量正确等公平交易条件，有权拒绝经营者的强制交易行为。主要体现在以下三个方面。

1) 交易行为的发生是在合理的条件下进行的

合理条件，是指经营者不得有强制性或歧视性的交易行为，同时，在商品的质量担保、公正的价格和准确、真实的计量条件下从事交易。

2) 交易的结果能够达到消费者预期的目的

预期目的，是指消费者的消费欲望变成现实，并且是在可以接受的公平的交易中使其支付的货币交换了等价的商品或服务。

3) 公平交易是交易双方协作完成的

协作完成，是指交易双方在交易中都以诚实信用的态度对待对方，获得了双方满意的结果。

7. 损害赔偿请求权

消费者的求偿权，是消费者对其在购买、使用商品或接受服务过程中受到人身或财产损害时，所享有的依法要求赔偿的权利。《消费者权益保护法》第十一条规定，消费者因购买、使用商品或接受服务受到人身、财产损害的，享有依法获得赔偿的权利。第四十九条规定，经营者提供商品或服务有欺诈行为的，应当按照消费者的要求增加赔偿其受到的损失，增加赔偿的金额为消费者购买商品的价款或接受服务的费用的一倍。

8. 结社权

消费者的结社权，是指消费者享有依法成立维护自身合法权益的社会团体的权利。在我国，有各级消费者协会、消费者委员会、消费者权益保护委员会，这些组织是行政部门联合组建，报政府审批，并由政府拨款支持。还有少量的自发成立的消费者自我保护的组织。

9. 受教育权

消费者的受教育权，是指消费者享有获得有关消费和消费者权益保护方面的知识的权利。消费者应当努力掌握所需商品或者服务的知识和使用技能，正确使用商品，提高自我保护意识。

政府、社会应当协助保护消费者的受教育权。除了督促经营者充分客观地披露有关商品、服务的信息外，还可以通过普及消费者权益的知识，保障消费者受教育权的实现。在我国，政府对此有专门的经费保障。

10. 受尊重权

消费者的受尊重权，是指消费者在购买、使用商品或者接受服务时享有的人格尊严、民族风俗习惯受到尊重的权利。该条款落实了我国《宪法》关于保护人的基本权利，如人格权、人身权等。该条款的适用多见于精神损害赔偿的侵害消费者权益的案件中。

11. 监督权

消费者的监督权，是指消费者对于商品和服务以及消费者保护进行监督的权利。消费

者有权检举、控告侵害消费者权益的行为和国家机关及其工作人员在保护消费者权益工作中的违法失职行为。

学习情境二 对经营者的限制

【案例 3-12】 2002 年 8 月 1 日晚 8 时许，某女士来到某餐厅二层包房就餐。中途她为接听一个电话走出包房，推开餐厅二层东北角的防火门，进入尚在施工的区域坠下身亡。人民法院认为餐饮公司和某施工宾馆对事发通道未采取防范措施，是该女士坠楼身亡的原因，应承担赔偿责任。法院判决两被告共同赔偿其家属 38.7 万多元。

【问题】 该案件侵犯了消费者哪种权利？

【结论】 消费者的第一项基本权利就是消费的安全权，那么相对经营者来说，对应消费者的安全权，就是经营者提供的商品或者服务的安全保障义务。《消费者权益保护法》第十八条规定，经营者应当保证其提供的商品或者服务符合保障人身、财产安全的要求。对可能危及人身、财产安全的商品和服务，应当向消费者作出真实的说明和明确的警示，并说明和标明正确使用商品或者接受服务的方法以及防止危害发生的方法。经营者发现其提供的商品或者服务存在严重缺陷，即使正确使用商品或者接受服务仍然可能对人身、财产安全造成危害的，应当立即向有关行政部门报告和告知消费者，并采取防止危害发生的措施。这一法律规定切实保障了消费者安全消费。

经营者，是向消费者提供其生产、销售的商品或提供服务的公民、法人或其他经济组织，它是以营利为目的，从事生产经营活动并与消费者相对应的另一方法律关系的主体。对经营者的限制大致上可以分为两大类：法定义务、约定义务。法定义务，是指由国家法律明确规定的经营者必须承担的责任。法律对经营者的限制主要包括以下几方面。

1. 依法或约定履行义务

经营者向消费者提供商品或服务，应当依照《中华人民共和国产品质量法》(以下简称《产品质量法》)和其他有关法律的规定履行义务。经营者和消费者有约定的，应当按照约定履行义务，但双方的约定不得违背法律的规定。经营者提供商品或者服务，按照国家规定或与消费者的约定，承担包修、包换、包退或其他责任的，应当按照国家规定或者约定履行，不得故意拖延或者无理拒绝。

2. 听取意见和接受监督

为了保障消费者的监督批评权，法律规定，经营者应当听取消费者对其提供的商品或者服务的意见，接受消费者的监督。

3. 保障人身和财产安全

经营者应当保证其提供的商品或服务符合保障人身、财产安全的要求。对可能危及人身、财产安全的商品和服务，应当向消费者作出真实的说明和标明正确使用商品或接受服务的方法以及防止危害发生的方法。经营者应当保证其提供的商品或服务存在严重缺陷，及时正确使用商品或接受服务仍然可能对人身、财产安全造成危害的，应当向有关行政部门报告，且立即告知消费者，并采取措施预防危害发生。

4. 不作虚假宣传

为了保障消费者的知悉权，法律要求经营者：应当向消费者提供有关商品或者服务的真实信息，不得作引人误解的虚假宣传；经营者对消费者就其提供的商品或服务的质量和使用方法等提出的询问，应当作出真实、明确的答复；商店提供的商品应当明码标价；经营者应当标明其真实名称和标记；租赁他人柜台或场地的经营者，应当标明其真实名称和标记。

5. 出具相应的凭证和单据

为了保障消费者的损害赔偿权等，经营者提供商品或者服务，应当按照国家有关规定或商业管理向消费者出具购货凭证或服务单据。消费者索要购物凭证或服务单据的，经营者必须出具。

6. 提供符合要求的商品或服务

经营者应当保证在正常使用商品或接受服务的情况下，其提供的商品或服务应当具有的质量、性能、用途和有效期限，但消费者在购买该商品或接受该服务前已经知道其存在瑕疵的除外。经营者以广告、产品说明、实物样品或其他方式表明商品或服务的质量状况的，应当保证其提供的商品或者服务的实际质量与表明的质量状况相符。

7. 不得从事不公平、不合理的交易

为了保障消费者的公平交易权等，法律规定了相应的惩罚措施：经营者不得以格式合同、通知、声明、店堂告示等方式作出对消费者不公平、不合理的规定，或者减轻、免除其损害消费者合法权益应当承担的民事责任；格式合同、通知、声明、店堂告示等含有前款所列内容的，其内容无效。

8. 不得侵犯消费者的人身权

为了保障消费者的维护尊严等人身权，法律规定，经营者不得对消费者进行侮辱、诽谤，不得搜查消费者的身体及其携带物品，不得侵犯消费者的人身自由。

学习情境三 侵犯消费者权益的法律责任

【案例 3-13】 近年来，制造假冒伪劣商品的案件时有发生，有掺有工业用油的“毒食油”事件，有由于过量使用“瘦肉精”造成的“毒猪肉”事件，还有假药、假种子事件

等，严重威胁消费者的身心健康。许多消费者与商家交涉要求赔偿，但商家负责人却说："产品质量问题与商家无关，要赔偿找生产厂家"。不少受害消费者试图通过合法途径维护自己的权益。

【问题】 请结合《消费者权益保护法》有关知识分析上述案例。

【结论】 制售毒米、毒油、毒猪肉、假药、假种子等有毒、假冒伪劣商品的生产者和销售者的行为是违法的。违背了公平、诚实信用等原则，也侵犯了《消费者权利保护法》规定：消费者享有人身、财产安全不受损害的权利，对商品和服务真实情况的知悉权，公平交易权，依法求偿权。因为在产品中使用了工业用油等违禁物品，严重损害了消费者的人身、财产安全；消费者对这些食品掺毒情况一无所知，侵犯了消费者的知悉权；消费者在购买商品或者接受服务时，未能获得质量保证等方面情况，侵犯了消费者的公平交易权；拒绝赔偿的行为侵犯了消费者的依法求偿权，因此，他们应承担相应的法律责任。

经营者不履行法定义务，使消费者的合法权益受到损害或对消费者的人身、财产造成损害的，应当承担相应的法律责任。可以分为以下三方面。

1. 民事责任

1) 承担民事责任的具体条件

商品存在缺陷的；不具备商品应当具备的使用性能而在出售时未说明的；不符合在商品或者其包装上注明采用的商品标准的；不符合商品说明、实物样品等方式表示的质量状况的；生产国家明令淘汰的商品或销售失效、变质的商品的；销售的商品数量不足的；服务的内容和费用违反约定的；对消费者提出的修理、重做、更换、退货、不足商品数量、退还货款和服务费用或者赔偿损失的要求，故意拖延或无理拒绝的；法律法规规定的其他损害消费者权益的情形。

2) 侵犯人身权的民事责任

经营者提供商品或服务，造成消费者或其他受害人人身伤害的，应当支付医疗费、治疗期间的护理费、因误工减少的收入等费用，造成残疾的，还应当支付残疾者生活自助用具费、生活补助费、残疾赔偿金以及由其抚养的人所必需的生活费。经营者提供商品或服务，造成消费者或其他受害人死亡的，还应当支付丧葬费、死亡赔偿金以及由死者生前扶养的人所必需的生活费等费用。经营者对消费者进行侮辱、诽谤或者搜查消费者的身体极其携带的物品，侵害消费者的人格尊严或侵犯消费者人身自由的，应当停止侵害、恢复名誉、消除影响、赔礼道歉，并赔偿损失。

3) 侵犯财产权的民事责任

经营者提供商品或服务，造成消费者财产损害的，应当按照消费者的要求，以修理、重做、更换、退货、补足商品数量、退还货款和服务费用，或赔偿损失等方式承担民事责任，消费者与经营者另有约定的，按照约定履行。对国家规定或者经营者与消费者约定包

修、包换的商品，经营者应当负责修理、更换和退货。在包修期内两次修理仍不能正常使用的，经营者应当负责更换或退货。对包修、包退、包换的大件商品，消费者要求经营者修理、更换、退货的，应由经营者承担合理运费。

2. 行政责任

根据《消费者权益保护法》规定，《产品质量法》和其他有关法律对处罚机关和处罚方式有规定的，依照法律法规的规定执行，法律法规未作规定的，由工商行政管理部门责令改正，可以根据情节单处或者并处警告、没收违法所得、处以违法所得一倍以上五倍以下的罚款，没有违法所得的，处以 1 万元以下的罚款，情节严重的，责令停业整顿、吊销营业执照。

3. 刑事责任

经营者提供商品或服务，造成消费者或其他受害人人身伤害或死亡，构成犯罪的，依法追究刑事责任。以暴力、威胁等方法阻碍有关行政部门工作人员依法执行职务的，依法追究刑事责任；未使用暴力威胁方法的，由公安机关按有关规定处罚。国家机关工作人员玩忽职守或包庇经营者侵害消费者合法权益行为的，由其所在单位或上级机关给予行政处分，情节严重构成犯罪的，依法追究刑事责任。

◎ 情境综述

《消费者权益保护法》主要阐述了消费者的安全权、知情权、自主选择权、公平交易权、损害赔偿请求权等权利以及经营者的法定义务等内容。侵犯消费者权益应承担民事责任、行政责任和刑事责任等责任形式。

◎ 技能训练

一、单项选择题

1. 消费者为(　　)消费需要购买，使用商品或接受服务，其权益受《消费者权益保护法》保护。

A. 生产　　B. 生活　　C. 生产和生活　　D. 个人

2. 经营者提供商品或服务，应向消费者出具购货凭证或服务单据；消费者索要购货凭证或服务单据的，经营者(　　)出具。

A. 必须　　B. 不一定　　C. 可以　　D. 视具体情况

3. 《消费者权益保护法》是( )实施的。

A 1993年10月31日　　B. 1993年1月1日

C. 1994年10月31日　　D. 1994年1月1日

4. 《消费者权益保护法》中，消费者的消费客体是( )。

A. 生活消费　　B. 商品　　C. 服务　　D. 商品和服务

5. 经营者对行政处罚决定不服的，可以自收到处罚决定书之日起( )内向上一级机关申请复议。

A. 15日　　B. 30日　　C. 60日　　D. 90日

6 经营者对商品或者服务作引人误解的虚假宣传的，处以非法所得( )的罚款。

A. 一倍以上三倍以下　　B. 一倍以上五倍以下

C. 一倍以上十倍以下　　D. 一倍以上三十倍以下

7. 经营者提供商品或者服务有欺诈行为的，应当按照消费者的要求增加赔偿其受到的损失，增加赔偿的金额为消费者购买商品的价款或者接受服务的费用的( )。

A. 一倍　　B. 二倍　　C. 三倍　　D. 五倍

8. 对国家规定或者经营者与消费者约定包修、包换、包退的商品，经营者应当负责修理、更换或者退货，保修期内( )修理仍不能正常使用的，经营者应当负责更换或者退货。

A. 一次　　B. 二次　　C. 三次　　D. 四次

9. 经营者以邮购方式提供商品，应当按照约定提供。未按照约定提供的，应当按照消费者的要求履行约定或者( )。

A. 退回货款　　B. 承担消费者支付的所有费用

C. 赔礼道歉　　D. 依法追究刑事责任

10. 依法经( )认定为不合格的商品，消费者要求退货的，经营者应当负责退货。

A. 消费者协会　　B. 法院

C. 行业协会　　D. 有关行政部门

11. 消费者购买法律禁止购买、使用的商品引起纠纷的( ) 《消费者权益保护法》调整范围。

A. 不属于　　B. 属于　　C. 部分属于　　D. 部分不属于

12. 消费者协会是对商品和服务进行社会监督的保护消费者合法权益的( )。

A. 行政机关　　B. 行业协会　　C. 社会团体　　D. 群众组织

13. 《消费者权益保护法》赋予消费者协会( )项职能。

A. 七项　　B. 五项　　C. 九项　　D. 十项

14. 消费者因经营者利用虚假广告提供商品或者服务，其合法权益受到损害，可以向( )要求赔偿。

A. 生产者　　B. 广告发布者　　C. 经营者　　D. 生产者广告发布者

15. 解决消费纠纷可通过几条途径解决(　　)。

A. 2条　　B. 5条　　C. 7条　　D. 9条

16. 国家制定有关消费者权益的法律、法规和政策时，应当听取(　　)的意见和要求。

A. 生产者　　B. 服务者　　C. 销售者　　D. 消费者

17. 各级人民政府工商行政管理部门和其他有关行政部门应当依照法律、法规的规定在(　　)的范围内，采取措施，保护消费者的合法权益。

A. 共同的职责　　B. 各自的职责　　C. 一定的职责　　D. 大致的职责

18. 人民法院对符合《民事诉讼法》起诉条件的消费者权益争议，(　　)受理，及时审理。

A. 必须　　B. 酌情　　C. 可以　　D. 不予受理

19. 消费者在购买、使用商品或接受服务时，其合法权益受到损害，因原企业分立、合并的，可以向(　　)要求赔偿。

A. 分立后企业　　B. 合并后的企业

C. 变更后承受其权利义务的企业　　D. 其他的企业

20. 投诉事项涉及商品和服务质量问题的，消费者协会可以提请鉴定部门鉴定，鉴定部门(　　)鉴定结论。

A. 不能告知　　B. 应当告知　　C. 可以告知　　D. 酌情告知

21. 各级人民政府应当加强监督，预防危害消费者(　　)行为的发生。

A. 人身安全　　B. 财产安全　　C. 人身财产安全　D. 生活安全

22. 大众传媒要对损害消费者合法权益的行为进行(　　)。

A. 行政监督　　B. 社会监督　　C. 舆论监督　　D. 司法监督

23. 保护消费者的合法权益是(　　)共同责任。

A. 工商局和消协　　B. 政府与消协

C. 全社会　　D. 社会团体

24. 经营者应当听取消费者对其提供的商品或服务的意见，接受(　　)的监督。

A. 政府　　B. 消费者　　C. 舆论　　D. 法院

25. 《消费者权益保护法》共分(　　)章。

A. 七　　B. 八　　C. 六　　D. 九

二、多项选择题

1. 经营者提供商品或者服务，造成消费者或者其他受害人人身伤害的，应当(　　)。

A. 支付医疗费　　B. 治疗期间的护理费

C. 因误工减少的收入　　D. 抚养费

2. 经营者生产、销售商品不符合保障人身、财产安全要求的，由工商行政管理部门(　　)。

A. 责令改正　　B. 警告

C. 没收非法所得　　D. 批评教育

3. 经营者提供商品或者服务，造成消费者或者其他受害人伤亡的，应当支付(　　)。

A. 丧葬费

B. 死亡赔偿金

C. 由死亡者生前抚养的人所必需的生活费

D. 医疗费

4. 经营者以预收款方式提供商品或者服务的，应当按照约定提供。未按照约定提供的，应当按照消费者的要求(　　)。

A. 履行约定　　B. 退回预付款

C. 承担预付款的利息　　D. 承担消费者必须支付的合理费用

5. 经营者提供商品或者服务，造成消费者财产损害的，应当按照消费者的要求承担(　　)民事责任。

A. 修理、重做、更换、退货、补足数量

B. 退还货款

C. 支付服务费

D. 赔偿损失

6. 经营者与消费者进行交易，应当遵循(　　)的原则。

A. 自愿　　B. 平等　　C. 公平　　D. 诚实信用

7. 消费者在购买、使用商品和接受服务时享有(　　)不受损害的权利。

A. 人身　　B. 财产安全　　C. 名誉　　D. 生命健康

8. 消费者与经营者进行交易，享有(　　)的权利。

A. 知悉真实情况　　B. 自主选择

C. 公平交易　　D. 获得赔偿

9. 消费者在自主选择商品或服务时，有权进行(　　)。

A. 比较　　B. 鉴别　　C. 挑选　　D. 强迫交易

10. 保护消费者合法权益的法律有(　　)。

A. 《消费者权益保护法》　　B. 《产品质量法》

C. 《食品卫生法》　　D. 《广告法》

11. 消费的方式包括(　　)。

A. 购买商品　　B. 使用商品　　C. 接受服务　　D. 提供服务

12. 享有求偿权的主体是因购买、使用商品或接受服务受到人身、财产损害的消费者，包括(　　)。

A. 商品的购买者　B. 商品的使用者

C. 服务的接受者　D. 因偶然原因在事故现场受到损害的其他人

13. 消费者的人格尊严权主要包括(　　)。

A. 姓名权　B. 荣誉权　C. 肖像权　D. 求偿权

14. 《消费者权益保护法》规定的消费者包括(　　)。

A. 所有消费的人　B. 进行生活消费的单位

C. 公民个人　D. 进行生产消费的单位

15. “三包”具体包括(　　)。

A. 包换　B. 包修　C. 包退　D. 包赔损失

16. 各级人民政府应当加强领导，(　　)有关行政部门做好保护消费者合法权益工作。

A. 组织　B. 协调　C. 督促　D. 检查

17. 有关行政部门应当听取消费者及其社会团体对经营者(　　)问题的意见，及时调查处理。

A. 交易行为　B. 商品质量　C. 服务质量　D. 服务态度

18. 消费者协会可以就有关消费者合法权益问题，向有关行政部门(　　)。

A. 了解　B. 反映　C. 查询　D. 提出建议

19. 消费者协会对损害消费者权益的行为，通过大众传媒予以(　　)。

A. 通报　B. 警告　C. 揭露　D. 批评

20. 消费者协会应受理消费者投诉，并对投诉事项进行(　　)。

A. 分析　B. 调查　C. 调解　D. 行政处罚

21. 消费者协会是对(　　)进行社会监督的保护消费者合法权益的社会团体。

A. 生产　B. 环境　C. 商品　D. 服务

22. 消费者组织不得(　　)。

A. 从事商品经营

B. 进行营利性服务

C. 以牟利为目的向社会推荐商品和服务

D. 开展宣传活动

23. 广告的经营者不能提供经营者的(　　)应当承担赔偿责任。

A. 真实名称　B. 地址　C. 申诉　D. 价格

24. 解决争议的方式有(　　)。

A. 和解　B. 调解　C. 申诉　D. 仲裁

三、填空题

1. (　　)消费者的合法权益是全社会的(　　)。

2. 有关国家机关应当依照法律法规的规定，惩处经营者在提供商品和服务中(　　)的违法犯罪行为。

3. 经营者应当向消费者提供有关商品或者服务的真实信息，不得作(　　)的虚假宣传。

4. 消费者因经营者利用(　　)提供商品或者服务，其合法权益受到侵害的，可以向经营者要求赔偿。

5. 消费者享有(　　)的权利。

6. 经营者向消费者提供商品或者服务，应当依照(　　)和其他有关法律、法规的规定履行义务。

7. 经营者不得以格式合同、通知、声明、店堂告示等方式作出对消费者(　　)的规定，或者(　　)免除其损害消费者合法权益应当承担的民事责任。

8. 依法经有关(　　)部门认定为不合格的商品，消费者要求退货的，经营者应当负责退货。

9. 有关行政部门应当听取消费者及其他社会团体对经营者(　　)行为，商品和服务质量问题的意见，及时调查处理。

10. 消费者组织不得从事商品经营和营利性服务，不得以(　　)为目的，向社会推荐商品或服务。

四、判断题

1. 经营者对消费者提出的修理、重做、更换、退货、补足商品数量，退还货款和服务费用或者赔偿损失的要求，故意拖延或者无理拒绝的，处以违法所得一倍以上三倍以下的罚款，没有违法所得的，处以一万以下的罚款。 (　　)

2. 经营者对包修、包换、包退的大件商品，消费者要求修理、更换、退货的，经营者不承担运输费用。 (　　)

3. 农民购买、使用直接用于农业生产资料，适用《消费者权益保护法》。 (　　)

4. 经营者侵害消费者的人格尊严或者侵犯消费者人身自由的，应当停止侵害、恢复名誉、消除影响、赔礼道歉、并赔偿损失 (　　)

5. 消费者为生产和生活消费需要购买、使用商品或接受服务、受《消费者权益保护法》保护。 (　　)

6. 保护消费者的合法权益是消费者协会的责任。 (　　)

7. 消费者享有自主选择商品或服务的权利。 (　　)

8. 商店提供商品应当明码标价 (　　)

9. 《消费者权益保护法》规定，格式合同可以作出对消费者不公平、不合理的规定。（　）

10. 经营者不得对消费者进行侮辱、诽谤、不得搜查消费者的身体及其携带的物品，不得侵犯消费者的人身自由。（　）

11. 租赁他人柜台或者场地的经营者，可以不标明自己的真实名称和标记。（　）

12. 消费者在购买商品或者接受服务时，有权拒绝经营者的强制交易行为。（　）

13. 国家制定有关消费者权益的法律、法规和政策时，应当听取消费者的意见和要求。（　）

14. 消费者或者其他受害人因商品缺陷造成人身、财产损害的，只能向生产者要求赔偿。（　）

15. 消费者组织不得从事商品经营和营利性的服务，不得以牟利为目的向社会推荐商品和服务。（　）

16. 各级人民政府对消费者协会履行职能应当予以支持。（　）

17. 使用他人营业执照的违法经营者提供商品或者服务，损害消费者合法权益的，消费者应向营业执照的原持有人要求赔偿。（　）

18. 消费者在展销会上购买商品或接受服务，其合法权益受到损害的，只能向销售者要求赔偿。（　）

19. 广告的经营者发布虚假广告的，消费者可以请求行政主管部门予以惩处。（　）

20. 人民法院应当采取措施，方便消费者提起诉讼。（　）

五、简答题

1. 《消费者权益保护法》的立法目的是什么？

2. 经营者与消费者进行交易，应当遵循哪些原则？

3. 《消费者权益保护法》中规定消费者享有哪些基本权利？

4. 消费者和经营者发生消费者权益争议时，解决途径有哪些？

5. 《消费者权益保护法》中公平原则的内容。

6. 消费者选择商品或服务的选择权是什么？

7. 消费者行使监督权的几种形式是什么？

8. 经营者的法定义务和约定义务是什么？

9. 《欺诈消费者行为处罚办法》中欺诈消费者行为是指什么？

10. 哪些行为属于侵犯消费者人权的行为？

六、案例分析题

1. 2000年3月15日，徐某一家到某摄影公司拍照，在交了照相费及化妆费1275元后，共拍了10张照片，数日后徐某来取照片，却被告知：只有一张全家福照片，其余9张因技

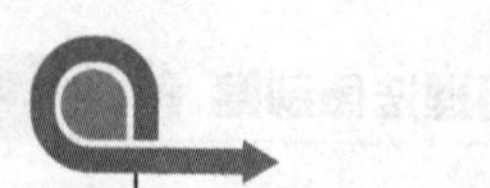

术问题全部报废，徐某要求摄影公司赔偿损失。该案应如何解决？依据是什么？

2. 消费者何某在广联百货商场购买了一台价值 3700 元的彩色电视机，使用不到一个月，电视机因显像管有问题，不能使用。何某到原购买地点要求退货，但此时广联百货商场因经营不善已被胜大百货公司兼并。何某即要求胜大百货公司对此事负责，胜大百货公司以广联的事与自己无关为由拒绝。该案应如何处理？依据是什么？

3. 消费者李某在某商场花 1500 元购买了一辆自行车，使用不到一个月，车身大梁断裂，经有关行政部门的认定为不合格的商品，到商场要求退货该商场无理拒绝。该商场违反了什么法律规定？工商行政管理部门应如何处理？

4. 2002 年 10 月，消费者周某到马某的个体皮鞋专卖店买鞋。试穿几双，均感不合适就没有购买，马某对此不满，辱骂周某并打了一耳光。经派出所处理，马某被罚款 100 元，并赔偿周某 50 元，后周某又到工商局投诉。工商局对马某责令停业整顿 3 天，并罚款 1000 元，这有没有法律依据？如有，请具体指出。

任务四　产品质量法律制度

学习情境一　产品质量法的适用范围和监督管理制度

【案例 3-14】 一家人在为家中老人祝寿时，高压锅突然爆炸，儿媳妇被锅盖击中头部，抢救无效死亡。据负责高压锅质量检测的专家鉴定，高压锅爆炸的直接原因是高压锅的设计有问题，导致锅盖上的排气孔堵塞。由于高压锅的生产厂家距离遥远，赵家要求出售此高压锅的商场承担损害民事赔偿责任。但商场声称缺陷不是由自己造成的，而且商场在出售这种高压锅(尚处于试销期)的时候已与买方签订有一份合同，约定如果产品存在质量问题，商场负责退货，并双倍返还货款，因而商场只承担双倍返还货款的违约责任。

【问题】 (1) 赵家可否向该商场请求承担责任？为什么？

(2) 赵家可以请求违约责任还是侵权赔偿责任?

【结论】 (1) 可以。《产品质量法》第四十三条规定：因产品存在缺陷造成人身、他人财产损害的，受害人可以向产品的生产者要求赔偿，也可以向产品的销售者要求赔偿。属于产品的生产者的责任，产品的销售者赔偿的，产品的销售者有权向产品的生产者追偿。属于产品的销售者的责任，产品的生产者赔偿的，产品的生产者有权向产品的销售者追偿。

(2) 侵权赔偿责任。因为造成了人身损害，所以超越了违约责任，应属于侵权责任。《产品质量法》第四十四条：因产品存在缺陷造成受害人人身伤害的，侵害人应当赔偿医疗费、治疗期间的护理费、因误工减少的收入等费用；造成残疾的，还应当支付残疾者生活补助费、残疾赔偿金以及由其扶养的人所必需的生活费等费用；造成受害人死亡的，并应当支付丧葬费、死亡赔偿金以及由死者生前扶养的人所必需的生活费等费用。 因产品存在缺陷

造成受害人财产损失的，侵害人应当恢复原状或者折价赔偿。受害人因此遭受其他重大损失的，侵害人应当赔偿损失。

(一)产品质量法主体的适用范围

1. 产品质量监督管理部门

产品质量监督管理部门是负责产品质量监督管理工作的国家机关，包括国务院产品质量监督管理部门和县级以上地方人民政府产品质量监督管理部门，同时也包括与产品质量监督管理工作有关的各级人民政府职能部门，例如工商行政管理部门、食品卫生监督管理部门等。

2. 保护消费者权益的社会组织

保护消费者权益的社会组织，是指产品质量监督的辅助性机构，包括各级消费者协会、用户委员会等。

3. 用户

用户，是指将产品用于集团性消费的企业、事业单位和其他社会组织。

4. 消费者

消费者，是指将产品用于生活性消费的社会个体成员。

5. 受害者

受害者，是指因产品存在缺陷而造成人身、财产损害，从而有权要求获得损害赔偿的人。包括自然人、法人与社会组织。

6. 产品责任主体

产品责任主体，是指产品责任的承担者。

(二)产品质量法的客体范围

1. 产品的含义

《产品质量法》第二条第二款规定，本法所称产品是指经过加工、制作，用于销售的产品。其中，建筑工程不属于《产品质量法》意义上的产品，但是，其使用的建筑材料、建筑物配件和设备，属于《产品质量法》规定的产品范围的，适用《产品质量法》。天然物品、农副产品、初级加工品、建筑工程、专门用于军事的物品、人体的器官及其组织体不适用《产品质量法》的规定。

2. 产品质量的含义与分类

产品质量，是指国家有关法律法规、质量标准以及合同规定的对产品实用性、安全性和其他特性的要求。根据需要是否符合法律的规定，是否满足用户、消费者的要求以及符合、满足的程度，产品质量可分为合格和不合格两大类。

合格又可细分为：符合国家质量标准、符合部级质量标准、符合行业质量标准和符合企业自订质量标准。

不合格产品表现如下。

(1) 瑕疵，是指产品质量不符合用户、消费者所需的某些要求，但不存在危及人身、财产安全的不合理危险，或者未丧失原有的使用价值，产品下次可分为表面瑕疵和隐蔽瑕疵两种。

(2) 缺陷，是指产品存在危及人体健康、人身、财产安全的不合理为限，包括设计上的缺陷、制造上的缺陷和未预先通知的缺陷。

(3) 劣质，是指其标明的成分的含量与法律规定的标准不符，或已超出有效使用期限的产品。

(4) 假冒，是指该产品根本未含法律规定的标准的内容以及非法生产、已经变质的根本不能作为产品使用的产品。

(三)产品质量监督管理制度

1. 产品质量检验制度

产品质量检验制度，是指产品质量应当经过检验合格，检验机构必须具备检测条件和能力并经有关部门考核合格后，方可承担检验工作。未经检验的产品视为不合格产品。

1) 产品质量应当检验合格

每件产品在出厂，都应当经过生产者的内部质量检验部门或检验人员的检验，未经检验及检验不合格的产品，不得出厂销售。产品质量合格，是指产品的质量指标符合有关的标准和要求。

2) 对不合格产品，不得冒充合格产品出厂

不合格产品分为劣质产品和处理品。对劣质品，具体从两个方面判定：一是看其是否符合保障人体健康和人身、财产安全的强制性的国家、行业标准和地方标准，不符合上述标准的产品是劣质产品；二是看其是否具备产品应当具备的使用性能，不具备使用性能的是劣质产品。劣质产品不得出厂销售，更不得冒充合格产品出厂。处理品，是指不存在危及人体健康和人身、财产安全的危险，仍有使用价值，但产品在使用性能上有瑕疵或者产品的质量与其包装上注明的产品标准所规定的质量指标、产品说明中明示的质量指标以及以实务样品等方式表明的质量状况不符的产品。

2. 产品质量认证制度

产品质量认证，是由依法取得产品质量认证资格的认证机构，依据有关的产品标准和要求，按照规定的程序，对申请认证的产品进行工厂审查和产品检验，对符合条件要求的，通过颁发认证证书和认证标志以证明该项产品符合相应标准要求的活动。

我国目前开展产品质量认证的对象主要包括电工产品、电动工具、电线电缆、低压电器、电子元器件、水泥、橡胶、汽车安全玻璃等产品。产品质量认证方式采用国际上通行的第三方认证制度。质量认证由国务院产品质量监督管理部门或其授权的部门所认可的认证机构承担。按照规定，我国产品质量认证分为合格认证和安全认证两种。我国产品质量认证实行自愿认证制，由企业自愿申请。我国企业、外国企业均可提出认证申请。

3. 产品质量监督检查制度

1) 抽查

国家对产品质量的监督检查，应当以抽查为主要方式。抽查所需检验的产品应当在市场上和企业的成品仓库内的待销售产品中随机抽取，以保证检验结果的公平性和代表性。抽取样品的数量应当合理，抽样部门不得超过检验的合理需要而向企业索要样品。

2) 抽查范围

抽查范围包括可能危及人体健康和人身、财产安全的产品，包括药品、食品、电器产品、易燃易爆产品；影响国计民生的重要工业产品，包括工业原材料、基础件、农业生产资料和重要的民用日常工业品；消费者和有关组织反映有质量问题的产品，包括通过消费者权益保护组织反映的发生质量问题较多的产品。

3) 监督部门

国家的产品质量监督检查应由国务院产品质量监督部门统一规划和组织，同时县级以上的地方产品质量监督管理部门也可以在本行政区域内组织对产品质量的监督抽查。对国家已经监督抽查的产品，地方不得重复抽查；上级监督抽查的产品，下级不得重复抽查，以减轻企业不必要的负担。涉及药品、食品等特殊产品的监督抽查，有关法律另有规定的，依照有关法律的规定执行。

4) 异议审查

被抽查的生产者、销售者对检验结果不服的，可以在收到检验结果之日起15日内申请复检，生产者、销售者可以向原实施监督抽查的部门申请复检，也可以向其上级产品质量监督部门申请复检，复检结果为检验的最终结论。

4. 标准化管理制度

1) 产品质量标准的制定

根据《中华人民共和国标准化法》(以下简称《标准化法》)的规定，凡工业产品的品

种、规格、质量、等级或安全、卫生要求，工业产品的设计、生产、检验、包装、储存、运输、使用方法或者生产、储存、运输中的安全、卫生要求，工业生产的技术术语、符号、代号和制图方法等，需要统一的技术要求，应当制定标准。产品质量标准按其制定的部门或单位以及适用范围的不同，分为国家标准、行业标准。

2) 产品质量标准的实施

《标准化法》将标准按照性质不同，分为强制性标准和推荐性标准。强制性标准，是必须执行的标准，它包括部分国家标准和行业标准以及全部地方标准，主要有药品标准，食品卫生标准、兽药标准、产品及产品生产、储运和使用中的安全、卫生标准、运输安全标准、国家需要控制的重要产品质量标准等。推荐性标准是不具有强制执行效力，有执行者自愿采用的标准，强制性标准以外的标准是推荐性标准，国际标准也是推荐性标准。

学习情境二　生产者和销售者的产品质量义务

【案例 3-15】 2010 年 5 月 1 日，某市青年李某与女友在市内某大酒店举行婚宴，上百名亲朋好友聚此庆贺进餐。不料当天晚上赴宴归来的朋友、同事陆续出现腹痛、呕吐、大汗淋漓、腹泻等中毒症状，多名患者被送进人民医院抢救。经有关部门化验，中毒事故系宴席中对虾被副溶血性弧菌污染所造成的。食物中毒事件发生后，受害者李某认为：酒店要给予经济和精神赔偿，餐费不该付。饭店老板则认为，李某要先付清餐费，才能考虑赔偿问题。

【问题】 李某拒付饭费是否完全合法？

【结论】 《产品质量法》第三十五条规定：“销售者不得销售失效、变质的产品。”意味着销售者只要销售失效、变质的产品即为违法，而不问其主观上是否有过错。市场上流通的商品，应是法律允许流通的，本案中酒店出售有毒对虾，违反了《中华人民共和国食品安全法》和《产品质量法》的有关规定，属于法律禁止流通的食品，而以禁止流通物为标的的买卖应属无效，李某拒付饭费是完全合法的。

(一)生产者的产品质量义务

1. 质量要求

(1) 不存在危及人身、财产安全的不合理的危险，有保障人体健康和人身、财产安全的国家标准、行业标准的，应当符合该标准。

(2) 具备产品应当具有的使用性能，对产品使用性能的瑕疵，生产者应当予以说明后方可出厂销售，并可免除生产者对已经明示的产品使用性能的瑕疵承担责任。

(3) 产品质量应当符合在产品或者包装上注明采用的产品标准，符合以产品说明、实物样品等方式表明的质量状况。这是法律对生产者保证产品质量所规定的明示担保义务。

2. 标志要求

1) 有产品质量检验合格证明

检验合格证明是指生产者出具的用于证明产品质量符合相应要求的证件。合格证一般注明检验人员或者其代号，检验、出厂日期等事项。产品质量检验合格证明只能用于经过检验合格的产品上，未经检验合格的产品或检验不合格的产品，不得使用产品质量检验合格证明。

2) 有中文标明的产品名称、厂名和厂址

中文标明，是指用汉字标明。根据需要，也可以附以中国民族文字。厂名和厂址是生产产品的企业名称、称谓和企业的主要生产经营场所所在地的实际地址，是一个区别于其他企业的语言文字符号。企业的厂名和厂址应当与营业执照上载明的厂名和厂址一致。

3) 标注产品标志

产品的规格、等级、成分、含量等标志的标注，应当按照不同产品的不同特点以及不同的使用要求进行标注。

4) 限时使用产品的标志要求

限期使用的产品，应当在显著位置上清晰地标明生产日期和安全使用期或者失效日期。

5) 涉及使用安全的标志要求

产品如果使用不当，容易造成产品本身损坏或者可能危及人身、财产安全的产品，要有警示标志或者中文警示说明。

3. 特殊产品

易碎、易燃、易爆、有毒、有腐蚀性、有放射性等危险物品以及储运中不能倒置和其他有特殊要求的产品，其包装质量必须符合相应要求，依照国家有关规定作出警示标志或中文警示说明，表明储运注意事项。包装质量必须符合相应要求，是指产品的包装必须符合国家法律法规及其他规范性法律文件的包装要求，保证人身、财产安全，防止产品损坏并且应当在产品包装上标注相应的产品标志。

(二)销售者的产品质量义务

1. 验收

销售者在执行进货检验的时候，应当验明产品合格证明和其他标志，如果产品没有合格证明，销售者可以拒收。验明其他标志，对于不符合法律规定的要求的产品，销售者可以要求供货者退货或者更换。销售者除了验明产品合格证明和其他标志外，如果对进货产品的内在质量发生怀疑或为了确保大宗货物的质量可靠，也可以对内在质量进行检验，或者委托产品质量检验机构进行检验。销售者在收到产品时应当在约定的检验期间内检验。

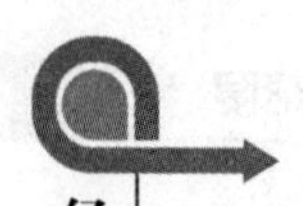

2. 保管

销售者应当根据产品不同的自然属性，采取不同的措施，利用必要的设备，来妥善保管产品。经过一段时间，产品的质量可能会产生一定的变化，但这种变化应当在合理的范围之内。

学习情境三　产品质量法律责任

【案例 3-16】 某机电设备供应公司与某电机厂签订了总经销该厂某牌号新型电机的合同。该电机厂是军工企业，生产技术力量雄厚，这种新电机是刚开发的产品，已通过了有关部门的鉴定。然而，当首批 100 台电机送到机电设备供应公司的仓库时，仓库的保管员却拒收。为此，电机厂派员与供应公司领导交涉。双方各执一词，争执不下。电机厂遂以机电设备供应公司违约起诉至法院。电机厂诉称，这种电机经过部级鉴定，并领取了生产许可证。电机厂已经按照双方的合同交了货，供应公司的拒收行为违反了合同，要求供应公司履行合同义务，收受货物并依约支付货款。供应公司辩称，争执的焦点不在电机的质量，而在于电机上的铭牌。该铭牌上打着“中国制造”字样，却未标明电机厂的厂名和厂址，不符合有关法律规定，在厂方整改以前，供应公司不能收货并支付货款。法院在审理过程中进行了调解，在调解中双方达成了一致，于是，电机厂撤诉。此后，电机厂立即制造了符合标准的铭牌安装在电机上。铭牌换好后，供应公司收货并支付了货款。

【问题】 本案涉及的法律有哪些？

【结论】 本案涉及的法律问题是生产者的产品标识义务。《产品质量法》第二十七条规定：“产品或者其包装上的标识必须真实，并符合下列要求：(一)有产品质量检验合格证明；(二)有中文标明的产品名称、生产厂厂名和厂址。”产品质量检验合格证明，通常采取合格证书、检验合格印章和检验工序编号印章、印鉴的方式。产品质量检验合格证明只能使用于经检验合格的产品上；未经检验的产品或者经检验不合格的产品，不得使用产品质量检验合格证明。产品名称一般能反映出产品的用途、特点和所含主要成分等。生产厂厂名和厂址，是指产品生产企业的实际名称及其主要住所的具体地址。在产品或其包装上标明产品的生产厂名、厂址，有利于消费者和用户对生产者的监督，也能促使生产者依法承担自己生产的产品质量责任。在本案中，生产者电机厂在其产品铭牌上只标明“中国制造”字样，而没有以中文标注的该厂厂名和厂址，不符合《产品质量法》第二十七条关于生产者产品标识义务的规定。这表明电机厂没有全面履行合同义务，构成了违约。对方当事人即供应公司有权拒绝收货并不支付价款，而且可以追究电机厂的违约责任。

(一)产品责任

产品责任，是基于产品存在缺陷并导致消费者、用户和相关第三人人身、财产遭受损害的前提而发生的，而且特指的仅仅就是民事赔偿责任。

1. 归责原则

产品责任适用无过错责任原则。只要因产品存在缺陷造成他人人身、财产损害的，除了法定可以免责的事由外，不论缺陷产品的生产者主观上是否存在过错，都应当承担赔偿责任。

2. 构成要件

(1) 产品有缺陷，即产品存在危及人身、他人财产安全的不合理的危险或产品不符合保障人体健康和人身、财产安全的国家标准、行业标准。

(2) 有损害事实存在，即消费者人身或者他人人身、缺陷产品以外的财产已经存在损害。

(3) 产品缺陷与损害事实之间有因果关系，即消费者人身或者他人人身、财产存在损害是由于产品缺陷造成的，二者应当有直接的因果关系。

3. 责任免除

生产者能够证明有下列情形之一的，不承担赔偿责任：未将产品投入流通；产品投入流通时，引起损害的缺陷尚不存在；将产品投入流通时的科学技术水平尚不能发现缺陷的存在。

4. 赔偿责任和标准

(1) 一般伤害，包括医疗费、治疗期的护理费、因误工减少的收入等费用。受害人身体尚未造成伤残，经过治疗可以恢复的伤害的赔偿范围。

(2) 致人残疾，包括医疗费、治疗期间的护理费、因误工减少的收入和残疾者自助具费、生活补助费、残疾赔偿金以及由其抚养的人所必需的生活费等费用。受害人在心理、生理、人体结构上，某种组织、功能丧失或不正常，全部或部分丧失不能以正常方式从事某种活动的能力的伤害。

(3) 致人死亡，包括赔偿死亡人员在治疗、抢救过程中所支付的医疗费，因误工减少的收入，残疾者生活补助费等费用外，还应当支付丧葬费、死亡赔偿金、死者生前抚养的人必需的生活费等费用。

(二)合同责任

产品质量的合同责任，也称瑕疵担保责任。它是指产品不具备应有的使用性能，不符合明示采用的质量标准，或不符合产品说明，实物样品等方式表明的质量状况而产生的法律责任。

1. 销售者承担物的瑕疵担保责任的条件

不具备产品应当具备的使用性能而未事先说明的；不符合在产品或其包装上注明采用

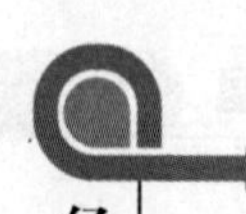

的产品标准的；不符合以产品说明、实物样品等方式表明的质量状况。

2. 产品合同责任的具体责任形式

负责修理、更换、退货；给消费者、用户造成损害的，还应负责赔偿；销售者未按照规定给予修理、更换、退货或赔偿损失的，由产品质量监督部门或工商行政管理部门责令改正。

(三)行政责任

承担行政责任的主要形式有：没收违法生产、销售的产品，警告，责令停业整顿，罚款，没收违法所得，吊销营业执照。

(四)刑事责任

生产、销售不符合保障人体健康和人身、财产安全的国家标准、行业标准的产品，构成犯罪的，依法追究刑事责任。在产品中掺杂、掺假，以假充真，以次充好，或以不合格产品冒充合格产品，构成犯罪的，依法追究刑事责任。各级人民政府工作人员和其他国家机关工作人员有下列情形之一的，依法给予行政处分，构成犯罪的，依法追究刑事责任：包庇、放纵产品生产、销售中违反本法规定行为的；向从事违反本法规定的生产、销售活动的当事人通风报信，帮助其逃避查处的；阻挠、干预产品质量监督部门或工商行政管理部门依法对产品生产、销售中违反本法规定的行为进行查处，造成严重后果的。

(五)争议处理

1. 产品责任的诉讼时效

因产品存在缺陷造成损害要求赔偿的诉讼时效为 2 年，自当事人知道或者应当知道其权益受到损害时开始计算。因产品存在缺陷造成损害要求赔偿的请求权，在造成损害的产品交付最初用户，消费者满 10 年丧失。但是未超过明示的安全使用期的除外。

2. 解决产品质量纠纷的法律方式

因产品质量发生民事纠纷时，当事人可以通过协商或者调解解决。当事人不愿通过协商、调解解决或者协商、调解不成的，可以根据当事人各方的协议向仲裁机构申请仲裁；当事人各方没有达成仲裁协议或者仲裁协议无效的，可以直接向人民法院起诉。

◎ 情境综述

产品质量法律制度主要阐述了产品质量及产品质量法的概念，《产品质量法》的适用范围，产品质量监督管理制度，产品生产者和经营者的义务，违反产品质量法的责任。凡在我国境内从事产品的生产、销售活动，包括进口产品在我国国内的销售，都必须遵守产品质量法的规定，既要遵守产品质量法有关行政监督的规定，同时对因产品质量存在缺陷造成他人人身、财产损害的，也要依照本法关于产品责任的规定承担赔偿责任。

◎ 技能训练

一、单项选择题

1. 下列产品属于《产品质量法》调整的范围是(　　)。

A. 药品质量　　B. 建筑工程质量

C. 食品卫生质量　　D. 建筑材料质量

2. 《产品质量法》所称的“货值金额”以(　　)计算。

A. 违法生产、销售产品的标价

B. 违法生产、销售产品的实际售价

C. 违法生产、销售产品的当事人自述的价格

D. 物价部门的评估价格

3. 按《产品质量法》规定，销售者的下列行为可以减轻或从轻处罚的是(　　)。

A. 不知道该产品是《产品质量法》禁止销售的产品

B. 提供出产品的进货渠道

C. 举报出该产品的生产窝点

D. 有证据证明其不知道该产品为禁止销售的产品，并如实说明其进货渠道

4. 隐匿、转移、变卖、损毁产品质量监督部门或工商行政管理部门查封扣押的物品的，处被隐匿、转移、变卖、损毁物品货值金额(　　)的罚款；有违法所得的，并处没收违法所得。

A. 三倍以下　　B. 等值以上三倍以下

C. 50%以上一倍以下　　D. 20%以上三倍以下

5. 生产者、销售者对抽查检验的结果有异议的，可以自收到检验结果之日起(　　)日内向实施监督抽查的产品质量监督部门或者其上级产品质量监督部门申请复检。

A. 七　　B. 十　　C. 十五　　D. 三十

6. 某厂发运一批玻璃器皿，以印有“龙丰牌方便面”的纸箱包装，在运输过程中，由于装卸工未细拿轻放而损坏若干件，该损失应由(　　) 承担。

A. 装卸工　　B. 装卸工的雇主

C. 运输部门　　D. 某厂

7. 某厂开发一种新型节能炉具，先后制造出10件样品，后来样品有6件丢失。1996年某户居民的燃气罐发生爆炸，查明原因是使用了某厂丢失的6件样品炉具中的一件，而

该炉具存在重大缺陷。该户居民要求某厂赔偿损失，某厂不同意赔偿，下列理由中最能支持某厂立场的是(　　)。

A. 该炉具尚未投入流通

B. 该户居民如何得到炉具的事实不清

C. 该户居民偷盗样品，由此造成的损失应由其自负

D. 该户居民应向提供给其炉具的人索赔

8. 一日，李女士在家中做饭时高压锅突然爆炸，李女士被炸飞的锅盖击中头部，抢救无效死亡。后经质量检测专家鉴定，高压锅发生爆炸的直接原因是设计不尽合理，使用时造成排气孔堵塞而发生爆炸，本案中，可以以下列(　　)依据判定生产者承担责任。

A. 产品存在的缺陷　　B. 产品买卖合同约定

C. 产品默示担保条件　　D. 产品明示担保条件

9. 甲公司售与乙商场一批玻璃花瓶，称花瓶上有不规则的抽象花纹为新产品，乙商场接货后即行销售，后受到很多消费者投诉，消费者说花瓶上的花纹实际上裂缝，花瓶漏水，要求乙商场退货并赔偿损失，乙商场与甲公司交涉，甲公司称此类花瓶是用于插装塑料花的，裂缝不影响使用，且有特殊的美学效果，拒绝承担责任。经查，消费者所述属实。下列答案中不正确的是(　　)。

A. 乙商场应予退换并赔偿损失

B. 乙商场退换并赔偿损失后可向甲公司追偿

C. 消费者丙被花瓶裂缝划伤，可向甲公司直接索赔

D. 乙商场无过错，不应当对此负责

10. 某厂 1993 年生产了一种治疗腰肌劳损的频谱治疗仪投放市场，消费者甲购买了一部，用后腰肌劳损大大减轻，但却患上了偏头疼症，甲询问了这种治疗仪的其他用户，很多人都有类似反应。甲向某厂要求索赔。某厂对此十分重视，专门找专家作了鉴定，结论是；目前科学技术无法断定治疗仪与偏头疼之间的关系。以下观点正确的是(　　)。

A. 本着公平原则，某厂应予适当赔偿

B. 因出现不良反应的用户众多，应将争议搁置，待科技发展到能够作出明确结论时再处理

C. 该治疗仪的功能是治疗腰肌劳损，该功能完全具备，至于其他副作用是治疗中不可避免的，该厂可不负责任

D. 由于治疗仪投入流通时的科学技术水平不能发现缺陷的存在，某厂不能承担赔偿责任

11. 产品或其包装上没有中文标明的产品名称、生产厂厂名和厂址的，对此种行为应(　　)。

A. 责令改正

B. 没收违法所得

C. 处货值金额等值以上二倍以下的罚款

D. 处货值金额等值以上三倍以下的罚款

12. 对限期使用的产品，没有标明生产日期或者安全使用期的，处货值金额(　　)的罚款。

A. 10% 以下　　B. 20%以下　　C. 30%以下　　D. 40%以下

13. 下列产品中，受《产品质量法》调整的是(　　)。

A. 建筑材料　　B. 建设工程　　C. 原煤　　D. 原矿石

14. 生产、销售不符合国家标准的产品的，责令停止生产、销售，没收违法生产、销售的产品，并处违法生产、销售产品货值金额(　　)的罚款。

A. 一倍以上五倍以下　　B. 50%以上三倍以下

C. 等值以上三倍以下　　D. 三倍以下

15. 在产品中掺杂、掺假，以假充真，以次充好的，责令停止生产、销售，没收违法生产、销售的产品，并处违法生产、销售产品货值(　　)的罚款。

A. 一倍以上五倍以下　　B. 50%以上三倍以下

C. 等值以上三倍以下　　D. 三倍以下

16. (　　)可以不附加产品标识。

A. 瓶装白酒　　B. 罐装饮料　　C. 散装月饼　　D. 皮鞋

17. 根据《产品质量法》，服务业的经营者将该法第四十九条至第五十二条规定禁止销售的产品用于经营性服务的，应当(　　)。

A. 按照违法使用产品的货值金额，依照该法对销售者的处罚规定处罚

B. 责令停止使用

C. 责令停止使用；对知道或应当知道该产品是该法禁止销售的产品的，按照违法使用产品的货值金额，依照该法对销售者的处罚规定处罚

D. 责令停止使用；对知道或应当知道该产品是该法禁止销售的产品的，按照违法使用产品的货值金额，依照该法对生产者的处罚规定处罚

18. 王某从某商场购得一电暖器(商场未声明有质量问题)，放置一年半后使用时因漏水而触电受伤，为此王某支付医疗费 3000 元。根据诉讼时效规定，王某欲起诉获得法院支持应根据(　　)。

A. 《民法通则》　　B. 《产品质量法》

C. 《合同法》　　D. 《民法通则》或《产品质量法》

19. 依照《产品质量法》的规定，下列属于该法所称的产品的是(　　)。

A. 芝麻油　　B. 大坝　　C. 冰毒　　D. 电力

20. 《产品质量法》规定产品质量责任包括(　　)。

A. 企业赔偿责任，商家赔偿责任

B. 产品责任，民事责任，行政责任，刑事责任

C. 一切责任

D. 法律责任

二、多项选择题

1. 下列产品中应有警示标志或中文警示说明的有(　　)。

A. 有副作用的药品　　B. 需稀释方可使用的农药

C. 易燃易爆物　　D. 书籍

2. 销售者在产品质量方面承担民事责任的具体形式有(　　)。

A. 修理　　B. 更换　　C. 退货　　D. 赔偿

3. 产品或者其包装上的标识，应当具有(　　)。

A. 检验合格证明

B. 有中文标明的产品名称、生产厂厂名和厂址

C. 限期使用的产品，应当在显著位置标明生产日期或者失效日期

D. 裸装产品，不必附加产品标识

4. 以下产品中，不是存在《产品质量法》所称“缺陷”的产品的是(　　)。

A. 损伤皮肤的化妆品　　B. 制冷效果不好的空调机

C. 图像效果不佳的电视机　　D. 保温效果不良的暖水瓶

5. 县级以上工商行政管理部门，按照国务院规定的职权范围，对涉嫌违反《产品质量法》规定的行为进行检查时，有权行使下列职权(　　)。

A. 对当事人涉嫌从事违反《产品质量法》的生产、销售活动的场所实施现场检查

B. 向当事人的法定代表人、主要负责人和其他有关人员调查了解与涉嫌从事违反《产品质量法》的生产销售活动有关情况

C. 对有证据认为不符合保障人体健康和人身、财产安全的国家标准、行业标准的，予以扣留或封存

D. 查阅、复制当事人有关的合同、发票、账簿以及其他有关资料

6. 《产品质量法》调整的范围是(　　)。

A. 经过加工、制作并用于销售的农产品

B. 经过加工、制作并用于销售的食品

C. 经过炼制并用于销售的矿产品

D. 直接开采的原油

7. 县级以上工商行政管理部门，按照国务院规定的职权范围，有权对有根据认为

(　　)予以查封和扣留。

A. 不符合保障人体健康的产品

B. 有严重质量问题的产品

C. 直接用于生产、销售有严重质量问题产品的原辅材料、包装物

D. 不符合保障人身、财产安全的国家标准、行业标准的产品

8. 以下说法正确的是(　　)。

A. 销售者不能指明缺陷产品的生产者，也不能指明缺陷产品的供货者的，销售者应当承担赔偿责任

B. 鞭炮的包装上可以不加警示标志

C. 因产品存在缺陷造成损害要求赔偿的诉讼时效期间为三年

D. 国家对产品质量实行以抽查为主要方式的监督检查制度

9. “三无”产品是指(　　)。

A. 无产品合格证明

B. 无产品名称、生产厂名和厂址

C. 无产品生产日期和安全使用期或者失效日期

D. 无质量认证标志

10. 下列产品属于《产品质量法》调查的范围的是(　　)。

A. 建筑工程　　B. 服装　　C. 建筑构配件　　D. 原煤

11. 下列单位不得向社会推荐产品的是(　　)。

A. 质量监督部门　　B. 质量检验机构

C. 国家机关　　D. 工商行政管理机关

12. 销售者不得销售(　　)产品。

A. 伪造产地　　B. 冒用他人厂名、厂址

C. 伪造认证标志　　D. 冒用认证标志

13. 生产、销售不符合保障人体健康和人身、财产安全的国家标准、行业标准的产品构成犯罪的条件是(　　)。

A. 行为人主观上为故意

B. 实施了生产、销售的不符合保障人体健康和人身、财产安全的国家标准、行业标准产品的行为

C. 造成了或足以造成危害后果

D. 违法获利数额巨大

14. 产品质量监督部门在产品质量检验抽查中不得(　　)。

A. 超过规定数量索取样品　　B. 向被检查人收取检验费用

C. 向送检人或单位收取检验费　　D. 向消费者协会收取检验费

15. 质量监督部门或者工商行政管理部门的工作人员(　　)，构成犯罪的，依法追究刑事责任。

A. 滥用职权

B. 玩忽职守

C. 向违法当事人通风报信，帮助其逃避查处的

D. 徇私舞弊

16. 限期使用的产品应当在其产品标识的显著位置上标明(　　)。

A. 生产日期　　B. 安全使用期或失效日期

C. “限期使用”字样　　D. “过期不得使用”字样

17. 县级以上工商行政管理部门，按照国务院规定的职权范围，对涉嫌违反《产品质量法》规定的行为进行检查时，有权行使(　　)。

A. 对当事人涉嫌从事违反《产品质量法》的生产、销售活动的场所实施现场检查

B. 向当事人的法定代表人、主要负责人和其他有关人员调查了解与涉嫌从事违反《产品质量法》的生产销售活动有关情况

C. 对有证据认为质量不合格产品，予以扣留或封存

D. 查阅、复制当事人有关的合同、发票、账簿以及其他有关资料

18. 某个体户为扩大销售，擅自在其生产的冷饮食品外包装袋上印刷免检图案，对上述行为依据《产品质量法》应(　　)。

A. 责令停止违法行为

B. 没收违法生产的产品

C. 并处违法生产产品货值二倍以下罚款

D. 有违法所得的，没收违法所得

19. 对某企业专门销售以假充真产品的违法行为，依据《产品质量法》应(　　)。

A. 没收生产工具、包装物、原材料

B. 有违法所得的，没收违法所得

C. 可以处违法生产产品货值50%以上3倍以下罚款

D. 没收违法生产的产品

20. 丁某、丁妻、丁子及邻居王某正在丁家闲聊，丁家刚买的彩电爆炸，将他们不同程度炸伤，经鉴定是电视机内部短路造成，(　　)均有权要求销售者赔偿。

A. 丁某　　B. 丁妻　　C. 丁子　　D. 王某

三、判断题

1. 销售者对抽查检验的结果有异议的，可以自收到检验结果之日起 60 日内向实施监督抽查的产品质量监督部门或者其上级产品质量监督部门申请复检。　　(　　)

2. 因产品存在缺陷造成损害要求赔偿的诉讼时效期间为二年，自当事人知道或应当知道其权益受到损害时起计算。 ( )

3. 工商行政管理机关不可以直接适用《产品质量法》处理案件。 ( )

4. 《产品质量法》所称的产品是指经过加工、制作的产品。 ( )

5. 在产品中掺杂、掺假，以假充真，以次充好，或者以不合格产品冒充合格产品的，责令停止生产、销售，没收违法生产、销售的产品，并处违法生产、销售产品货值金额等值以上三倍以下的罚款；有违法所得的，并处没收违法所得；情节严重的，吊销营业执照；构成犯罪的，依法追究刑事责任。 ( )

6. 根据产品的特点和使用要求，需要标明产品规格、等级、所含主要成分的名称和含量的，用中文相应予以标明。 ( )

7. 因产品存在缺陷造成人身、缺陷产品以外的其他财产(以下简称他人财产)损害的，生产者应当承担连带责任。 ( )

8. 生产者、销售者在产品中掺杂、掺假，以假充真，以次充好，或者以不合格产品冒充合格产品，销售金额在10万元以上的，即构成犯罪。 ( )

9. 抽样取证，应当有当事人在场，办案人员应当制作抽样记录，对样品加贴封条，开具物品清单，由当事人在封条和相关记录上签名或者盖章。 ( )

10. 国家对产品质量实行以抽查为主要方式的监督检查制度。 ( )

四、简答题

1. 《产品质量法》规定的生产者不承担损害赔偿责任的情形有哪些？

2. 产品或者其包装上的标识，应当具有哪些内容？

3. 工商部门对涉嫌违反《产品质量法》的行为进行查处时，有哪些职权？

五、案例分析题

1. 1996年5月，女青年张某与刘某至某百货商场化妆品自选柜台选购化妆品。两人在此挑选、试用化妆品约20分钟，终因未曾选中合适的化妆品而离开商场。二人走到店门口时，化妆品自选柜台的营业员和一位保安人员追了上来，指控二人偷了化妆品柜台陈列的货物，二人坚决否认，双方相持不下，这时，另一位商场保安人员上来对张、刘二人说："请你们到商场保卫科把事情说清楚。"到保卫科后，商场保安人员要求检查刘、张二人随身所带的皮包，遭到二人的拒绝。保安人员对刘、张说："如果你们确实没有偷窃商场的货物，就应该接受我们的检查来证明你们的清白。"迫于无奈，刘、张二人交出了自己的皮包。经检查，未发现任何商场的化妆品。此后，保安人员进一步提出要对二人搜身检查并立即找来两位女营业员对刘、张二人强行进行搜身检查，仍然没有找到任何商场的东西。事后，刘、张二人愤然离开了这家百货商场。

1996年6月1日，刘、张二人以该百货商场损害了自己的人格尊严为由提出诉讼，要

求该商场赔礼道歉，为其恢复名誉并赔偿精神损失费3000元。

请问：法院应支持刘、张的诉讼吗？为什么？

2. 1997年5月，来自保定的陈某在北京某商场购买了一双由天津某皮鞋厂生产的皮鞋，价值人民币300元。购鞋的同时，陈某还领取了此商场发的“包修、包换、包退”的三包质量卡。陈某回保定后，穿上了这双新购得的皮鞋。仅穿10天，此鞋鞋底即告断裂。陈某为此专程前往北京，找到店家要求退货。该商场承认皮鞋确实存在质量问题，同意调换，但同时还表示，目前商场无现货可换，商场将与生产厂家进行联系，请陈某暂回保定等候该商场与生产厂家联系的结果。此后，陈某三次电话查询此事，商场方面总以生产厂家没有回音为由要求陈某继续等待。1998年3月，陈某再次赴北京找商场要求解决问题，商场仍给陈某以同样的答复。陈某遂向人民法院提出诉讼，要求该商场退回购鞋款300元，并要求赔偿交通、误工费等人民币500元。

请问：法院应怎样判决？

任务五　证券法律制度

学习情境一　证券发行

【案例3-17】 深圳“8 · 10”事件——有限量发售新股认购抽签表

1992年8月7日，中国人民银行深圳市分行、深圳市工商行政管理局、公安局和监察局发布了《1992年深圳市新股认购抽签表发售公告》，宣布深圳市1992年将发行国内公众股5亿股，自1992年8月9日至8月11日，发售新股认购抽签表500万张，以身份证为认购凭证，每张身份证可买一张抽签表，每张抽签表价格为100元；中签率为10%，中签表为50万张，每张中签表可认购新股1000股。

从8月7日下午开始，为了抢购新股认购抽签表，有100多万的当地及全国其他各地的投资者在深圳市302个新股认购抽签表发售网点陆续排起认购新股的队伍，两个通宵过后，至9日形成了302条长长的“巨龙”，最高峰时总人数超过120万人。

8月9日上午，开始正式发售新股认购抽签表。刚开始发售时尚能维持一定秩序，但后来因为一些网点出现了严重舞弊违纪的情况，加上谣言四起，致使组织工作发生问题，造成多数发售网点秩序混乱，并发生小规模冲突，当天晚上，虽然绝大多数网点已经贴上“新股认购抽签表已售完”的告示，但是仍然聚集着大批没有买到抽签表却又不甘心散去的人群。

8月10日上午，有关方面宣布500万张抽签表全部售完。几乎是与此同时，有些发售网点门口出现了一些倒卖新股认购抽签表的“神秘人物”，原价为1000元的10张新股认购抽签表，要价低的3000元左右，高的则达5000～6000元，而且有的人倒卖的抽签表几十张甚至上百张是连号的，显然这些抽签表是从内部流出。由于很多人排队三天三夜也未购到抽签表，加上对新股认购抽签表的发售过程不认同，于是 8 月 10 日傍晚，有数千名没有买到抽签表的投资者在深圳市内的深南中路游行，打出反腐败和要求“公开、公平、公正”的标语，并形成对深圳市政府和中国人民银行深圳市分行围攻的局面。入夜后，少数人使用暴力，严重破坏社会治安，并逐渐演变成一场震惊全国的骚乱。这一天共有 2 辆汽车、4 辆摩托车被烧毁，4 辆汽车被推翻，多名干警被打伤。

为应对突如其来的紧张局面，8 月 11 日凌晨，深圳市政府召开紧急会议，宣布为满足广大投资者的需要，再增发 500 万张新股认购抽签表(计 50 万张中签表)。当晚，深圳市市长郑良玉发表电视讲话后，事态逐渐稳定，人们又上街排队去购买新股认购抽签表。至 8 月 12 日凌晨 4 时半，绝大部分增发的新股认购抽签表已经售出，8 月 12 日深圳市终于恢复了正常秩序。

【问题】 请说说对本次证券发行行为的简单看法。

【结论】 “8 · 10”事件之前，我国的证券市场处于初始发展阶段，证券市场基本上是在当地政府的推动下进行运作的，仅仅是区域性的资本市场。在监管上以地方分散监管为主，而证券市场的迅猛发展对加强集中统一管理提出了内在要求；加上 1992 年 8 月以前，中国的证券市场只有上海和深圳的地方政府颁布了一些法规，它们显然难以适应全国性证券市场的发展需要。在缺乏监管的情况下，证券市场成为创造一夜暴富神话的场所，从投机到疯狂直至引发社会动荡。事件平息后，中央政府立即作出决定，成立专门的证券监管部门，以改变时而多头管理、时而无人管理的无序状态。经过两个月的筹备，国务院证券委员会(简称国务院证券委)和中国证券监督管理委员会(下简称中国证监会)于 1992 年10 月正式成立，可以说“8 · 10”事件是国务院证券委和中国证监会成立的直接原因，也是中国证券监管体制从以地方监管为主向集中统一监管方向演进的导火线。

“8 · 10”事件对于二级市场走势的影响非常深远，以这一事件为契机，中国证券市场开始了有史以来第一次深幅调整，让广大投资者第一次实实在在体会到了证券市场的风险。以上海市场为例，1992 年 8 月 10 日，股市一开盘便全线飘绿，16 只 A 股全线下跌，当日上证指数以 964.77 点收盘，比上个交易日下跌 4%。8 月 11 日，深圳前一天局面失控的消息传到上海，当日上证指数比前一日暴跌 10.44%。8 月 12 日虽有机构奋力托市，仍下跌 8.5%。短短 3 天，上海股市猛跌 22.2%，经历了第一次大规模的行情调整。这与全面放开股价后不久的 5 月 26 日的高点 1429 点相比，净跌 640 点，两个半月内跌幅达到 45%。这波下探行情直到 1992 年 11 月中旬才告一段落，上证指数最低曾一度下探到 386 点，最大跌幅接近 73%。

公开发行证券，必须符合法律、行政法规规定的条件，并依法报经国务院证券监督管理机构或者国务院授权的部门核准；未经依法核准，任何单位和个人不得公开发行证券。

发行证券应当依照法定程序向国务院证券监督管理机构或者国务院授权的部门报送证券发行申请文件。国务院证券监督管理机构或者国务院授权的部门应当自受理证券发行申请文件之日起三个月内，依照法定条件和法定程序作出予以核准或不予核准的决定，发行人根据要求补充、修改发行申请文件的实践不计算在内；不与核准的，应当说明理由。

(一)发行股票

根据《证券法》规定，设立股份有限公司公开发行股票，即首次申请公开发行股票，应当符合《公司法》第七十七条规定的条件，并经证券业监督委员会批准。需向证监会报送：募股申请、公司章程、发起人协议、发起人姓名或名称、发起人认购的股份数、出资种类及验资证明、招股说明书、代收股款银行的名称及地址、承销机构有关名称及协议。

根据《公司法》规定，公司公开发行新股，应当符合下列条件：具备健全且运行良好的组织机构；具有持续盈利的能力；财务状况良好；最近三年财务会计文件无虚假记载；无其他重大违法行为；经证监会规定的其他文件。

(二)发行公司债券

公开发行公司债权，应当符合下列条件：股份有限公司的净资产不低于人民币 3000 万元，有限责任公司的净资产不低于人民币 6000 万元，累计债券余额不超过公司净资产的 40%；最近 3 年平均可分配利润足以支付公司债券 1 年的利息；筹集的资金投向符合国家产业政策；债权的利率不超过国务院限定的利率水平；国务院规定的其他条件。

公司有下列情形之一的，不得再次公开发行公司债券：前一次公开发行的公司债券尚未募足；对已公开发行的公司债券或其他债务有违约或延迟支付本息的事实；违反法律，改变公开发行公司债券所募资金的用途。

学习情境二　证券交易

【案例 3-18】 1998 年俞梦文原系攀枝花钢铁(集团)公司科技管理处副处长，1998 年 3~4 月，俞梦文利用集团公司控股的上市公司——攀钢集团板材股份有限公司(以下简称攀钢板材，股票代码：000629，现更名为攀枝花新钢钒股份有限公司)资产重组增发 A 股这一内幕信息，分三次买进攀钢板材股票 30 000 股，累计投入资金 205 633.15 元，并于 1998 年 5 月将上述股票全部卖出，共获利 80 000 元。

【问题】 请谈谈你对如何避免内幕交易等行为的看法。

【结论】 内幕交易的历史可谓由来已久，其肇端于证券欺诈 fraud，可追溯至证券交易的伊始。从 1990 年 12 月 19 日上海证券交易所成立至今，在经历了多年的风风雨雨后，我国证券市场逐步走向规范化。1998 年我国《证券法》的出台，无疑为我国证券市场的法制化进程奠定了基础。它在充分注重本国国际，适度强调了政府在证券市场管理中的重要作用，对于规范证券发行和交易行为、保护投资者的合法权益、维护社会经济秩序和社会公共利益、促进国民经济的发展起到了举足轻重的作用。

(一)证券交易的一般规则

1. 证券交易的标的和主体必须合法

证券交易当事人依法买卖证券，必须是依法发行并交付的证券。非依法发行的证券，不得买卖。证券交易当事人买卖的证券可以采用书面形式或国务院证券监督管理机构规定的其他形式。依法发行的股票、公司债券及其他证券，法律对其转让期限有限制性规定的，在限定的期限内不得买卖。

2. 在合法的证券交易场所交易

依法公开发行的股票、公司债券及其他证券，应当在依法设立的证券交易所上市交易或者在国务院批准的其他证券交易场所转让。我国的证券交易所有上海证券交易所和深圳证券交易所。发行人发行证券可以上市交易，即在证券交易所交易，也可以不上市交易，即在国务院批准的其他证券交易场所转让。

3. 以合法方式交易

证券交易有现货交易和期货交易两种。证券在证券交易所上市交易，应当采取公开的集中交易方式或者国务院证券监督管理机构批准的其他方式。

4. 规范证券交易服务

证券交易所、证券公司、证券登记结算机构必须依法为客户开立的账户保密，除法律和行政法规另有规定外，以上机构不向任何人提供客户开立账户的情况。证券交易的收费项目、收费标准和管理办法由国务院有关主管部门统一规定。

(二)证券上市

1. 股票上市

国家鼓励符合产业政策并符合上市条件的公司股票上市交易。根据《证券法》的规定，股份有限公司申请股票上市，应当符合下列条件：股票经国务院证券监督管理机构核准已公开发行；公司股本总额不少于人民币 3000 万元；公开发行的股份达到公司股份总数的25%以上；公司股本总额超过人民币 4 亿元的，公开发行股份的比例为 10%以上；公司最近 3 年无重大违法行为，财务会计报告无虚假记载。其中，证券交易所可以规定高于上述规定的上市条件，并报国务院证券监督管理机构批准。

2. 债券上市

公司申请公司债券上市交易，应当符合下列条件：公司债券的期限为 1 年以上，公司债券实际发行额不少于人民币5000万元，公司申请债券上市时仍符合法定的公司债券发行条件。公司债券上市交易申请经证券交易所审核同意后，签订上市协议的公司应当在规定的期限内公告公司债券上市文件及有关文件，并将其申请文件置备于指定场所供公众查阅。

(三)持续信息公开

公开发行证券的发行人、上市公司负有持续信息公开的义务，应公开的信息包括照顾说明书、公司债券募集办法、上市公告书、定期报告和临时报告等。信息公开应当依照中国证监会发布的有关公开发行证券的公司信息披露内容与格式准则进行。发行人、上市公司依法披露的信息，必须真实、准确、完整，不得有虚假记载、误导性陈述或者重大遗漏。

1. 上市公告书

经国务院证券监督管理机构核准依法公开发行股票，或经国务院授权的部门核准依法公开发行公司债券，应当公告招股说明书、公司债券筹集办法。依法公开发行新股或者公司债券的，还应当公告会计报告。

2. 定期报告

定期报告，是指上市公司和公司债券上市交易的公司进行持续信息披露的主要形式之一，包括季度报告、半年度报告和年度报告。上市公司和公司债券上市交易的公司，应当在每一会计年度的上半年结束之日起两个月内，向国务院证券监督管理机构和证券交易所报送中期报告，并予公告。

3. 年度报告

上市公司和公司债券上市交易的公司，应当在每一会计年度结束之日起4个月内，向国务院证券监督管理机构和证券交易所报送年度报告，并予公告。

4. 临时报告

发生可能对上市公司股票交易价格产生较大影响的重大事件，投资者尚未得知时，上市公司应当立即将有关该重大事件的情况向国务院证券监督管理机构和证券交易所报送临时报告，并予以公告说明事件的起因、目前的状态和可能会产生的法律后果。

学习情境三　上市公司收购

【案例3-19】 2004年10月4日，新桥投资收购价为每股5元人民币，超过深发展年报的2.03元及调整后的1.82元，斥资15亿元购买深发展15%的股份，从而成为深发展第一大股东，控股深发展。 这是中国首例外资收购国内银行。这是国际收购基金在中国的第一起重大案例，也产生了第一家被国际收购基金控制的中国商业银行。

【问题】 新桥投资收购深发展的意义？

【结论】 深发展成中国首家外资控股上市银行。首先，在股权转让比例方面，刷新了中资银行转让单个境外金融机构股权的新高。根据 2003 年 12 月 31 日开始施行的《境外金融机构投资入股中资金融机构管理办法》，境外金融机构向中资金融机构的入股比例有明确限制：单个外资参股中资金融机构的入股比例上限为 20%。此次 17.89%的被转让股权数量，刷新了迄今为止中资银行股权对单个境外金融机构转让的新高，此前新桥投资刚刚入股民生银行的比例为 4.82%，而花旗银行参股浦发银行的比例也仅为 4.62%。即使是上海银行、南京市商业银行和西安市商业银行等城市商业银行，单个外资持股比例也均未超过 15％。尤为突出的是，此次在四家国有股东转让之后，新桥投资已经成为深发展的第一大股东，这是中国首个外资控股中资银行的案例，也是中国银行业逐步开放的一个新的里程碑。其次，为国内其他股份制银行、城市商业银行引入境外金融机构投资入股提供了一个极为成功的案例。此次收购深发展的主角新桥投资，是一家战略金融投资机构，公司主要股东是世界银行、通用电气、美国加州退休基金和新加坡政府投资公司等机构。在 1999 年 9 月，新桥投资曾收购当时濒临破产的韩国第八大银行韩一银行 51％股权，成为韩国向外国出售大型商业银行的首例。

上市公司收购，是指收购人通过在证券交易所的股份转让活动持有一个上市公司的股份达到一定比例，通过证券交易所股份转让活动以外的其他合法方式控制一个上市公司的股份达到一定程度，导致其获得或者可能获得对该公司的实际控制权的行为。

(一)信息披露

根据《证券法》规定，通过证券交易所的证券交易，投资者持有或者通过协议、其他安排与他人共同持有一个上市公司已发行的股份达到 5%时，应当在该事实发生之日起 3 日内，向国务院证券监督管理机构、证券交易所做出书面报告，通知该上市公司，并予公告；在上市期限内，不得再行买卖该上市公司的股票。

投资者持有或者通过协议、其他安排与他人共同持有一个上市公司已发行的股份达到 5%，其所持该上市公司已发行的股份比例每增加或减少 5%，应当依照上述规定进行报告和公告。在报告期限内和作出报告、公告两日内，不得再行买卖上市公司的股票。

(二)要约收购

通过证券交易所的证券交易，投资者持有或者通过协议、其他安排与他人共同持有一个上市公司已发行的股份达到 30%时，继续进行收购的，应当依法向该上市公司所有股东发出收购上市公司全部或者部分股份的要约。

收购要约提出的各项收购条件，适用于被收购公司的所有股东。采取要约收购方式的，收购人在收购期限内，不得卖出被收购公司的股票，也不得采取要约规定以外的形式和超出要约的条件买入被收购公司的股票。出现竞争要约时，被收购公司董事会应当公平对待

所有要约收购人。

(三)协议收购

采取协议方式收购上市公司的，收购人可以依照法律、行政法规的规定同被收购公司的股东协议转让股份。收购协议达成后，收购人必须在 3 日内将该收购协议向国务院证券监督管理机构及证券交易所做出书面报告，并予以公告。在公告前不得履行收购协议。

采取协议收购方式的，收购人收购或者通过协议、其他安排与他人共同收购一个上市公司已发行的股份达到 30%时，继续进行收购的，应当向该上市公司所有股东发出收购上市公司全部或者部分股份的要约。但是经国务院证券监督管理机构免除发出要约的除外。

(四)收购后事项处理

收购期限届满，被收购公司股权分布不符合上市条件的，该上市公司的股票应当由证券交易所依法终止上市交易；其余仍持有被收购公司股票的股东，有权向收购人以收购要约同等条件出手其股票，收购人应当收购。收购行为完成后，被收购公司不在具备股份有限公司条件的，应当依法变更形式。

◎ 情境综述

公开发行证券必须符合法律、行政法规所规定的条件，并依法报经国务院证券监督管理机构或者国务院授权的部门核准；未经依法核准，任何单位和个人不得公开发行证券。证券交易当事人依法买卖的证券，必须是依法发行并交付的证券。非依法发行的证券，不得买卖。国家鼓励符合产业政策并符合上市条件的公司股票上市交易。禁止的交易行为有内幕交易、操纵市场、制造虚假信息、欺诈客户行为。

◎ 技能训练

一、单项选择题

1. 持有一个股份有限公司已发行的股份的 5%的股东，将其所持有的该公司的股票在买入后(　　)内卖出，由此所得收益归该公司所有，公司董事会应当收回该股东所得收益。

   A. 3 日　　B. 5 日　　C. 3 个月　　D. 6 个月

2. 根据《证券法》规定，证券公司为客户保存资料的期限不得少于(　　)。

   A. 10 年　　B. 15 年　　C. 20 年　　D. 25 年

3. 证券的代销、包销期限最长不得超过(　　)。

   A. 30 日　　B. 60 日　　C. 90 日　　D. 180 日

4. 因不可抗力的突发性事件或者为维护证券交易的正常秩序，证券交易所可以决定(　　)。

A. 技术性停牌　B. 临时停市　C. 及时提出报告　D. 采取制裁措施

5. 证券投资基金，发生下列(　　)情形时，应终止上市。

A. 基金最低募集数不少于2亿元人民币

B. 基金封闭期满，未被批准续期的

C. 基金存续期不少于5年

D. 基金持有人不少于1000人

6. 股票发行申请经核准后，发行人应自(　　)内发行股票；超过未发行的，核准文件失效，须重新经中国证监会核准后方可发行。

A. 3个月　B. 6个月　C. 9个月　D. 12个月

7. 根据有关法律规定，下列各项中，应当终止股票上市交易的情形是(　　)。

A. 公司股本总额为人民币2000万元

B. 持有股票面值达1000元以上的股东人数不少于1000人

C. 公开发行的股份达公司股份总数25%以上

D. 对财务会计报表作虚假记载，可能误导投资者

8. 某上市公司已发行股份1000万元，通过证券交易所的证券交易，投资者持有或通过协议、其他安排与他人共同持有该上市公司已发行的股份达(　　)，继续进行收购的，应当依法向该上市公司的所有股东发出收购其所持有的全部或部分股份的要约。

A. 300万元　B. 500万元　C. 30万元　D. 400万元

9. 上市公司对于其发生的、可能对上市公司股票交易价格产生较大的影响、而投资者尚未得知的重大事件，应当根据《证券法》的规定向有关部门报告并予以公告。下列各项中，属于上市公司重大事件的是(　　)。

A. 公司发生较大亏损或者较大损失

B. 公司债务担保的重大变更

C. 持有公司3%股份的股东持股情况发生变动

D. 公司的经营方针和经营范围发生重大变化

10. 依法发行的证券，法律对其转让期限有限制性规定的，在规定期限内，不得买卖。下列各项，规定不正确的是(　　)。

A. 为股票发行出具审计报告的专业人员，在该股票承销期内，不得买卖该种股票

B. 为上市公司出具审计报告的专业人员，自接受上市公司委托上述文件公开之日起至后5日内，不得买卖该种股票

C. 在上市公司收购中，收购人所持有的被收购的上市公司股票，在收购行为完成后的 12 个月内不得转让

D. 发起人持有的本公司股份，自公司成立 1 年内不得转让

11. 某证券公司欲开展证券投资咨询业务，其注册资本最低限额为人民币(　　)。

A. 3000 万元　　B. 5000 万元　　C. 6000 万元　　D. 7000 万元

12. 对可转换公司债券而言，(　　)对转换股票或者不转换股票有选择权。

A. 公司的法定代表人　　B. 公司的董事长

C. 公司的高级管理人员　　D. 可转换公司债券的持有人

13. 股票发行采用代销方式，代销期限届满，向投资者出售的股票数量未达到拟公开发行股票数量(　　)的，为发行失败。

A. 60%　　B. 70%　　C. 80%　　D. 50%

14. 国务院证券监督管理机构应当自受理证券公司设立申请之日起(　　)内，依照法定条件和法定程序并根据审慎监管原则进行审查，作出批准或者不予批准的决定，并通知申请人。

A. 1 个月　　B. 3 个月　　C. 6 个月　　D. 9 个月

15. 证券登记结算机构应当按照规定以(　　)的名义为投资者开立证券账户。

A. 投资者本人　　B. 证券公司

C. 证券登记结算机构　　D. 证券交易所

二、多项选择题

1. 下列关于股票和公司债券的特征的描述，正确的是(　　)。

A. 股票是有价证券，代表持有者(即股东)对股份公司的股权

B. 股票是无偿还期限的证券，投资者认购股票后，不能要求退还出资

C. 公司盈利时，公司须偿还公司债券持有人的公司债券本金

D. 公司债券的利率一般是固定不变的，风险较小

2. 公司申请其公司债券上市交易的法定条件有(　　)。

A. 公司债券的期限在一年以上

B. 公司债券实际发行额不少于人民币 5000 万元

C. 持有公司债券 10 000 元以上的在 1000 人以上

D. 公司申请其债券上市时符合法定的公司债券发行条件

3. 下列人员中为知悉证券交易内幕信息的知情人员的有(　　)。

A. 发行人的董事、监事、高级管理人员

B. 持有公司 5%以上股份的股东

C. 保荐人

D. 发行人控股的公司及其董事、监事、高级管理人员

4. 发生可能对上市公司股票交易价格产生较大影响，而投资者尚未得知的重要事件时，上市公司应当立即将有关该重大事件的情况向国务院证券监督管理机构和证券交易所提交报告，并予以公告，说明事件的实质。下列所列各项，属于上述所称的重大事件的有(　　)。

A. 公司的经营方针和经营范围的重大变化

B. 公司发生较大亏损或者较大损失

C. 公司的经理发生变动

D. 实际控制人持有股份情况发生较大变化

5. 证券登记结算机构的职能有(　　)。

A. 证券交易所上市证券交易的清算和交收

B. 受发行人的委托派发证券权益

C. 为客户办理证券的存管和过户

D. 依法对证券的发行、交易、登记、托管、结算进行监督管理

6. 下列行为中，属于损害客户利益的欺诈行为有(　　)。

A. 以自己为交易对象，进行不转移所有权的自买自卖，影响证券交易价格的行为

B. 未经客户同意，借客户的名义买卖证券

C. 不在规定的时间内向客户提供交易的书面确认文件

D. 违背客户的委托为其买卖证券

7. 根据《证券法》的规定，下列行为属于操纵市场行为的有(　　)。

A. 与他人串通，以事先约定的时间、价格和方式相互进行证券交易或者相互买卖并不持有的证券，影响证券交易价格或者证券交易量

B. 通过单独或者合谋，集中资金优势、持股优势或者利用信息优势联合或者连续买卖、操纵证券交易价格

C. 以自己实际控制的账户之间进行证券交易，影响证券交易价格或者证券交易量

D. 以其他方式操纵证券市场价格

8. 公司首次公开发行股票，除应当符合《公司法》相关规定外，作为拟上市公司，还须具备的条件是(　　)。

A. 发行人应当是依法设立且合法存续一定期限的股份有限公司

B. 发行人最近 3 年内主营业务和董事、高级管理人员没有发生变化，实际控制人没有发生变更

C. 发行人的股权清晰，控股股东和受控股东、实际控制人支配的股东持有的发行

人股份不存在重大权属纠纷

D. 发行人的资产完整，人员、财务、机构和业务独立

9. 根据《证券法》的规定，公司债券上市后，公司有下列情形之一的，由国务院证券监督管理机构决定暂停其公司债券上市交易(　　)。

A. 公司有重大违法行为

B. 公司债券所募集资金不按照审批机关批准的用途使用

C. 未按照公司债券募集办法履行义务

D. 公司最近 2 年连续亏损

10. 以要约收购方式进行上市公司收购的，收购人应当向中国证监会报送要约收购报告书，报告书应当载明的事项有(　　)。

A. 收购人的名称　　B. 被收购的上市公司名称

C. 收购的期限、收购的价格　　D. 收购所需的资金及资金保证

11. 根据《证券法》规定，经国务院证券监督管理机构批准，证券公司可以经营的业务有(　　)。

A. 与证券交易、证券投资活动有关的财务顾问

B. 证券持有人名册登记

C. 证券承销与保荐

D. 接受客户的全权委托

12. 证券公司违法经营或者出现重大风险，严重危害证券市场秩序、损害投资者利益的，国务院证券监督管理机构可以对该证券公司采取的措施有(　　)。

A. 责令停业整顿　　B. 指定其他机构托管、接管

C. 撤销该证券公司　　D. 吊销公司营业执照

13. 根据《证券法》法律规定，证券公司被责令停业整顿、被依法指定托管、接管或者清算期间，或者出现重大风险时，经国务院证券监督管理机构批准，可以对该证券公司直接负责的董事、监事、高级管理人员和其他直接责任人员采取的措施有(　　)。

A. 通知出境管理机关依法阻止其出境

B. 申请司法机关禁止其转移、转让或者以其他方式处分财产

C. 撤销其任职资格

D. 申请司法机关禁止其在财产上设定其他权利

14. 特定机构中，从事证券服务业务的人员，必须具备证券专业知识和从事证券业务或者证券服务业务两年以上经验，这些包括(　　)。

A. 资产评估机构　　B. 投资咨询机构

C. 财务顾问机构　　D. 资信评级机构

15. 国务院证券监督管理机构有权要求证券公司及其(　　)在指定的期限内提供有关

业务、财务等经营管理信息和资料，该信息、资料必须真实、准确、完整。

A. 股东　　B. 董事　　C. 监事　　D. 实际控制人

三、判断题

1. 根据有关规定，发起人以外的任何法人直接或者间接持有一个上市公司发行在外的普通股达到50%时，应当自该事实发生之日起45个工作日内，向该公司所有股票持有人发出收购要约。（　）

2. 封闭式基金的基金份额，经基金管理人申请，国务院证券监督管理机构核准，可以在证券交易所上市交易。（　）

3. 甲、乙、丙、丁合谋，集中资金优势、持股优势或者利用信息优势联合买卖或者连续买卖证券，影响证券交易价格，从中牟取利益的行为是欺诈客户行为。（　）

4. 收购上市公司中由国家授权投资的机构持有的股份，应当按照国务院的规定，经有关主管部门批准。（　）

5. 上市公司收购可以采用除可转让证券以外的现金、行政法规规定的其他支付方式进行。（　）

6. 证券公司因包销购入售后剩余股票而持有10%以上股份的，卖出该股票不受6个月时间的限制。（　）

7. 采取要约收购方式的，收购人在收购期限内，可以卖出被收购公司的股票。（　）

8. 证券公司经批准可以为客户买卖证券提供融资融券服务。（　）

9. 收购人以在证券交易所上市的债券方式支付收购上市公司的价款的，该债券的可上市交易时间应当不少于6个月。（　）

10. 发行人向不特定对象公开发行的证券，法律、行政法规规定应当由证券公司承销的，发行人应当同证券公司签订合作协议。（　）

11. 申请可转换为股票的公司债券上市交易，还应当报送保荐人出具的发行保荐书。（　）

12. 信息公开应当依照中国证监会发布的有关公开发行证券的公司信息披露内容与格式准则进行。（　）

13. 上市公司的股东大会应当对董事会编制的公司定期报告进行审核并提出书面审核意见。（　）

14. 内幕交易行为给投资者造成损失的，行为人应当依法承担赔偿责任。（　）

15. 投资者持有或者通过协议、其他安排与他人共同持有一个上市公司已发行的股份达到5％时，应当在该事实发生之日起10日内作出书面报告。（　）

16. 收购要约的有效期不得少于30日，并不得超过60。（　）

17. 收购期限届满，被收购公司股权分布不符合上市条件的，该上市公司的股票应当

由证券交易所依法中止上市交易。 ( )

18. 收购行为完成后，收购人与被收购公司合并，并将该公司解散的，被解散公司的原有股票由收购人依法退换。 ( )

19. 证券交易所是为证券集中交易提供场所和设施，组织和监督证券交易，实行自律管理的法人。 ( )

20. 某证券公司欲开展证券承销与保荐以及证券自营业务，其注册资本的最低限额为一亿元。 ( )

21. 证券公司不得为其股东或者股东的关联人提供融资或者担保。 ( )

22. 证券投资者保护基金由证券公司缴纳的资金构成。 ( )

23. 证券登记结算机构为证券交易提供净额结算服务时，应当要求结算参与人按照货银对付的原则，足额支付证券和资金，并提供交收担保。在交收完成前，结算参与人可以动用用于交收的证券、资金和担保物。 ( )

24. 证券登记结算机构按照业务规则收取的各类结算资金和证券，必须存放于专门的清算交收账户，只能按业务规则用于已成交的证券交易的清算交收，在必要时可被法院强制执行。 ( )

四、综合题

1. 中国证监会在对A上市公司进行例行检查中，发现以下事实。

(1) A公司于1998年5月6日由B企业、C企业等6家企业作为发起人共同以发起设立方式成立，成立时的股本总额为8200万股(每股面值为人民币1元，下同)。其中B企业以其拥有的金刚石生产线折股认购7000万股，其他5家发起人以现金认购1200万股。2001年8月9日，A公司获准发行5000万股社会公众股，并于同年10月10日在证券交易所上市。此次发行完毕后，A公司的股本总额达到13 200万股。

(2) 2002年2月1日，A公司与B企业签订《技术服务协议》，该协议约定，A公司因使用B企业所有的金刚石的5项专利而向B企业每年支付使用费500万元。2002年4月1日A公司召开股东大会，该项关联交易经出席该次大会的股东所代表的13 200万股股权的98%获得通过。

(3) 2002年9月5日，B企业将所持A公司股份680万股转让给了宏达公司，从而使宏达公司持有A公司的股份达到800万股。直到同年9月15日，宏达公司未向A公司报告。

(4) 2002年10月6日，A公司董事会召开会议，拟定出售公司重大资产的方案(该资产额超过公司资产总额的35%)，于同年11月25日召开临时股东大会审议该方案。在如期举行的临时股东大会上，除审议出售公司重大资产的决议外，还根据控股股东C企业的提议，临时增加了一项增选一名公司董事的议案，并经出席会议的股东所持表决权的半数以上通过。

(5) 为A公司出具2003年度审计报告的注册会计师陈某，在2003年3月10日公司年度报告公布后，于同年3月20日购买了A公司2万股股票，并于同年4月8日抛售，获利3万余元；E证券公司的证券从业人员李某认为A公司的股票具有上涨潜力，于2004年3月15日购买了A公司股票1万股。

(6) A企业将以协议收购方式收购D上市公司(本题下称“D公司”)。具体做法为：A企业与D公司的发起人股东F国有企业(本题下称“F企业”)订立协议，受让F企业持有的D公司51%的股份。在收购协议订立之前，D公司必须召开股东大会通过此事项。在收购协议订立之后，F企业必须在3日内将收购协议报国务院证券监督管理机构以及证券交易所审核批准。收购协议在未获得上述机构批准前不得履行。在收购行为完成之后，A企业应当在30日内将收购情况报告国务院证券监督管理机构和证券交易所，并予公告。为了减少A企业控制D公司的成本，A企业在收购行为完成3个月后，将所持D公司的股份部分转让给H公司。

要求：根据上述事实及有关法律规定，回答下列问题。

(1) A公司上市后，其股本结构中社会公众股所占股本总额比例是否符合法律规定？并说明理由。

(2) A公司2002年4月1日股东大会的表决程序是否有不当之处？并说明理由。

(3) B企业转让A公司股份的行为以及宏达公司未向A公司报告所持股份情况的行为是否符合法律规定？并说明理由。

(4) A公司临时股东大会通过出售公司重大资产的决议和增选一名公司董事的决议是否符合法律规定？

(5) 陈某、李某买卖A公司股票的行为是否符合法律规定？并说明理由。

(6) A企业收购D公司的做法存在哪些不当之处？并说明理由。

2. 新桥股份有限公司(以下简称“新桥公司”或“公司”)于2002年7月向社会公开发行股票并在上海证券交易所上市。2006年5月，公司召开股东大会讨论了董事会提交的发行可转换公司债券的提案，有关情况如下：新桥公司的主营业务为路桥建设；截止2005年12月31日，公司股份总额为26 000万股(每股面值为人民币1元，下同)，资产总额为126 000万元，负债总额为75 600万元，净资产为50 400万元；公司2003年、2004年、2005年的净资产收益率分别为7.6%、6.8%、11.1%。

新桥公司拟计划发行4年期可转换公司债券；本次发行的可转换公司债券的转股期限拟为自发行之日起9个月后可转为公司股票；转股价格以发行可转换公司债券前1个月股票的平均价格为基准，该转股价格确定之后，在转股期内，无论公司股份是否发生变动，都不再作任何调整。

本次股东大会对董事会提交的发行可转换公司债券提案进行审议后的表决情况为：出

席本次股东大会的股东和股东代表持有的有表决权股份总数为 18 200 万股，占应出席本次股东大会的股东和股东代表持有的有表决权股份总数的 70%；赞成票为 10 920 万股，占出席有表决权股份总数的 60%；反对票为 7280 万股，占出席有表决权股份总数的 40%。

要求：根据上述提示的资料，回答下列问题。

(1) 新桥公司的净资产收益率是否符合有关发行可转换公司债券的条件？并说明理由。

(2) 新桥公司董事会拟订的可转换公司债券的期限和转为股票的期限是否符合有关规定？并分别说明理由。

(3) 新桥公司董事会拟订的可转换公司债券的转股价格和对转股价格不作任何调整的说明是否符合有关规定？并分别说明理由。

(4) 新桥公司股东大会对董事会提交的发行可转换公司债券的提案的表决是否获得通过？并说明理由。

项目四　宏观调控法律制度

通过对国有资产管理法律制度的学习，了解国有资产管理及国有资产管理法的概念，国有资产的取得、认定、使用、收益、管理体制等方面的基本知识；理解国有资产界定范围，资产评估机构管理制度，企业国有资产产权登记范围等内容。

通过学习税收法律制度，了解税收及税法的概念和特点、税收的作用、税法要素、我国现行税制；理解税收法律关系，流转税、所得税、财产税、资源税及行为税的法律规定；掌握增值税、营业税、消费税、关税、企业所得税、个人所得税、资源税及财产税、行为税的应税基础，违反税法的法律责任。

任务一　国有资产法律制度

国有资产从广义上讲就是国有财产，是属于国家所有的各种财产、物资、债权和其他权益。国有资产的存在形式主要依附于企业，因此国有资产的监督管理主要是对企业国有资产的监督管理。国有资产管理涉及国有资产的取得、认定、使用、收益、管理体制等多个方面。国有资产实施监督管理的部门是指国务院国有资产监督管理委员会(以下简称国务院国资委)，省、自治区、直辖市人民政府设立的国有资产监督管理机构和设区的市、自治州级人民政府设立的国有资产监督管理机构。

学习情境一　国有资产界定

【案例 4-1】 某集体企业在改组为股份制企业时，经依法评估确认，其全部资产额为人民币 5000 万元。在该企业的资产中，1992 年前用税前还贷形成的资产为人民币 1000 万元；由国有企业担保，通过银行贷款形成的资产为人民币 1000 万元，该贷款已由集体企业还清(集体企业原无偿使用国有土地使用权折价人民币 3000 万元)

【问题】 根据《国有资产产权界定和产权纠纷处理暂行办法》的规定，该集体企业资产中应界定为国有资产的数额为多少万元？

【结论】集体企业原无偿使用国有土地使用权折价的部分界定为国有资产。集体企业使用银行贷款、国家借款等借贷资金形成的资产，全民单位只提供担保的，不界定为国有资产。1993 年 6 月 30 日税前还贷形成的资产归劳动者集体所有。所以此题集体企业原无偿使用国有土地使用权折价人民币 3000 万元应界定为国有资产。

产权是指财产所有权以及与财产所有权有关的经营权、使用权等财产权，不包括债权。产权界定是指国家依法划分财产所有权和经营权、使用权等产权归属，明确各类产权主体

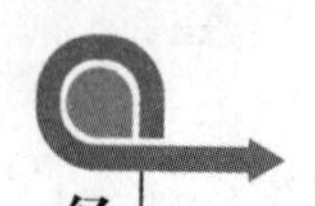

行使权利的财产范围及管理权限的一种法律行为。

(一)全民所有制企业中的产权界定

全民所有制企业即国有企业，其资产不论是国家直接投入的，还是企业通过生产经营活动取得的，均属国家所有。具体界定办法如下。

(1) 有权代表国家投资的部门和机构以货币、实物和所有权属于国家的土地使用权、知识产权等无形资产向企业投资而形成的国家资本金，界定为国有资产。

(2) 全民所有制企业运用国家资本金及在经营中借入的资金等所形成的税后利润，经国家批准留给企业作为增加投资的部分，以及从税后利润中提取的盈余公积金、公益金和未分配利润等，界定为国有资产。

(3) 以全民所有制企业和行政事业单位担保，完全用国内外借入资金投资创办的或完全由其他单位借款创办的全民所有制企业，其收益积累的净资产，界定为国有资产。

(4) 全民所有制企业接受馈赠形成的资产，界定为国有资产。

(5) 在实行《企业财务通则》、《企业会计准则》以前，全民所有制企业从留利中提取的职工福利基金、职工奖励基金和“两则”实行后用公益金购建的集体福利设施而相应增加的所有者权益，界定为国有资产。

(6) 全民所有制企业中的党、团、工会组织等占用企业的财产(不包括以个人缴纳党费、团费、会费以及按国家规定由企业拨付的活动经费等结余购建的资产)，界定为国有资产。

(二)集体所有制企业中的国有资产所有权界定

集体所有制企业中的国有资产所有权的权定办法如下。

(1) 国家对集体企业的投资及其收益形成的所有者权益，其产权归国家所有。政府和国有企业、事业单位为扶持集体经济发展或安置待业青年、国有企业富余人员及其他城镇人员就业而转让、拨给或投入集体企业的资产，明确是无偿转让或有偿转让而收取的转让费(含实物)已达到其资产原有价值的，该资产及其收益形成的所有者权益，其产权归集体企业劳动者集体所有。

(2) 全民所有制企业和行政事业单位以货币、实物和所有权属于国家的土地使用权、知识产权等创办的，以集体所有制名义注册登记的企业单位，其资产所有权界定按照前述全民所有制企业的产权界定办法界定。

(3) 全民所有制企业和行政事业单位，用国有资产在非全民所有制单位独资创办的集体企业中的投资，以及按照投资份额应取得的资产收益留给集体企业发展生产的资本金及其权益，界定为国有资产。

(4) 集体企业依据国家法律、法规等有关政策规定享受的优惠，包括以税还贷、税前还贷和各种减免税金所形成的所有者权益，1993 年 6 月 30 日前形成的，其产权归劳动者集体所有；1993 年 7 月 1 日后形成的，国家对其规定了专门用途的，从其规定，没有规定的，按集体企业各投资者所拥有财产(含劳动积累)的比例确定产权归属。其中属于国家税收应收未收的税款部分，界定为国有资产；集体企业依据国家规定享受减免税形成的资产，其中列为“国家扶持基金”等投资性的减免税部分界定为国有资产。

集体企业改组为股份制企业时，改组前税前还贷形成的资产中，国家税收应收未收的税款部分和各种减免税形成的资产中列为“国家扶持基金”等投资性的减免税部分界定为国家股，其他减免税部分界定为企业资本公积金。

(5) 集体企业使用银行贷款、国家借款等借贷资金形成的资产，全民单位只提供担保的，不界定为国有资产，但履行了连带责任的，全民单位应予以追索清偿或协商转为投资。

(6) 供销、手工业、信用等合作社中由国家拨入的资本金(含资金或实物)界定为国有资产，经国有资产管理部门会同有关部门核定数额后，继续留给合作社使用，由国家收取资产占用费。上述国有资产的增值部分由于历史原因无法核定的，可以不再追溯产权。

(7) 集体企业和合作社无偿占用国有土地的，应由国有资产管理部门会同土地管理部门核定其占用土地的面积和价值量，并依法收取土地占用费。集体企业和合作社改组为股份制企业时，国有土地折价部分形成的国家股份或其他所有者权益，界定为国有资产。

(三)中外合资、合作经营企业中国有资产所有权界定

中外合资、合作经营企业中国有资产所有权的界定办法如下。

(1) 对中外合资企业(中方为全民所有制单位)中国有资产所有权的界定办法为：①中方以国有资产出资投入包括现金、厂房建筑物、机器设备、场地使用权、无形资产等形成的资产，界定为国有资产；②企业注册资本增加，按双方协议，中方以分得利润向企业再投资，或优先购买另一方股份所形成的资产，界定为国有资产；③可分配利润及从税后利润中提取的各项基金中，中方按投资比例所占的相应份额(不包括已提取用于职工奖励、福利等分配给个人消费的基金)，界定为国有资产；④中方职工的工资差额，界定为国有资产；⑤企业根据中国法律和有关规定按中方工资总额一定比例提取的中方职工的住房补贴基金，界定为国有资产；⑥企业清算或完全解散时，馈赠或无偿留给中方继续使用的各项资产，界定为国有资产。

(2) 中外合作经营企业中国有资产所有权界定参照上述办法的原则办理。

(四)股份制、联营企业中国有资产所有权界定

股份制、联营企业中国有资产所有权的界定办法如下。

(1) 股份制企业中国有资产所有权的界定办法为：①国家机关或其授权单位向股份制企业投资形成的股份，包括现有已投入企业的国有资产折成的股份，构成股份制企业中的国家股，界定为国有资产；②全民所有制企业向股份制企业投资形成的股份，构成国有法人股，界定为国有资产；③股份制企业公积金、公益金中，全民单位按照投资应占有的份额，界定为国有资产；④股份制企业未分配利润中，全民单位按照投资比例所占的相应份

额，界定为国有资产。

(2) 联营企业中国有资产所有权界定参照上述办法的原则办理。

(五)全民所有制单位之间产权界定的具体办法

全民所有制单位之间产权界定的具体办法如下。

(1) 国家机关投资创办的企业和其他经济实体，应与该创办机关脱钩，其产权由国有资产管理部门会同有关部门委托有关机构管理。但国家机关所属事业单位经批准以其占用的国有资产出资创办的企业和其他经济实体，其产权归该单位拥有。

(2) 对全民所有制单位由于历史原因或管理问题造成的有关房屋产权和土地使用权关系不清或有争议的处理办法为：①全民所有制单位租用房产管理部门的房产，因各种历史原因由全民所有制单位实际长期占用，并进行多次投入、改造或翻新，房产结构和面积发生较大变化的，可由双方协商共同拥有产权。②对数家全民单位共同出资或由上级主管部门集资修建的职工宿舍、办公楼等，应在核定各自出资份额的基础上，由出资单位按份额共有或共同拥有其产权。③对于全民单位已经办理征用手续的土地，但被另一些单位或个人占用，应由原征用土地一方进行产权登记，办理相应法律手续。已被其他单位或个人占用的，按规定实行有偿使用。④全民所有制单位按国家规定以优惠价向职工个人出售住房，凡由于分期付款，或者在产权限制期内，或者由于保留溢值分配权等原因，产权没有完全让渡到个人之前，全民单位对这部分房应视为共有财产。

(3) 对电力、邮电、铁路和城市市政公用事业等部门，按国家规定由行业统一经营管理。可由国有资产管理部门委托行业主管部门根据历史因素及其行业管理特点，对使用单位投入资金形成的资产，依下列办法处理：①使用单位投入资金形成的资产交付行业主管部门进行统一管理，凡已办理资产划转手续的，均作为管理单位法人资产；凡没有办理资产划转手续的，可根据使用单位与管理单位双方自愿的原则，协商办理资产划转手续或资产代管手续。对使用单位投入资金形成的资产，未交付这些行业主管部门统一管理而归使用单位自己管理的，产权归使用单位拥有。②电力、邮电、铁路和城市市政公用事业等部门的企业代管其他企业、单位的各项资产，在产权界定或清产核资过程中找不到有关单位协商或办理手续的，经通告在一定期限后，可以视同为无主资产，归国家所有，其产权归代管企业。③对于地方政府以征收的电力建设资金或集资、筹资等用于电力建设形成的资产，凡属于直接投资实行按资分利的，在产权界定中均按投资比例划分投入资本份额；属于有偿使用已经或者将要还本付息的，其产权划归电力企业。对电力部门代管的农电资产，凡已按规定办理有关手续，并经过多次更新改造，技术等级已发生变化的，均作为电力企业法人资产。

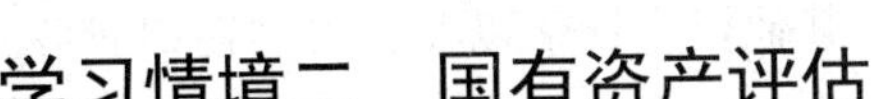

学习情境二　国有资产评估

【案例 4-2】 2011 年 2 月，某国有企业准备以非货币资产 500 万元对外投资，以固定资产 600 万元抵押贷款，固定资产 200 万元租赁给非国有单位。

【问题】 根据国有资产管理法律制度的规定，该国有企业哪些事项需要评估？

【结论】 以非货币资产 500 万元对外投资，固定资产 200 万元租赁给非国有单位需要评估。

(一)国有资产评估的原则和范围

1. 国有资产评估的原则

国有资产评估工作是一项政策性很强的工作，在国有资产评估工作中应坚持下列三项基本原则：真实性原则、科学性原则、可行性原则。

2. 国有资产评估的对象和范围

国有资产占有单位有下列情形之一的，应当对国有资产进行资产评估：①整体或部分改建为有限责任公司或者股份有限公司；②以非货币资产对外投资；③以非货币资产偿还债务；④收购非国有单位的资产；⑤接受非国有单位以非货币资产出资或抵债；⑥合并、分立、清算；⑦除上市公司以外的原股东股权比例变动；⑧除上市公司以外的整体或者部分产权(股权)转让；⑨资产转让、置换、拍卖；⑩整体资产或者部分资产租赁给非国有单位；⑪确定涉讼资产价值；⑫法律、行政法规规定的其他需要进行评估的事项。

经各级人民政府及其授权部门批准，对整体企业或者部分资产实行无偿划转，以国有独资企业、行政事业单位下属的独资企业(事业单位)之间的合并、资产(产权)划转、置换和转让的，可以不进行资产评估。

(二)资产评估机构

2011 年 9 月，财政部发布了《资产评估机构审批和监督管理办法》(以下简称《办法》)，对资产评估机构的设立管理作出了新的规定。《办法》规定，财政部为全国资产评估主管部门，依法负责审批、管理、监督全国资产评估机构，统一制定资产评估机构管理制度。各省、自治区、直辖市财政厅(局)负责对本地区资产评估机构进行审批管理和监督。中国资产评估协会负责对全国资产评估行业进行自律性管理，协助财政部审批和监管全国资产评估机构。各省、自治区、直辖市、计划单列市资产评估协会负责本地区资产评估行业的自律性管理，协助省级财政部门审批和监管本地区资产评估机构。

《办法》规定，资产评估机构是指依法设立、取得资产评估资格，从事资产评估业务活动的社会中介机构，其组织形式为合伙制或者有限责任公司制。资产评估的范围主要包

括各类单项资产评估、资产组合评估、企业价值评估、其他资产评估以及相关的咨询业务。

资产评估机构承担评估业务不受地区和行业限制，既可以承接本地和本行业的资产评估业务，也可以承接外地、境外和其他行业的资产评估业务。但是资产评估机构与被评估单位有直接经济利益关系的，不得对其进行评估。资产评估实行有偿服务。资产评估机构接受委托进行评估时，应依国家规定向委托单位收费，并与委托单位在评估合同中明确具体收费办法。

(三)国有资产评估项目核准制和备案制

1．核准制

经各级政府批准的涉及国有资产产权变动、对外投资等经济行为的重大经济项目，其国有资产评估实行核准制。凡由国务院批准实施的重大经济项目，其评估报告由国务院国有资产管理部门进行核准。凡由省级(含计划单列市)人民政府批准实施的重大经济项目，其评估报告由省级财政部门或国有资产管理部门进行核准。国有资产占有单位在委托评估机构之前，应及时向国有资产管理部门报告有关项目的工作进展情况。国有资产管理部门认为必要时可对有关项目进行跟踪指导和检查。国有资产占有单位在收到评估机构出具的评估报告后，应当上报其集团公司或有关部门进行初审。经集团公司或有关部门初审同意后，国有资产占有单位应在评估报告有效期届满前两个月向国有资产管理部门提出核准申请。国有资产占有单位提出资产评估项目核准申请时，应报送下列文件：①集团公司或有关部门审查同意转报国有资产管理部门予以核准的文件；②资产评估项目核准申请表；③与评估目的相对应的经济行为的批准文件或有效 材料；④资产重组方案或改制方案、发起人协议等其他材料；⑤资产评估机构提交的资产评估报告(包括评估报告书、评估说明书和评估明细表及软盘)；⑥资产评估各当事方的承诺函。

国有资产监督管理部门收到核准申请后，对符合要求的，应在20个工作日内完成对评估报告的审核，下达核准文件。对不符合要求的则予以退回。国有资产监督管理部门主要审核的内容：①进行资产评估的经济行为是否合法并经批准；②资产评估机构是否具备评估资质；③主要评估人员是否具备执行资格；④评估基准日的选择是否适当，评估报告的有效期是否明示；⑤评估所依据的法律、法规和政策是否适当；⑥评估委托方是否就所提供的资产权属证明文件、财务会计资料及生产经营管理资料的真实性、合法性作出承诺；⑦评估过程、步骤是否符合规定要求；⑧其他。

2．备案制

除须报经核准的资产评估项目外的国有资产评估项目实行备案制。国有资产占有单位按有关规定进行资产评估后，在相应经济行为发生前应将评估项目的有关情况专题向国有资产管理部门、集团公司、有关部门报告。国有资产管理部门、集团公司、有关部门应予受理。中央管理的企业集团公司及其子公司、国务院有关部门直属企事业单位的资产评估项目备案工作由国务院国有资产管理部门负责；子公司或直属企事业单位以下企业的资产评估项目备案工作由集团公司或有关部门负责。地方管理的国有资产占有单位的资产评估项目备案工作，分别由地方国有资产管理部门和集团公司或有关部门负责。涉及多个产权主体的评估项目，按国有股权最大股东的资产财务隶属关系办理备案手续；持股比例相等的，经协商可委托其中一方办理备案手续。

占有单位收到评估机构出具的评估报告后，对评估报告无异议的。应将备案材料逐级报送国有资产监督管理部门或其所出资企业。应报送的文件材料为：①占有单位填报的《国有资产评估项目备案表》；②资产评估报告(评估报告书、评估说明和评估明细表可以软盘方式报送)；③其他材料。

国有资产监督管理机构或者所出资企业收到备案材料后，对材料齐全的，在20个工作日内办理备案手续，必要时可组织有关专家参与备案评审。其备案审核的主要内容包括①资产评估所涉及的经济行为是否获得批准；②资产评估机构是否具备相应评估资质，评估人员是否具备相应执业资格；③评估基准日的选择是否适当，评估结果的使用有效期是否明示；④其他事项等。

学习情境三 国有产权转让制度

【案例4-3】 履行出资人职责的机构决定转让某国有资本控股公司的部分国有资产，转让后该公司成为国有资本参股公司。

【问题】该转让应当由哪个机构进行批准？

【结论】履行出资人职责的机构决定转让全部国有资产的，或者转让部分国有资产致使国家对该企业不再具有控股地位的，应当报请本级人民政府批准。

企业国有产权，是指国家对企业以各种形式投入形成的权益、国有及国有控股企业各种投资所形成的应享有的权益，以及依法认定为国家所有的其他权益。企业国有产权转让是指国有资产监督管理机构、持有国有资本的企业将所持有的企业国有产权有偿转让给境内外法人、自然人或者其他组织的活动。

(一)企业国有产权转让的监督管理

1. 国有资产监督管理机构对企业国有产权转让的监管职责

国有资产监督管理机构决定所出资企业的国有产权转让。转让企业国有产权致使国家不再拥有控股地位的，应当报本级人民政府批准。

企业国有产权转让事项经批准或者决定后，如转让和受让双方调整产权转让比例或者企业国有产权转让方案有重大变化的，应当按照规定程序重新报批。

2．所出资企业对企业国有产权转让的职责

所出资企业是指国务院，省、自治区、直辖市人民政府，设区的市、自治州级人民政府授权国有资产监督管理机构履行出资人职责的企业。所出资企业决定其子企业的国有产权转让。其中，重要子企业的重大国有产权转让事项，应当报同级国有资产监督管理机构会签财政部门后批准。而涉及政府社会公共管理审批事项的，需预先报经政府有关部门审批。

其对企业国有产权转让的职责主要包括：①按照国家有关规定，制定所属企业的国有产权转让管理办法，并报国有资产监督管理机构备案；②研究企业国有产权转让行为是否有利于提高企业的核心竞争力，促进企业的持续发展，维护社会的稳定；③研究、审议重要子企业的重大国有产权转让事项，决定其他子企业的国有产权转让事项；④向国有资产监督管理机构报告有关国有产权转让情况。

(二)企业国有产权转让的程序

1．企业决议

企业国有产权转让应当做好可行性研究，按照内部决策程序进行审议，并形成书面决议。国有独资公司的产权转让，应当由董事会审议，没有设立董事会的，由总经理办公会议审议。涉及职工合法权益的，应当听取转让标的企业职工代表大会的意见，对职工安置等事项应当经职工代表大会讨论通过。

企业应制订企业国有产权转让方案，连同有关决议、产权登记证等文件一并上报有关机构批准。

2. 清产核资

企业国有产权转让事项经批准或者决定后，转让方应当组织转让标的企业按照有关规定开展清产核资，根据清产核资结果编制资产负债表和资产移交清册，并委托会计师事务所实施全面审计(包括按照国家有关规定对转让标的企业法定代表人的离任审计)。资产损失的认定与核销，应当按照国家有关规定办理。转让所出资企业国有产权导致转让方不再拥有控股地位的，由同级国有资产监督管理机构组织进行清产核资，并委托社会中介机构开展相关业务。在清产核资和审计的基础上，转让方应当委托具有相关资质的资产评估机构依照国家有关规定进行资产评估。评估报告经核准或者备案后，作为确定企业国有产权转让价格的参考依据。

3．确定受让方

转让方应当公开披露有关企业国有产权转让信息，广泛征集受让方。产权转让公告期为20个工作日。对于重大的产权转让项目或产权转让相关批准机构有特殊要求的，转让方可以与产权交易机构通过委托协议另行约定公告期限，但不得少于20个工作日。转让公告期自报刊发布信息之日起计算。

产权转让公告发布后，转让方不得随意变动或无故提出取消所发布信息。因特殊原因确需变动或取消所发布信息的，应当出具相关产权转让批准机构的同意或证明文件，并由产权交易机构在原信息发布渠道上进行公告，公告日为起算日。

转让方披露的企业国有产权转让信息应当包括如下内容：①转让标的的基本情况；②转让标的企业的产权构成情况；③产权转让行为的内部决策及批准情况；④转让标的企业近期经审计的主要财务指标数据；⑤转让标的企业资产评估核准或者备案情况；⑥受让方应当具备的基本条件；⑦其他需披露的事项。

4．企业国有产权转让价格

企业国有产权转让价格应当以资产评估结果为参考依据，在产权交易市场中公开竞价形成，产权交易机构应按照有利于竞争的原则积极探索新的竞价交易方式。

5．转让成交

经公开征集只产生一个受让方或者按照有关规定经国有资产监督管理机构批准的，可以采取协议转让的方式。采取协议转让方式的，转让方应当与受让方进行充分协商，依法妥善处理转让中所涉及的相关事项后，草签产权转让合同，并按照《企业国有产权转让管理暂行办法》规定的有关程序进行审议。对于国民经济关键行业、领域中对受让方有特殊要求的，企业实施资产重组中将企业国有产权转让给所属控股企业的国有产权转让，经省级以上国有资产监督管理机构批准后，可以采取协议转让方式转让国有产权。

企业国有产权转让成交后，转让方与受让方应当签订产权转让合同，并应当取得产权交易机构出具的产权交易凭证，凭产权交易凭证，按照国家有关规定及时办理相关产权登记手续。

6．转让收入处理

企业国有产权转让的全部价款，受让方应当按照产权转让合同的约定支付。转让价款原则上应当一次付清。如金额较大、一次付清确有困难的，可以采取分期付款的方式。采取分期付款方式的，受让方首期付款不得低于总价款的30%，并在合同生效之日起5个工作日内支付；其余款项应当提供合法的担保，并应当按同期银行贷款利率向转让方支付延期付款期间利息，付款期限不得超过1年。

(三)企业国有产权无偿划转的程序

企业国有产权的无偿划转是指各级人民政府授权其国有资产监督管理机构履行出资人职责的企业(以下统称所出资企业)及其各级子企业国有产权可以在政府机构、事业单位、

国有独资企业、国有独资公司之间进行无偿转移的行为。

1．无偿划转决议

划转双方应当组织被划转企业按照有关规定开展审计或清产核资，以中介机构出具的审计报告或经划出方国资监管机构批准的清产核资结果作为企业国有产权无偿划转的依据。双方应当在可行性研究的基础上，按照内部决策程序进行审议，并形成书面决议。划入方(划出方)为国有独资企业的，应当由总经理办公会议审议；已设立董事会的，由董事会审议。划入方(划出方)为国有独资公司的，应当由董事会审议；尚未设立董事会的，由总经理办公会议审议。所涉及的职工分流安置事项，应当经被划转企业职工代表大会审议通过。划出方还应当就无偿划转事项通知本企业(单位)的债权人，并制订相应的债务处置方案。

2．无偿划转协议

划转双方协商一致后，应当签订企业国有产权无偿划转协议。划转协议应当包括下列主要内容：①划入划出双方的名称与住所；②被划转企业的基本情况；③被划转企业国有产权数额及划转基准日；④被划转企业涉及的职工分流安置方案；⑤被划转企业涉及的债权、债务(包括拖欠职工债务) 以及或有负债的处理方案；⑥划转双方的违约责任；⑦纠纷的解决方式；⑧协议生效条件；⑨划转双方认为必要的其他条款。

3．无偿划转审批

企业国有产权在同一国资监管机构所出资企业之间无偿划转的，由所出资企业共同报国资监管机构批准。企业国有产权在不同国资监管机构所出资企业之间无偿划转的，依据划转双方的产权归属关系，由所出资企业分别报同级国资监管机构批准。实施政企分开的企业，其国有产权无偿划转所出资企业或其子企业持有的，由同级国资监管机构和主管部门分别批准。下级政府国资监管机构所出资企业国有产权无偿划转上级政府国资监管机构所出资企业或其子企业持有的，由下级政府和上级政府国资监管机构分别批准。企业国有产权在所出资企业内部无偿划转的，由所出资企业批准并抄报同级国资监管机构。

4．划转协议生效

无偿划转事项按照企业国有产权无偿划转管理暂行办法规定程序批准后，划转协议生效。划转协议生效以前，划转双方不得履行或者部分履行。划转双方应当依据相关批复文件及划转协议，进行账务调整，按规定办理产权登记等手续。企业国有产权无偿划转事项经批准后，划出方和划入方调整产权划转比例或者划转协议有重大变化的，应当按照规定程序重新报批。

5．不得实施无偿划转的情形

企业国有产权无偿划转禁止的情形根据《企业国有产权无偿划转管理暂行办法》的规定，有下列情况之一的，不得实施无偿划转：①被划转企业主业不符合划入方主业及发展规划的；②中介机构对被划转企业划转基准日的财务报告出具否定意见、无法表示意见或保留意见的审计报告的；③无偿划转涉及的职工分流安置事项未经被划转企业的职工代表大会 审议通过的；④被划转企业或有负债未有妥善解决方案的；⑤划出方债务未有妥善处置方案的。

(四)国有股东转让所持上市公司股份

根据国务院国有资产监督管理委员会于 2007 年 7 月颁布的《国有股东转让所持上市公司股份管理暂行办法》的规定，该转让行为可以通过证券交易系统转让、以协议方式转让、无偿划转或间接转让实施。

1．证券交易系统转让

国有股东通过证券交易系统转让所持上市公司股份，可以采用事后报备和事先报批两种情况处理。

(1) 事后报备。这是指国有控股股东按照内部决策程序决定转让所持上市公司股份，完成转让后，报省级或省级以上国有资产监督管理机构备案。采用该程序转让须同时符合两个条件。

① 总股本不超过 10 亿股的上市公司，国有控股股东在连续三个会计年度内累计净转让股份(累计转让股份扣除累计增持股份后的余额)的比例未达到上市公司总股本的 5%。总股本超过 10 亿股的上市公司，国有控股 股东在连续三个会计年度内累计净转让股份的数量未达到 5000 万股或累计净转让股份的比例未达到上市公司总股本的 3%。

② 国有控股股东转让股份不涉及上市公司控制权的转移。多个国有股东居于同一控制人的，其累计净转让股份的数量或比例应合并计算。

(2) 事先报批。这是指国有控股股东按照内部决策程序决定转让所持上市公司股份时，事前须报经国务院国有资产监督管理机构审核批准。采用该程序转让是指不同时具备事后报备条件之一的，应将转让方案逐级报国务院国有资产监督管理机构审核批准后方能实施。

国有参股股东通过证券交易系统在一个完整会计年度内累计净转让股份比例未达到上市公司总股本 5%的，由国有参股股东按照内部决策程序决定，并在每年 1 月 31 日前将其上年度转让上市公司股份的情况报省级或省级以上国有资产监督管理机构备案；达到或超过上市公司总股本 5%的，应将转让方案逐级报国务院国有资产监督管理机构审核批准后实施。

2．协议转让

这是指国有股东不通过证券交易系统转让上市公司股份，而是通过协议的方式进行。国有股东拟协议转让上市公司股份的，应当遵守下列规定。

(1) 国有股东应当及时按照规定程序逐级书面报告省级或省级以上国有资产监督管理机构。经国有资产监督管理机构同意后才能实施。

(2) 国有股东在书面报告省级或省级以上国有资产监督管理机构的同时，应将拟协议转让股份的信息书面告知上市公司，由上市公司依法公开披露该信息，向社会公众进行提示性公告。在获得国有资产监督管理机构对拟协议转让上市公司股份事项的意见后，应当书面告知上市公司，由上市公司依法公开披露国有股东所持上市公司股份拟协议转让信息。

(3) 国有控股股东拟采取协议转让方式转让股份并不再拥有上市公司控股权的，应当聘请在境内注册的专业机构担任财务顾问，并由财务顾问出具意见。

(4) 国有股东协议转让上市公司股份的价格应当以上市公司股份转让信息公告日(经批准不须公开股份转让信息的，以股份转让协议签署日为准)前 30 个交易日的每日加权平均价格算术平均值为基础确定；确需折价的，其最低价格不得低于该算术平均值的 90%。不按照该价格转让时，应当按以下方式作价：

① 国有股东为实施资源整合或重组上市公司，并在其所持上市公司股份转让完成后全部回购上市公司主业资产的，股份转让价格由国有股东根据中介机构出具的该上市公司股票价格的合理估值结果确定。

② 国有及国有控股企业为实施国有资源整合或资产重组，在其内部进行协议转让且其拥有的上市公司权益和上市公司中的国有权益并不因此减少的，股份转让价格应当根据上市公司股票的每股净资产值、净资产收益率、合理的市盈率等因素确定。

(5) 国有股东选择受让方后，应当及时与受让方签订转让协议。

(6) 国有股东与拟受让方签订股份转让协议后，应及时履行信息披露等相关义务，同时应按规定程序报国务院国有资产监督管理机构审核批准。

3．无偿划转

国有股东所持上市公司股份可以依法无偿划转给政府机构、事业单位、国有独资企业以及国有独资公司持有。国有独资公司作为划入或划出一方的，应当符合《公司法》的有关规定。上市公司股份划转双方应当在可行性研究的基础上，按照内部决策程序进行审议，并形成无偿划转股份的书面决议文件。国有股东无偿划转所持上市公司股份可能影响其偿债能力时，上市公司股份划出方应当就无偿划转事项制定相应的债务处置方案。上市公司股份无偿划转由划转双方按规定程序逐级报国务院国有资产监督管理机构审核批准。

4. 间接转让

国有股东所持上市公司股份的间接转让是指国有股东因产权转让或增资扩股等原因导致其经济性质或实际控制人发生变化的行为。

学习情境四　企业国有资产法律制度

【案例 4-4】 哈尔滨市丰田纯牌零件特约经销中心基于与中国航空工业集团公司、哈尔滨东安发动机集团有限公司、哈尔滨广来汽车配件公司之间的企业国有资产的产权界定发生纠纷，于 2005 年 2 月 2 日向北京市第一中级法院对国务院国有资产监督管理委员会(以下简称“国资委”)提起行政诉讼，要求撤销国资委的 388 号《产权界定意见函》。

【问题】 国资委能成为本案的原告吗?

【结论】 能够成为被告，国资委应当根据授权，依法履行出资人职责，对企业国有资产进行监督管理。

《中华人民共和国企业国有资产法》(以下简称《企业国有资产法》)于 2008 年 10 月 28 日由中华人民共和国第十一届全国人民代表大会常务委员会第五次会议通过，自 2009 年 5 月 1 日起施行。

企业国有资产(以下称国有资产)，是指国家对企业各种形式的出资所形成的权益。国有资产属于国家所有，即全民所有。国务院代表国家行使国有资产所有权。国务院和地方人民政府依照法律、行政法规的规定，分别代表国家对国家出资企业履行出资人职责，享有出资人权益。

国务院确定的关系国民经济命脉和国家安全的大型国家出资企业，重要基础设施和重要自然资源等领域的国家出资企业，由国务院代表国家履行出资人职责。其他的国家出资企业，由地方人民政府代表国家履行出资人职责。

国家出资企业，是指国家出资的国有独资企业、国有独资公司，以及国有资本控股公司、国有资本参股公司。

(一)履行出资人职责的机构

国务院国有资产监督管理机构和地方人民政府按照国务院的规定设立的国有资产监督管理机构，根据本级人民政府的授权，代表本级人民政府对国家出资企业履行出资人职责。

国务院和地方人民政府根据需要，可以授权其他部门、机构代表本级人民政府对国家出资企业履行出资人职责。代表本级人民政府履行出资人职责的机构、部门(以下统称履行出资人职责的机构)，代表本级人民政府对国家出资企业依法享有资产收益、参与重大决策和选择管理者等出资人权利；依照法律、行政法规的规定，制定或者参与制定国家出资企业的章程；对法律、行政法规和本级人民政府规定须经本级人民政府批准的履行出资人职责的重大事项，应当报请本级人民政府批准；应当依照法律、行政法规以及企业章程履行出资人职责，保障出资人权益，防止国有资产损失；应当维护企业作为市场主体依法享有的权利，除依法履行出资人职责外，不得干预企业经营活动。

履行出资人职责的机构委派的股东代表参加国有资本控股公司、国有资本参股公司召开的股东会会议、股东大会会议，应当按照委派机构的指示提出提案、发表意见、行使表决权，并将其履行职责的情况和结果及时报告委派机构。

履行出资人职责的机构对本级人民政府负责，向本级人民政府报告履行出资人职责的情况，接受本级人民政府的监督和考核，对国有资产的保值增值负责。履行出资人职责的机构应当按照国家有关规定，定期向本级人民政府报告有关国有资产总量、结构、变动、收益等汇总分析的情况。

(二)国家出资企业

国家出资企业对其动产、不动产和其他财产依照法律、行政法规以及企业章程享有占有、使用、收益和处分的权利。

国家出资企业依法享有的经营自主权和其他合法权益受法律保护。国家出资企业从事经营活动，应当遵守法律、行政法规，加强经营管理，提高经济效益，接受人民政府及其有关部门、机构依法实施的管理和监督，接受社会公众的监督，承担社会责任，对出资人负责。

国家出资企业应当依法建立和完善法人治理结构，建立健全内部监督管理和风险控制制度。国家出资企业应当依照法律、行政法规和国务院财政部门的规定，建立健全财务、会计制度，设置会计账簿，进行会计核算，依照法律、行政法规以及企业章程的规定向出资人提供真实、完整的财务、会计信息；应当依照法律、行政法规以及企业章程的规定，向出资人分配利润。

国有独资公司、国有资本控股公司和国有资本参股公司依照《公司法》的规定设立监事会。国有独资企业由履行出资人职责的机构按照国务院的规定委派监事组成监事会。

国家出资企业的监事会依照法律、行政法规以及企业章程的规定，对董事、高级管理人员执行职务的行为进行监督，对企业财务进行监督检查。国家出资企业依照法律规定，通过职工代表大会或者其他形式，实行民主管理。国家出资企业对其所出资企业依法享有资产收益、参与重大决策和选择管理者等出资人权利。

履行出资人职责的机构依照法律、行政法规以及企业章程的规定，任免或者建议任免国家出资企业的下列人员。

(1) 任免国有独资企业的经理、副经理、财务负责人和其他高级管理人员。

(2) 任免国有独资公司的董事长、副董事长、董事、监事会主席和监事。

(3) 向国有资本控股公司、国有资本参股公司的股东会、股东大会提出董事、监事人选。

国家出资企业中应当由职工代表出任的董事、监事，依照有关法律、行政法规的规定由职工民主选举产生。

未经履行出资人职责的机构同意，国有独资企业、国有独资公司的董事、高级管理人员不得在其他企业兼职。未经股东会、股东大会同意，国有资本控股公司、国有资本参股公司的董事、高级管理人员不得在经营同类业务的其他企业兼职。未经履行出资人职责的机构同意，国有独资公司的董事长不得兼任经理。未经股东会、股东大会同意，国有资本控股公司的董事长不得兼任经理。董事、高级管理人员不得兼任监事。

国家出资企业的董事、监事、高级管理人员，应当遵守法律、行政法规以及企业章程，对企业负有忠实义务和勤勉义务，不得利用职权收受贿赂或者取得其他非法收入和不当利益，不得侵占、挪用企业资产，不得超越职权或者违反程序决定企业重大事项，不得有其他侵害国有资产出资人权益的行为。

国家建立国家出资企业管理者经营业绩考核制度。履行出资人职责的机构应当对其任命的企业管理者进行年度和任期考核，并依据考核结果决定对企业管理者的奖惩。

国有独资企业、国有独资公司和国有资本控股公司的主要负责人，应当接受依法进行的任期经济责任审计。

(三)关系国有资产出资人权益的重大事项

1. 一般规定

国家出资企业合并、分立、改制、上市，增加或者减少注册资本，发行债券，进行重大投资，为他人提供大额担保，转让重大财产，进行大额捐赠，分配利润，以及解散、申请破产等重大事项，应当遵守法律、行政法规以及企业章程的规定，不得损害出资人和债权人的权益。

国有独资企业、国有独资公司合并、分立，增加或者减少注册资本，发行债券，分配利润，以及解散、申请破产，由履行出资人职责的机构决定。重要的国有独资企业、国有独资公司、国有资本控股公司的合并、分立、解散、申请破产以及法律、行政法规和本级人民政府规定应当由履行出资人职责的机构报经本级人民政府批准的重大事项，履行出资人职责的机构在作出决定或者向其委派参加国有资本控股公司股东会会议、股东大会会议的股东代表作出指示前，应当报请本级人民政府批准。

国家出资企业发行债券、投资等事项，有关法律、行政法规规定应当报经人民政府或者人民政府有关部门、机构批准、核准或者备案的，依照其规定。国家出资企业投资应当符合国家产业政策，并按照国家规定进行可行性研究；与他人交易应当公平、有偿，取得合理对价。国家出资企业的合并、分立、改制、解散、申请破产等重大事项，应当听取企

业工会的意见，并通过职工代表大会或者其他形式听取职工的意见和建议。

2. 企业改制

《企业国有资产法》中的企业改制是指：①国有独资企业改为国有独资公司；②国有独资企业、国有独资公司改为国有资本控股公司或者非国有资本控股公司；③国有资本控股公司改为非国有资本控股公司。

企业改制应当依照法定程序，由履行出资人职责的机构决定或者由公司股东会、股东大会决定。重要的国有独资企业、国有独资公司、国有资本控股公司的改制，履行出资人职责的机构在作出决定或者向其委派参加国有资本控股公司股东会会议、股东大会会议的股东代表作出指示前，应当将改制方案报请本级人民政府批准。

企业改制应当制定改制方案，载明改制后的企业组织形式、企业资产和债权债务处理方案、股权变动方案、改制的操作程序、资产评估和财务审计等中介机构的选聘等事项。企业改制涉及重新安置企业职工的，还应当制定职工安置方案，并经职工代表大会或者职工大会审议通过。企业改制应当按照规定进行清产核资、财务审计、资产评估，准确界定和核实资产，客观、公正地确定资产的价值。企业改制涉及以企业的实物、知识产权、土地使用权等非货币财产折算为国有资本出资或者股份的，应当按照规定对折价财产进行评估，以评估确认价格作为确定国有资本出资额或者股份数额的依据。不得将财产低价折股或者有其他损害出资人权益的行为。

3. 与关联方的交易

国家出资企业的关联方不得利用与国家出资企业之间的交易，谋取不当利益，损害国家出资企业利益。《企业国有资产法》所称关联方，是指本企业的董事、监事、高级管理人员及其近亲属，以及这些人员所有或者实际控制的企业。

国有独资企业、国有独资公司、国有资本控股公司不得无偿向关联方提供资金、商品、服务或者其他资产，不得以不公平的价格与关联方进行交易。

未经履行出资人职责的机构同意，国有独资企业、国有独资公司不得有下列行为。

(1) 与关联方订立财产转让、借款的协议。

(2) 为关联方提供担保。

(3) 与关联方共同出资设立企业，或者向董事、监事、高级管理人员或者其近亲属所有或者实际控制的企业投资。

国有资本控股公司、国有资本参股公司与关联方的交易，依照《公司法》和有关行政法规以及公司章程的规定，由公司股东会、股东大会或者董事会决定。由公司股东会、股东大会决定的，履行出资人职责的机构委派的股东代表，应当依照本法第十三条的规定行使权利。公司董事会对公司与关联方的交易作出决议时，该交易涉及的董事不得行使表决权，也不得代理其他董事行使表决权。

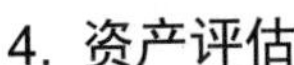

4. 资产评估

国有独资企业、国有独资公司和国有资本控股公司合并、分立、改制，转让重大财产，以非货币财产对外投资，清算或者有法律、行政法规以及企业章程规定应当进行资产评估的其他情形的，应当按照规定对有关资产进行评估。

国有独资企业、国有独资公司和国有资本控股公司应当委托依法设立的符合条件的资产评估机构进行资产评估；涉及应当报经履行出资人职责的机构决定的事项的，应当将委托资产评估机构的情况向履行出资人职责的机构报告；其董事、监事、高级管理人员应当向资产评估机构如实提供有关情况和资料，不得与资产评估机构串通评估作价。

资产评估机构及其工作人员受托评估有关资产，应当遵守法律、行政法规以及评估执业准则，独立、客观、公正地对受托评估的资产进行评估。资产评估机构应当对其出具的评估报告负责。

5. 国有资产转让

国有资产转让，是指依法将国家对企业的出资所形成的权益转移给其他单位或者个人的行为；按照国家规定无偿划转国有资产的除外。国有资产转让应当有利于国有经济布局和结构的战略性调整，防止国有资产损失，不得损害交易各方的合法权益。

国有资产转让由履行出资人职责的机构决定。履行出资人职责的机构决定转让全部国有资产的，或者转让部分国有资产致使国家对该企业不再具有控股地位的，应当报请本级人民政府批准。

国有资产转让应当遵循等价有偿和公开、公平、公正的原则。除按照国家规定可以直接协议转让的以外，国有资产转让应当在依法设立的产权交易场所公开进行。转让方应当如实披露有关信息，征集受让方。征集产生的受让方为两个以上的，转让应当采用公开竞价的交易方式。转让上市交易的股份依照《证券法》的规定进行。

国有资产转让应当以依法评估的、经履行出资人职责的机构认可或者由履行出资人职责的机构报经本级人民政府核准的价格为依据，合理确定最低转让价格。法律、行政法规或者国务院国有资产监督管理机构规定可以向本企业的董事、监事、高级管理人员或者其近亲属，或者这些人员所有或者实际控制的企业转让的国有资产，在转让时，上述人员或者企业参与受让的，应当与其他受让参与者平等竞买；转让方应当按照国家有关规定，如实披露有关信息；相关的董事、监事和高级管理人员不得参与转让方案的制订和组织实施的各项工作。

(四)国有资本经营预算

国家建立健全国有资本经营预算制度，对取得的国有资本收入及其支出实行预算管理。

国家取得的下列国有资本收入，以及下列收入的支出，应当编制国有资本经营预算。

(1) 从国家出资企业分得的利润。

(2) 国有资产转让收入。

(3) 从国家出资企业取得的清算收入。

(4) 其他国有资本收入。

国有资本经营预算按年度单独编制，纳入本级人民政府预算，报本级人民代表大会批准。国有资本经营预算支出按照当年预算收入规模安排，不列赤字。

国务院和地方人民政府应当对其授权履行出资人职责的机构履行职责的情况进行监督。国务院和地方人民政府审计机关依照《中华人民共和国审计法》(以下简称《审计法》)的规定，对国有资本经营预算的执行情况和属于审计监督对象的国家出资企业进行审计监督。

国务院和地方人民政府应当依法向社会公布国有资产状况和国有资产监督管理工作情况，接受社会公众的监督。任何单位和个人有权对造成国有资产损失的行为进行检举和控告。履行出资人职责的机构根据需要，可以委托会计师事务所对国有独资企业、国有独资公司的年度财务会计报告进行审计，或者通过国有资本控股公司的股东会、股东大会决议，由国有资本控股公司聘请会计师事务所对公司的年度财务会计报告进行审计，维护出资人权益。

(五)法律责任

《企业国有资产法》第六十八条规定：履行出资人职责的机构有下列行为之一的，对其直接负责的主管人员和其他直接责任人员依法给予处分。

(1) 不按照法定的任职条件，任命或者建议任命国家出资企业管理者的。

(2) 侵占、截留、挪用国家出资企业的资金或者应当上缴的国有资本收入的。

(3) 违反法定的权限、程序，决定国家出资企业重大事项，造成国有资产损失的。

(4) 有其他不依法履行出资人职责的行为，造成国有资产损失的。

《企业国有资产法》第六十九条规定：履行出资人职责的机构的工作人员玩忽职守、滥用职权、徇私舞弊，尚不构成犯罪的，依法给予处分。

《企业国有资产法》第七十条规定：履行出资人职责的机构委派的股东代表未按照委派机构的指示履行职责，造成国有资产损失的，依法承担赔偿责任；属于国家工作人员的，并依法给予处分。

《企业国有资产法》第七十一条规定：国家出资企业的董事、监事、高级管理人员有下列行为之一，造成国有资产损失的，依法承担赔偿责任；属于国家工作人员的，并依法给予处分。

(1) 利用职权收受贿赂或者取得其他非法收入和不当利益的。

(2) 侵占、挪用企业资产的。

(3) 在企业改制、财产转让等过程中，违反法律、行政法规和公平交易规则，将企业财产低价转让、低价折股的。

(4) 违反本法规定与本企业进行交易的。

(5) 不如实向资产评估机构、会计师事务所提供有关情况和资料，或者与资产评估机构、会计师事务所串通出具虚假资产评估报告、审计报告的。

(6) 违反法律、行政法规和企业章程规定的决策程序，决定企业重大事项的。

(7) 有其他违反法律、行政法规和企业章程执行职务行为的。

国家出资企业的董事、监事、高级管理人员因前款所列行为取得的收入，依法予以追缴或者归国家出资企业所有。

履行出资人职责的机构任命或者建议任命的董事、监事、高级管理人员有第七十一条第一款所列行为之一，造成国有资产重大损失的，由履行出资人职责的机构依法予以免职或者提出免职建议。

《企业国有资产法》第七十二条规定：在涉及关联方交易、国有资产转让等交易活动中，当事人恶意串通，损害国有资产权益的，该交易行为无效。

《企业国有资产法》第七十三条规定：国有独资企业、国有独资公司、国有资本控股公司的董事、监事、高级管理人员违反本法规定，造成国有资产重大损失，被免职的，自免职之日起五年内不得担任国有独资企业、国有独资公司、国有资本控股公司的董事、监事、高级管理人员；造成国有资产特别重大损失，或者因贪污、贿赂、侵占财产、挪用财产或者破坏社会主义市场经济秩序被判处刑罚的，终身不得担任国有独资企业、国有独资公司、国有资本控股公司的董事、监事、高级管理人员。

《企业国有资产法》第七十四条规定：接受委托对国家出资企业进行资产评估、财务审计的资产评估机构、会计师事务所违反法律、行政法规的规定和执业准则，出具虚假的资产评估报告或者审计报告的，依照有关法律、行政法规的规定追究法律责任。

◎ 情境综述

国有资产管理涉及国有资产的取得、认定、使用、收益、管理体制等多个方面。国有资产的存在形式主要依附于企业，因此，国有资产监督管理主要是对企业国有资产的监督管理。国有资产界定包括全民所有制企业中的产权界定、集体所有制企业中的国有资产所有权界定、中外合资及合作经营企业中国有资产所有权界定、股份制及联营企业中国有资产所有权界定和全民所有制单位之间产权界定以及《企业国有资产法》的相关内容规定。

◎ 技能训练

一、单项选择题

1. 《企业国有资产法》于(　　)起施行。

A. 2008 年 10 月 28 日　　B. 2009 年 10 月 28 日

C. 2008 年 5 月 1 日　　D. 2009 年 5 月 1 日

2. 根据《企业国有资产法》的规定，下列属于企业改制情形的是(　　)。

A. 国有独资公司改为非国有资本控股公司

B. 国有资本公司改为国有独资公司

C. 国有资本参股公司改为国有资本控股公司

D. 非国有资本控股公司改为国有资本控股公司

3. 国有资产属于国家所有，即全民所有。(　　)代表国家行使国有资产所有权。

A. 全体人民　　B. 国资委

C. 企业所在地的人民政府　　D. 国务院

4. 国有独资公司、国有资本控股公司和国有资本参股公司依照《公司法》的规定设立(　　)。

A. 董事会　　B. 股东会　　C. 股东大会　　D. 监事会

5. 国家出资企业依照法律规定，通过(　　)或者其他形式，实行民主管理。

A. 工会　　B. 职工代表大会

C. 职工大会　　D. 监察机构

6. 未经履行出资人职责的机构同意，国有独资公司的董事长不得兼任(　　)。

A. 监事　　B. 总经理　　C. 经理　　D. 董事

7. 国有独资企业、国有独资公司合并、分立，增加或者减少注册资本，发行债券，分配利润，以及解散、申请破产，由(　　)决定。

A. 国务院　　B. 董事会　　C. 国资委　　D. 履行出资人职责的机构

8. 国有资本经营预算按(　　)度单独编制，纳入本级人民政府预算，报本级人民代表大会批准。

A. 年　　B. 月　　C. 季度　　D. 半年度

9. 国务院和地方人民政府应当依法向社会公布国有资产状况和国有资产监督管理工作情况，接受(　　)的监督。

A. 媒体　　B. 职工代表大会

C. 股东　　D. 社会公众

10. 国家出资企业的关联方不得利用与国家出资企业之间的交易，谋取不当利益，损害国家出资企业利益。下列各项不属于这里所说的关联方的是(　　)。

A. 企业的董事　　B. 企业的监事

C. 企业的董事或监事的亲属　　D. 企业的高级管理人员

二、多项选择题

1. 《企业国有资产法》所称国家出资企业，是指(　　)。

A. 国家出资的国有独资企业　　B. 国有独资公司

C. 国有资本控股公司　　D. 国有资本参股公司

2. 国家出资企业对其动产、不动产和其他财产依照法律、行政法规以及企业章程享有(　　)的权利。

A. 占有　　B. 使用　　C. 收益　　D. 处分

3. 履行出资人职责的机构依照法律、行政法规以及企业章程的规定，任免或者建议任免国家出资企业的人员有(　　)。

A. 任免国有独资企业的经理、副经理、财务负责人和其他高级管理人员

B. 任免国有独资公司的董事长、副董事长、董事、监事会主席和监事

C. 向国有资本控股公司的股东会、股东大会提出董事、监事人选

D. 向国有资本参股公司的股东会、股东大会提出董事、监事人选

4. 未经股东会、股东大会同意，国有资本控股公司、国有资本参股公司的(　　)不得在经营同类业务的其他企业兼职。

A. 董事　　B. 监事

C. 高级管理人员　　D. 董事长

5. 国家出资企业的董事、监事、高级管理人员，应当遵守法律、行政法规以及企业章程，对企业负有忠实义务和勤勉义务，不得有下列(　　)行为。

A. 利用职权收受贿赂或者取得其他非法收入

B. 侵占、挪用企业资产

C. 超越职权或者违反程序决定企业事项

D. 有其他侵害国有资产出资人权益的行为

6. (　　)的主要负责人，应当接受依法进行的任期经济责任审计。

A. 国有独资企业　　B. 国有独资公司

C. 国有资本控股公司　　D. 国有企业

7. 企业改制应当按照规定进行(　　)，准确界定和核实资产，客观、公正地确定资产的价值。

A. 清产核资　　B. 财务审计　　C. 资产评估　　D. 编制职工安置方案

8. 未经履行出资人职责的机构同意，国有独资企业、国有独资公司不得有下列(　　)行为。

A. 与关联方订立财产转让、借款的协议

B. 为关联方提供担保

C. 与关联方共同出资设立企业

D. 向董事、监事、高级管理人员或者其近亲属所有或者实际控制的企业投资

9. 国有资产转让应当遵循(　　)的原则。

A. 等价有偿原则　　B. 公开原则

C. 公平原则　　D. 公正原则

10. 履行出资人职责的机构有下列(　　)行为之一的，对其直接负责的主管人员和其他直接责任人员依法给予处分。

A. 不按照法定的任职条件，任命或者建议任命国家出资企业管理者的

B. 侵占、截留、挪用国家出资企业的资金或者应当上缴的国有资本收入的

C. 违反法定的权限、程序，决定国家出资企业重大事项，造成国有资产损失的

D. 有其他不依法履行出资人职责的行为，造成国有资产损失的

任务二　税收法律制度

税收是指国家为满足社会公共需要，凭借其政治权力，强制、无偿地参与国民收入分配并取得财政收入的一种手段。税收的本质特征具体体现为税收制度，作为税收制度的法律表现形式，税法所确定的具体内容就是税收制度。因此，必须在深入理解税收的基础上把握税法的概念，掌握税法上的相关规定。

学习情境一　税收与税法

【案例 4-5】 中国公民王红是某高校教师，2012 年 1 月取得单位发放的工资 8000 元，包括缴付“五险一金”820 元，同时还取得 2011 年度的全年一次性奖金 40 000 元。另外，王红利用业余时间完成的学术专著也正式出版，出版社支付其稿酬 30 000 元。

【问题】 王红的上述收入所得是否要向国家纳税?

【结论】 王红的上述收入属于工资、薪金所得和稿酬所得，应该向国家缴纳个人所得税。

税收，是指以国家为主体，为实现国家职能，凭借政治权力，按照法定标准，无偿取得财政收入的一种特定分配形式。它体现了国家与纳税人在征税、纳税的利益分配上的一种特殊关系，是一定社会制度下的一种特定分配关系。税收具有无偿性、强制性、固定性，

这“三性”是税收区别于其他财政收入的形式特征。

所谓税法，即税收法律制度，是国家权力机关和行政机关制定的用以调整国家与纳税人之间在征纳税方面的权利与义务关系的法律规范的总称，是国家法律的重要组成部分。税法是以宪法为依据，调整国家与社会成员在征纳税方面的权利与义务关系，维护社会经济秩序和纳税秩序，保障国家利益和纳税人合法权益的一种法律规范，是国家税务机关及一切纳税单位和个人依法征税、依法纳税的行为规则。

(一)税收的作用

1. 税收具有资源配置的作用

这主要体现在为提供公共产品筹集资金，以及通过影响消费倾向改变社会的资源配置两个方面。从筹集公共产品的生产资金来看，主要目的在于协调公共产品和非公共产品的供给关系。每个纳税人都有权享受公共产品的利益，政府通过提供公共产品介入生产和消费之中，直接联系生产者和消费者。从影响部门间的资源配置来说，主要是通过税收影响个人收入水平，从而影响人们的消费倾向，进而影响投资需求来改变资源配置。

2. 税收具有收入再分配的作用

这一方面体现在通过税收征收，使市场机制下形成的高收入者多负担税收，低收入者少负担税收，从而使税后收入分配趋向公平；另一方面体现在通过税收支出、税收优惠，进而对国民收入进行再分配。

3. 税收具有稳定经济的作用

这体现在税收作为国家宏观经济调节工具的一种重要手段，其在政府收入中的重要份额决定了对公共部门消费的影响，进而会影响总需求。税收在税目、税率、减免税等方面的规定，会直接影响投资行为，从而对总需求产生影响。这样就达到了调节社会生产、交换、分配和消费，促进社会经济健康发展的目的。

4. 税收具有维护国家政权的作用

国家政权是税收产生和存在的必要条件，而国家政权的存在又有赖于税收的存在。没有税收，国家机器就不可能有效运转。同时，税收分配不是按照等价原则和所有权原则分配的，而是凭借政治权力，对物质利益进行调节，体现国家支持什么，限制什么，从而达到巩固国家政权的政治目的。

(二)税法要素

要素是指构成事物的必要因素，这里所说的税法要素是指税收实体法要素。税收实体法主要由如下基本要素构成。

(1) 征税人。征税人是指代表国家行使征税职权的各级税务机关和其他征收机关。因税种的不同，征税人也可能不同。我国的单项税法中都有有关征税人的规定。如增值税的征税人是税务机关，关税的征税人是海关。

(2) 纳税义务人。纳税义务人简称纳税人，是指依法直接负有纳税义务的自然人、法人和其他组织。如营业税的纳税人是在中国境内提供《中华人民共和国营业税法暂行条例》规定的任务，转让无形资产或销售不动产的单位和个人，而资源税的纳税人是在我国境内开采《中华人民共和国营业税法暂行条例》规定的产品或者生产盐的单位和个人。

(3) 征税对象。征税对象又称课税对象，是纳税的客体，在实际工作中也笼统称之为征税范围，它是指税收法律关系中权利义务所指向的对象，即对什么征税。我国现行的实体税收法规中分别规定了征税对象。如营业税的征税对象是提供劳务和销售不动产的经营者等。

(4) 税目。税目是税法中具体规定应当征税的项目，是征税对象的具体化。规定税目的目的有两个：一是为了明确征税的具体范围；二是为了对不同的征税项目加以区分，从而制定高低不同的税率。

(5) 税率。税率是指应纳税额与计税金额(或数量单位)之间的比例，它是计算税额的尺度。税率的高低直接体现国家的政策要求，直接关系到国家财政收入的多少和纳税人的负担程度，是税收法律制度中的核心要素。我国现行税法规定的税率有：①比例税率。比例税率是指对同一征税对象，不论其数额大小，均按同一个比例征税的税率。②累进税率。累进税率是根据征税对象数额的大小，规定不同等级的税率。即征税对象数额越大，税率越高。③定额税率。定额税率又称固定税率，是指按征税对象的一定单位直接规定固定的税额，而不采取百分比的形式。

(6) 计税依据。计税依据是指计算应纳税额的依据或标准，即依据什么来计算纳税人应缴纳的税额。一般分为从价计征和从量计征。

(7) 纳税环节。商品流转过程中，包括工业生产、农业生产、货物进出口、农产品采购或发运、商业批发、商业零售等在内的各个环节，具体被确定应当缴纳税款的环节就是纳税环节。

(8) 纳税期限。纳税期限是指纳税人的纳税义务发生后应依法缴纳税款的期限。

(9) 减免税。减免税是国家对某些纳税人和征税对象给予鼓励和照顾的一种特殊规定。

(10) 法律责任。法律责任是指对违反国家税法规定的行为人采取的处罚措施。

(三)我国现行税制

1994 年我国通过进行大规模的工商税制改革，已形成了工商税制的整体格局。同时，各地陆续取消了牧业税和农林特产税，自 2006 年 1 月 1 日起，在全国范围内废除了农业税条例。2006 年 4 月 28 日国务院颁布《中华人民共和国烟叶税暂行条例》，自公布之日起施行。现阶段，我国主要有如下税种：增值税、消费税、营业税、资源税、企业所得税、个人所得税、印花税、土地增值税、城镇土地使用税、房产税、车辆购置税、车船税、固定资产投资方向调节税(已停征)、城市维护建设税、城市房地产税、屠宰税、筵席税、耕地占用税、契税、关税、船舶吨税、烟叶税等。

我国税收征收管理机关主要有国家税务局、地方税务局和海关。

学习情境二 增值税法律制度

【案例4-6】 甲公司向乙公司销售一成套设备，并负责运送该设备和培训相关人员。根据合同约定，销售该成套设备的货款以及运输、人员培训费用由乙公司一并支付。

【问题】 甲公司该销售行为应该缴纳什么税?

【结论】 在这项业务中．既存在销售货物(甲公司向乙公司销售成套设备)，又存在提供非应税劳务(甲公司负责运输设备和培训相关人员)，且在该项业务中，这些行为都是由甲公司实现的，价款均从乙公司收取。所以该项业务属于混合销售行为，一并征收增值税。

增值税是指对从事销售货物或者加工、修理修配劳务，以及进出货物的单位和个人取得的增值额为计税依据征收的一种流转税。这里所说的“增值额”，是指纳税人在生产、经营或劳务服务活动中所创造的新增价值，即纳税人在一定时期内销售货物或提供劳务服务所取得的收入大于其购进货物或取得劳务服务时所支付金额的差额。

(一)增值税的征税范围

根据《中华人民共和国增值税暂行条例》的规定，在中华人民共和国境内销售货物或者提供加工、修理修配劳务以及进口货物的单位和个人，为增值税的纳税人，应当依照本条例缴纳增值税。

按照《中华人民共和国增值税暂行条例实施细则》的解释，征税范围具体如下。

1．销售货物

销售货物，是指有偿转让货物的所有权。这里的货物，特指有形动产，包括电力、热力、气体在内；这里的有偿，是指从购买方取得货币、货物或者其他经济利益。

单位或者个体工商户的下列行为视同销售货物。

(1) 将货物交付其他单位或者个人代销。

(2) 销售代销货物。

(3) 设有两个以上机构并实行统一核算的纳税人，将货物从一个机构移送其他机构用于销售，但相关机构设在同一县(市)的除外。

(4) 将自产或者委托加工的货物用于非增值税应税项目。

(5) 将自产、委托加工的货物用于集体福利或者个人消费。

(6) 将自产、委托加工或者购进的货物作为投资，提供给其他单位或者个体工商户。

(7) 将自产、委托加工或者购进的货物分配给股东或者投资者。

(8) 将自产、委托加工或者购进的货物无偿赠送其他单位或者个人。

2．提供加工修理修配劳务

加工是指受托加工货物，即委托方提供原料及主要材料，受托方按照委托方的要求，制造货物并收取加工费的业务。修理修配是指受托对损伤和丧失功能的货物进行修复，使其恢复原状和功能的业务。

3．进口货物

进口货物是指进入中国关境的货物。对于进口货物，除依法征收关税外，还应在进口环节征收增值税。

(二)增值税纳税人

增值税的纳税人，是在中华人民共和国境内销售货物或者提供加工、修理修配劳务以及进口货物的单位和个人。单位，是指企业、行政单位、事业单位、军事单位、社会团体及其他单位。个人，是指个体工商户和其他个人。在中华人民共和国境内销售货物或者提供加工、修理修配劳务，是指销售货物的起运地或者所在地在境内或者提供的应税劳务发生在境内。

在实际经济生活中，人们将增值税纳税人分为一般纳税人和小规模纳税人，分别采取不同的计税方法。

小规模纳税人的认定标准如下。

(1) 从事货物生产或者提供应税劳务的纳税人，以及以从事货物生产或者提供应税劳务为主(是指纳税人的年货物生产或者提供应税劳务的销售额占年应税销售额的比重在50%以上)，并兼营货物批发或者零售的纳税人，年应征增值税销售额(以下简称应税销售额)在50万元以下(含本数,下同)的；

(2) 上述规定以外的纳税人，年应税销售额在80万元以下的。

(3) 年应税销售额超过小规模纳税人标准的其他个人按小规模纳税人纳税。

(4) 非企业性单位、不经常发生应税行为的企业可选择按小规模纳税人纳税。

(三)增值税税率

1. 基本税率

一般纳税人销售或者进口货物，提供加工、修理、修配劳务，除低税率适用范围和销售个别旧货外，税率一律为17%。

2. 低税率

增值税一般纳税人销售或者进口下列货物，税率为13%。

(1) 粮食、食用植物油。

(2) 自来水、暖气、冷气、热水、煤气、石油液化气、天然气、沼气、居民用煤炭制品。

(3) 图书、报纸、杂志。

(4) 饲料、化肥、农药、农机、农膜。

(5) 国务院规定的其他货物。

3. 零税率

纳税人出口货物，税率为零。但是，国务院另有规定的除外，主要有纳税人出口的原油、援外出口货物、糖、天然牛黄、麝香、铜及铜基合金、铂金等。

4. 征收率

增值税对小规模纳税人采用简易征收办法，对其适用的税率称为征收率。小规模纳税人增值税征收率为3%。征收率的调整由国务院决定。

学习情境三　消费税法律制度

【案例 4-7】 某酒厂试制一批新型号的粮食白酒 5000 千克发给本厂职工作为中秋节的福利，该批酒成本价格 60 000 元，成本利润率 10%，该产品无同类市场价格。

【问题】 计算该酒厂组成计税价格和应缴纳的消费税和增值税。

【结论】实行复合计税办法计税的组成计税价格的计算公式为

组成计税价格=(成本+利润+自产自用数量×定额税率)÷(1−比例税率)

组成计税价格=(60 000+60 000×10%+5000)÷(1−20%)=88 750 (元)

应纳消费税=88 750×20%+5000=22 750 (元)

应纳增值税=[60 000×(1+10%)+5000]÷(1−20%)×17%=15 087.5(元)

应纳增值税=[60 000×(1+10%)+22 750]×17%=15 087.5(元)

消费税是指对特定的消费品和消费行为在特定的环节征收的一种流转税。具体地说，是指对从事生产、委托加工及进口应税消费品的单位和个人，就其消费品的销售额或销售数量或者销售额与销售数量相结合征收的一种流转税。

(一)消费税纳税人

根据《中华人民共和国消费税暂行条例》(以下简称《消费税暂行条例》)的规定，在中华人民共和国境内生产、委托加工和进口本条例规定的消费品的单位和个人，以及国务

院确定的销售本条例规定的消费品的其他单位和个人，为消费税的纳税人，应当依照本条例缴纳消费税。

单位，是指企业、行政单位、事业单位、军事单位、社会团体及其他单位。个人，是指个体工商户及其他个人。在中华人民共和国境内，是指生产、委托加工和进口属于应当缴纳消费税的消费品的起运地或者所在地在境内。

(二)消费税征税范围和消费税税目及税率

1. 消费税征税范围

列入消费税征税范围的消费品可以归纳为以下几类。

(1) 过度消费会对人的身体健康、社会秩序、生态环境等方面造成危害的特殊消费品，如烟、酒、鞭炮、焰火等。

(2) 奢侈品、非生活必需品，如化妆品、贵重首饰、珠宝玉石等。

(3) 高能耗及高档消费品，如游艇、小汽车等。

(4) 使用和消耗不可再生和替代的稀缺资源的消费品，如成品油、实木地板等。

(5) 税基宽广、消费普遍、征税后不影响广大居民基本生活，增加财政收入的消费品，如摩托车、汽车轮胎等。

2. 消费税税目

现行消费税共设 14 个税目：烟，酒及酒精，鞭炮、焰火，化妆品，成品油，贵重首饰及珠宝玉石，高尔夫球及球具，高档手表，游艇，木制一次性筷子，实木地板，汽车轮胎，摩托车，小汽车等。

3. 消费税税率

我国现行消费税税率分别采用比例税率、定额税率、复合税率三种形式，以适应不同应税消费品的实际情况。

比例税率主要适用于价格差异较大，计量单位不规范的应税消费品，如化妆品 30%、贵重首饰及珠宝玉石 5%或 10%、高档手表 20%、木制一次性筷子 5%、实木地板 5%、汽车轮胎 3%等。

定额税率主要适用于价格差异不大，计量单位规范的应税消费品，如甲类啤酒 250 元/吨、乙类啤酒 220 元/吨、黄酒 240 元/吨、柴油 0.1 元/升。

复合税率主要适用于价格差异较大，税源较多的烟酒类消费品，如粮食白酒比例税率 20%、定额税率为 0.5 元/500 克，甲类卷烟比例税率 45%、定额税率为 0.003 元/支。

学习情境四　营业税法律制度

【案例 4-8】 甲建筑公司以 1.6 亿元的总承包额中标为乙公司承建一栋办公大楼，甲建筑公司又以 6000 万元将该办公大楼的装修工程分包给丙公司。

【问题】 请分别计算甲、丙公司应缴纳的营业税额。

【结论】 纳税人的营业额为纳税人提供应税劳务、转让无形资产或者销售不动产收取的全部价款和价外费用。但是，纳税人将建筑工程分包给其他单位的，以其取得的全部价款和价外费用扣除其支付给其他单位的分包款后的余额为营业额，即

甲公司应纳营业税额=(16 000−6000)×3%=300 (万元)

乙公司应纳营业税额=6000×3%=180 (万元)

营业税是对在我国境内提供应税劳务、转让无形资产和销售不动产的单位和个人，就其所取得的营业额征收的一种流转税。劳务是指属于交通运输业、建筑业、金融保险业、邮电通信业、文化体育业、娱乐业、服务业税目征收范围的劳务，称为应税劳务，加工和修理、修配不在劳务范围内，称为非应税劳务。

(一)营业税征税范围

营业税的征税范围包括提供应税劳务、转让无形资产和销售不动产。其中，提供应税劳务是指提供交通运输、建筑、金融保险、邮电通信、文化体育、娱乐以及服务等劳务。列入营业税税目的征收营业税，没有列入营业税税目的不征收营业税。营业税税目是按行业设计的，为了便于执行，有的税目下还设置了若干子目，它是税目的具体化。营业税一共设置了 9 个税目，分别为：交通运输业、建筑业、金融保险业、邮电通信业、文化体育业、娱乐业、服务业、转让无形资产、销售不动产。

(二)营业税纳税人

根据《中华人民共和国营业税暂行条例规定》(以下简称《营业税暂行条例规定》)，在中华人民共和国境内提供本条例规定的劳务、转让无形资产或者销售不动产的单位和个人，为营业税的纳税人，应当依照本条例缴纳营业税。

这里的提供是指有偿提供劳务、有偿转让无形资产或者有偿转让不动产所有权的行为，单位或者个体工商户聘用的员工为本单位或者雇主提供条例规定的劳务不包括在内。

这里的在中华人民共和国境内(以下简称境内)提供条例规定的劳务、转让无形资产或者销售不动产是指：①提供或者接受条例规定劳务的单位或者个人在境内；②所转让的无形资产(不含土地使用权)的接受单位或者个人在境内；③所转让或者出租土地使用权的土地在境内；④所销售或者出租的不动产在境内。

纳税人有下列情形之一的，视同发生应税行为：单位或者个人将不动产或者土地使用

权无偿赠送其他单位或者个人，单位或者个人自己新建(以下简称自建)建筑物后销售，其所发生的自建行为视同发生应税行为，应为营业税纳税人。

(三)营业税税率

现行营业税，区分不同行业和经营业务，设计了3%、5%、5%～20%等3档税率。营业税税目税率见表4-1。

表4-1　营业税税目税率表

税　目	税　率
一、交通运输业	3%
二、建筑业	3%
三、金融保险业	5%
四、邮电通信业	3%
五、文化体育业	3%
六、娱乐业	5% ～ 20%
七、服务业	5%
八、转让无形资产	5%
九、销售不动产	5%

纳税人兼有不同税目应税行为的，应分别核算不同税目的营业额。不分别核算或不能准确提供营业额的，其适用不同税率的应税劳务项目，一并按从高税率征税。纳税人兼营应税劳务项目与减免税项目的，应单独核算减免税项目的营业额，未单独核算或不能准确核算的，不得减税、免税。

学习情境五　关税法律制度

【案例4-9】 中国甲公司进口一批货物，海关于2011年3月1日填发税款缴纳书，经审核货物的到岸价折合人民币1000万元，但甲公司2011年3月27日才缴清了税款。已知该货物的关税税率为10%，增值税税率为17%。

【问题】 计算甲公司应缴纳的税款滞纳金。

【结论】 应缴纳的关税=1000×10%=100(万元)，应缴纳的增值税=(1000+100)×17%=187(万元)。关税缴纳期限届满日为3月15日，从3月16日至缴纳关税之日3月27日止，滞纳天数为12天。应缴纳的税款滞纳金=(100+187)×0.5‰×12=1.722(万元)。

关税是海关依法对进出国境或关境的货物、物品征收的一种税。关境又称“海关境域”或“关税领域”，是指一国海关法规可以全面实施的领域。国境是一个主权国家的领土范围。关税一般分为进口关税、出口关税和过境关税。我国日前对进出境货物征收的关税分为进口关税和出口关税两类。

(一)关税征税范围

关税的征税范围包括国家准许进出口的货物、进境物品，但法律、行政法规另有规定的除外。货物，是指贸易性商品；物品，是指入境旅客随身携带的行李物品、个人邮递物品、各种运输工具上的服务人员携带进口的自用物品、馈赠物品以及其他方式进境的个人物品。对从境外采购进口的原产于中国境内的货物，海关也要依照《中华人民共和国海关进出口税则》(以下简称《海关进出口税则》)征收进口关税。具体地说，除国家规定享受减免税的货物可以免征或减征关税外，所有进口货物和少数出口货物均属于关税的征税范围。

(二)关税纳税人

关税纳税人包括进口货物的收货人、出口货物的发货人、进出境物品的所有人。进出口货物的收、发货人是依法取得对外贸易经营权，并进口或者出口货物的法人或者其他社会团体。进出境物品的所有人包括该物品的所有人和推定为所有人的人。一般情况下，对于携带进境的物品，推定其携带人为所有人；对分离运输的行李，推定相应的进出境旅客为所有人；对以邮递方式进境的物品，推定其收件人为所有人；对以邮递或其他运输方式出境的物品，推定其寄件人或托运人为所有人。

(三)税目

关税的税目和税率由《海关进出口税则》规定。《海关进出口税则》是根据世界海关组织(WCO)发布《商品名称及编码协调制度》(HS)而制定的。《商品名称及编码协调制度》是一部科学、系统的国际贸易商品分类体系，是国际上多个商品分类目录协调的产物，适合于与国际贸易有关的多方面的需要，如海关、统计、贸易、运输、生产等，成为国际贸易商品分类的一种“标准语言”。它包括三个主要部分：归类总规则、进口税率表、出口税率表。其中，归类总规则是进出口货物分类的具有法律效力的原则和方法。

《海关进出口税则》中的商品分类目录由类、章、项目、一级子目和二级子目五个等级、八位数码组成。按照税则归类总规则及其归类方法，每一种商品都能找到一个最适合的对应税日。

(四)税率

关税税率为差别比例税率，分为进口货物税率、出口货物税率和进口物品税率。

1. 进口货物税率

按照 WTO 的有关规定，自 2012 年 1 月 1 日起，我国进口税设有最惠国税率、协定税率、特惠税率、普通税率、关税配额税率等税率。对进口货物在一定期限内可以实行暂定税率。

2. 出口货物税率

出口关税税率是对出口货物征收关税而规定的税率。目前我国仅对少数资源性产品及易于竞相杀价、需要规范出口秩序的半制成品征收出口关税。

与进口关税税率一样，出口关税税率也规定有暂定税率。与进口暂定税率一样，出口暂定税率优先适用于出口税则中规定的出口关税税率。

未定有出口关税税率的货物，不征出口关税。

3. 进口物品税率

对非贸易型物品所适用的税率根据《关于入境旅客行李物品和个人邮递物品征收进口税办法》所附的税率表(见表 4-2)确定。

表 4-2 入境旅客行李物品和个人邮递物品征收进口税税率表

税　号	物品名称	进口税率/%
1	书报、刊物、教育专用的电影片、幻灯片； 原版录音带、录像带； 金、银及其制品； 食品、饮料； 本表 2、3、4 税号及备注中所不包括的其他商品	10
2	纺织品和制成品； 电器用具(不包括摄像机)； 照相机、自行车、手表、钟表(含配件、附件)	30
3	化妆品、摄像机	80
4	烟、酒	100

注：避孕用具和药品，超过海关规定的自用合理数量部分按有关规定予以退运或按货物进口和程序办理报关验放手续。

学习情境六　企业所得税法律制度

【案例 4-10】 某企业 2012 年度会计上核算的营业收入为 1200 万元，营业成本为 500 万元，期间费用为 300 万元，营业税金及附加为 50 万元，营业外收入为 100 万元，投资收益为 10 万元，通过公益性团体向灾区捐款 100 万元。

【问题】 该企业 2012 年税前可以扣除的捐赠支出金额是多少。

【结论】 利润总额=1200−500−300−50+100+10−100=360 (万元)，公益性捐赠扣除限额=360 × 12%=43.2(万元)，小于实际捐赠支出的 100 万元，所以按照限额税前扣除。因此，该企业 2012 年税前可以扣除的捐赠支出金额为 43.2 万元。

企业所得税是指国家对企业和组织的生产经营所得和其他所得征收的一种税。企业所

得税的计税依据为应纳税所得额。应纳税所得额是纳税人每一纳税年度的收入总额减去不征税收入、免税收入、各项扣除项目和允许弥补的以前年度亏损后的余额。其中确定收入总额时涉及包括准予扣除的项目、不得扣除项目、亏损弥补等内容。企业所得税应纳税额等于纳税人应纳税所得额乘以适用税率减去减免和抵免税额后的余额。

(一)纳税人、扣缴义务人

1．纳税人

在中华人民共和国境内，企业和其他取得收入的组织(以下简称企业)为企业所得税的纳税人。企业分为居民企业和非居民企业。

居民企业，是指依照一国法律、法规在该国境内成立，或者实际管理机构、总机构在该国境内的企业。《中华人民共和国企业所得税法》(以下简称《企业所得税法》)所称的居民企业是指依照中国法律、法规在中国境内成立，或者依照外国(地区)法律成立但实际管理机构在中国境内的企业。例如，在我国注册成立的沃尔玛(中国)公司、通用汽车(中国)公司、就是我国的居民企业；在英国、百慕大群岛等国家和地区注册的公司，如实际管理机构在我国境内，也是我国的居民企业。上述企业应就其来源于我国境内外的所得缴纳企业所得税。

非居民企业，是指按照一国税法规定不符合居民企业标准的企业。《企业所得税法》所称的非居民企业是指依照外国(地区)法律、法规成立且实际管理机构不在中国境内，但在中国境内设立机构、场所的，或者在中国境内未设立机构、场所，但有来源于中国境内所得的企业。例如，在我国设立有代表处及其他分支机构的外国企业。

2．扣缴义务人

非居民企业在中国境内未设立机构、场所的，或者虽然设立机构、场所但取得的所得与其所设机构、场所没有实际联系的，其来源于中国境内的所得缴纳企业所得税，实行源泉扣缴，以支付人为扣缴义务人。税款由扣缴义务人在每次支付或者到期应支付时，从支付或者到期应支付的款项中扣缴。

对非居民企业在中国境内取得工程作业和劳务所得应缴纳的所得税，税务机关可以指定工程价款或者劳务费的支付人为扣缴义务人。

为增强企业所得税与个人所得税的协调，避免重复征税，《企业所得税法》规定，按照《中华人民共和国个人独资企业法》、《中华人民共和国合伙企业法》的规定成立的个人独资企业和合伙企业，不是企业所得税的纳税人。

(二)征收范围

企业所得税的征收范围包括我国境内的企业和组织取得的生产经营所得和其他所得。

居民企业应当就其来源于中国境内、境外的所得，缴纳企业所得税。非居民企业在中国境内设立机构、场所的，应当就其所设机构、场所取得的来源于中国境内的所得，以及发生在中国境外但与其所设机构、场所有实际联系的所得，缴纳企业所得税。

非居民企业在中国境内未设立机构、场所的，或者虽设立机构、场所但取得的所得与其所设机构、场所没有实际联系的，应当就其来源于中国境内的所得缴纳企业所得税，即预提所得税。

(三)企业所得税税率

企业所得税税率采用比例税率，是对纳税人应纳税所得额征税的比率，即应纳税额与应纳税所得额的比率。《企业所得税法》规定，企业所得税的税率为25%。非居民企业在中国境内未设立机构、场所的，或者虽设立机构、场所但取得的所得与其所设机构、场所没有实际联系的，其来源于中国境内的所得缴纳企业所得税，适用税率为20%。

此外，国家为了重点扶持和鼓励发展特定的产业和项目，还规定了两档税率：符合条件的小型微利企业，减按20%的税率征收企业所得税；国家需要重点扶持的高新技术企业，减按15%的税率征收企业所得税。

学习情境七　个人所得税法律制度

【案例 4-11】 中国公民李伟是某设计研究院的一名员工，李伟所在单位实行年薪制，2012 年其工资收入每月 4000 元，12 月取得年终效益工资 64 000 元。

【问题】 计算李伟 2012 年全年的工资、薪金所得应缴纳的个人所得税。

【结论】 实行年薪制工资办法的单位根据考核情况兑现的年终效益工资应当按照一次性全年奖金计算办法计算缴纳的个人所得税。

① 全年工资所得应纳个人所得税 = (4000 − 3500) × 3% × 12 = 180 (元)。

② 64 000÷12 = 5 333.33(元)，据此确定年终效益奖金适用为 30%，速算扣除数为 2755(元)，年终效益奖金应纳数额=64 000×20%−2755=10 045 (元)。

③ 2012 年工资、薪金所得应纳税额=180+10 045=10 225 (元)。

个人所得税是指对以个人取得的各项应税所得为征税对象而征收的一种税。

(一)个人所得税的纳税义务人

个人所得税的纳税义务人是指我国《中华人民共和国个人所得税法》(以下简称《个人所得税法》)上规定的直接负有纳税义务的主体，包括中国公民、个体工商户、外籍人士及港澳台同胞等。

根据纳税人的住所和居住时间两个标准，可以将我国的个人所得税纳税人分为居民纳税人和非居民纳税人，分别承担不同的纳税义务。居民纳税人是指在中国境内有住所或者

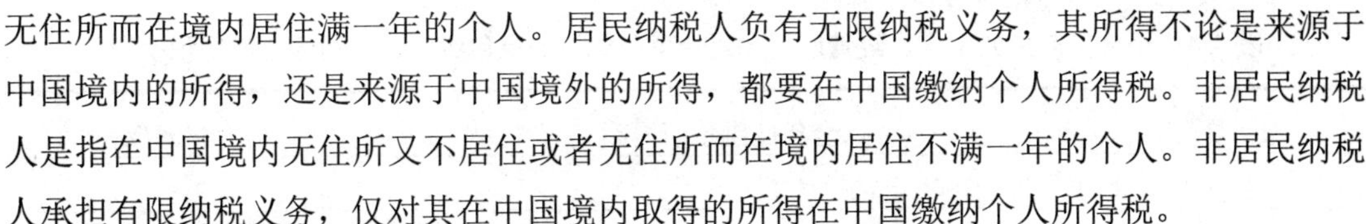

无住所而在境内居住满一年的个人。居民纳税人负有无限纳税义务，其所得不论是来源于中国境内的所得，还是来源于中国境外的所得，都要在中国缴纳个人所得税。非居民纳税人是指在中国境内无住所又不居住或者无住所而在境内居住不满一年的个人。非居民纳税人承担有限纳税义务，仅对其在中国境内取得的所得在中国缴纳个人所得税。

(二)个人所得税的征税对象

个人所得税的征税对象是个人取得的应税所得。《个人所得税法》第二条规定了 11 项应税所得，具体为：①工资、薪金所得；②个体工商户的生产、经营所得；③企业、事业单位的承包经营、承租经营所得；④劳务报酬所得；⑤稿酬所得；⑥特许权使用费所得；⑦利息、股息、红利所得；⑧财产租赁所得；⑨财产转让所得；⑩偶然所得；⑪经国务院财政部门确定征税的其他所得。

(三)个人所得税税率

我国的个人所得税税率按照所得项目不同分别确定，具体有超额累进税率和比例税率两种形式。

1. 工资、薪金所得适用税率

工资、薪金所得适用超额累进税率，税率为 3%～45%(详见表 4-3)。

表 4-3 工资、薪金所得个人所得税税率表

级 数	全月应纳税所得额	税率/%
1	不超过 1500 元的	3
2	超过 1500 元至 4500 元的部分	10
3	超过 4500 元至 9000 元的部分	20
4	超过 9000 元至 35 000 元的部分	25
5	超过 35 000 元至 55 000 元的部分	30
6	超过 55 000 元至 80 000 元的部分	35
7	超过 80 000 元的部分	45

注：本表所称全月应纳税所得额是指依照《个人所得税法》的规定，以每月收入额减除费用三千五百元以及附加减除费用后的余额。

2. 个体工商户的生产、经营所得和对企事业单位的承包经营、承租经营所得适用税率

个体工商户的生产、经营所得和对企事业单位的承包经营、承租经营所得，适用 5%～35%的超额累进税率(详见表 4-4)。

表 4-4　个体工商户的生产、经营所得和对企事业单位的承包经营、承租经营所得税率表

级　数	全年应纳税所得额	税率/%
1	不超过 15 000 元的	5
2	超过 15 000 元至 30 000 元的部分	10
3	超过 30 000 元至 60 000 元的部分	20
4	超过 60 000 元至 100 000 元的部分	30
5	超过 100 000 元的部分	35

注：本表所称全年应纳税所得额是指依照《个人所得税法》的规定，以每一纳税年度的收入总额减除成本、费用以及损失后的余额。

3. 稿酬所得适用税率

稿酬所得适用比例税率，税率为 20%，并按应纳税额减征 30%。

4. 劳务报酬所得适用税率

劳务报酬所得适用比例税率，税率为 20%。对劳务报酬所得一次收入畸高的，可以实行加成征收。所谓劳务报酬所得一次收入畸高，是指个人一次取得劳务报酬，其应纳税所得额超过 2 万元。对应纳税所得额超过 2 万元至 5 万元的部分，依照税法规定计算应纳税额后再按照应纳税额加征五成；超过 5 万元的部分，加征十成。因此，劳务报酬所得实际上适用 20%、30%和 40%的三级超额累进税率(详见表 4-5)。

表 4-5　劳务报酬所得个人所得税税率表

级　数	每次应纳税所得额	税率/%
1	不超过 20 000 元的部分	20
2	不超过 20 000 至 50 000 元的部分	30
3	超过 50 000 元的部分	40

注：本表所称每次应纳税所得额是指每次收入额减除费用 800 元(每次收入额不超过 4000 元时)或者减除 20%的费用(每次收入额超过 4000 元时)后的余额。

5. 特许权使用费所得，利息、股息、红利所得，财产租赁所得，财产转让所得，偶然所得和其他所得适用税率

特许权使用费所得，利息、股息、红利所得，财产租赁所得，财产转让所得，偶然所得和其他所得适用比例税率，税率为 20%。

学习情境八　财产税法律制度

【案例 4-12】 公民李明 2008 年购置了一套价值 100 万元的新住房，同时将原有的一

套住房以 50 万元的价格卖给公民王明，当地政府规定的契税税率为 4%。

【问题】 计算李明与王明应缴纳的契税是多少？

【结论】 契税以受让方为纳税人，所以李明购置新房，王明购进二手房，二者均为契税纳税人。

李明应纳税额=100×4%=4 (万元)

王明应纳税额=50×4%=2 (万元)

财产税是以纳税人拥有的财产数量或财产价值为征税对象的一类税收。我国目前选择了对房屋、车船等税源容易控制、可操作性强的财产征收财产税。

(一)房产税

房产税是以房产为征税对象，按照房产的计税价值或房产租金收入向房产所有人或经营管理人等征收的一种税。征收房产税的目的是运用税收杠杆，加强对房产的管理，控制固定资产投资规模和配合国家房产政策的调整，合理调节房产所有人和经营人的收入。

1．房产税的纳税人

房产税的纳税人，是指在我国城市、县城、建制镇和工矿区内拥有房屋产权的单位和个人。具体包括产权所有人、经营管理单位、承典人、房产代管人或者使用人。

(1) 产权属于国家所有的，其经营管理的单位为纳税人；产权属于集体和个人的，集体单位和个人为纳税人。

(2) 产权出典的，承典人为纳税人。

(3) 产权所有人、承典人均不在房产所在地的，或者产权未确定以及租典纠纷未解决的，房产代管人或者使用人为纳税人。

(4) 纳税单位和个人无租使用房产管理部门、免租单位及纳税单位的房产，应由使用人代为缴纳房产税。

自 2009 年 1 月 1 日起，外商投资企业、外国企业和组织以及外籍个人(包括港澳台资企业和组织以及华侨、港澳台同胞)，依照《中华人民共和国房产税暂行条例》缴纳房产税。

2．房产税的征税范围

房产税的征税范围为城市、县城、建制镇和工矿区的房屋。其中，城市是指国务院批准设立的市，其征税范围为市区、郊区和市辖县城，不包括农村；县城是指未设立建制镇的县人民政府所在地的地区；建制镇是指经省、自治区、直辖市人民政府批准设立的建制镇；工矿区是指工商业比较发达，人口比较集中，符合国务院规定的建制镇的标准，但尚未设立建制镇的大中型工矿企业所在地。

3. 房产税的税率

房产税采用比例税率。根据计税依据的不同可分为以下两种。

(1) 从价计征的，税率为1.2%，按房产原值一次减除10%～30%后的余值的1.2%计征。

(2) 从租计征的，税率为12%，即按房产出租的租金收入的12%计征。从2001年1月1日起，对个人按市场价格出租的居民住房，用于居住的，可暂减按4%的税率征收房产税。

(二)契税

契税是指国家在土地、房屋权属转移时，按照当事人双方签订的合同(契约)，以及所确定价格的一定比例，向权属承受人征收的一种税。

1. 契税的纳税人

契税的纳税人是指在我国境内承受土地、房屋权属转移的单位和个人。契税由权属的承受人缴纳。这里所说的“承受”，是指以受让、购买、受赠、交换等方式取得的土地、房屋权属的行为。土地、房屋权属，是指土地使用权和房屋所有权；单位，是指企业单位、事业单位、国家机关、军事单位和社会团体以及其他组织；个人，是指个体经营者及其他个人。

2. 契税的征税范围

契税以在我国境内转移土地、房屋权属的行为作为征税对象。土地、房屋权属未发生转移的，不征收契税。契税的征税范围主要包括以下几种。

(1) 国有土地使用权出让。国有土地使用权出让是指土地使用者向国家交付土地使用权出让费用，国家将国有土地使用权在一定年限内让与土地使用者的行为。出让费用包括出让金、土地收益等项。

(2) 土地使用权转让。土地使用权转让是指土地使用者以出售、赠与、交换或者其他方式将土地使用权转移给其他单位和个人的行为。土地使用权的转让不包括农村集体土地承包经营权的转移。

(3) 房屋买卖。房屋买卖是指房屋所有者将其房屋出售，由承受者支付货币、实物、无形资产或其他经济利益的行为。

(4) 房屋赠与。房屋赠与是指房屋所有者将其房屋无偿转让给受赠者的行为。

(5) 房屋交换。房屋交换是指房屋所有者之间相互交换房屋的行为。

3. 契税的税率

契税采用比例税率，并实行 3%～5%的幅度税率。具体税率由省、自治区、直辖市人民政府在幅度税率规定范围内，按照本地区的实际情况确定，以适应不同地区纳税人的负担水平和调控房地产交易的市场价格。

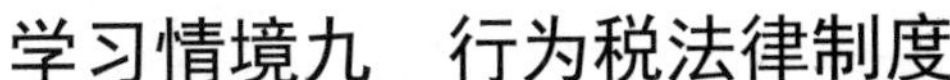

学习情境九　行为税法律制度

【案例 4-13】 某企业为增值税一般纳税人，2010 年 12 月份实际缴纳增值税 300 000 元，缴纳消费税 400 000 元，缴纳营业税 200 000 元。被查补增值税 4000 元、消费税 5000 元，处以罚款 5000 元，加收滞纳金 2000 元。已知该地区城市维护建设税税率为 7%。

【问题】 计算该企业 12 月份应缴纳的城市维护建设税税额。

【结论】 该企业应缴纳城市维护建设税税额=(实际缴纳的增值税税额+实际缴纳的消费税税额+实际缴纳的营业税税额)×适用税率

应纳税额=(300 000+400 000+200 000+4000+6000)×7%=63 700(元)

行为税也称特定行为目的税类，是以纳税人的某些特定行为为征税对象的一类税收。

(一)印花税

印花税是对经济活动和经济交往中书立、领受、使用税法规定应税凭证的单位和个人征收的一种行为税。凡发生书立、领受、使用应税凭证行为的，都应按照规定缴纳印花税。

1．印花税的纳税人

根据《中华人民共和国印花税暂行条例》(以下简称《印花税暂行条例》)的规定，在中华人民共和国境内书立、领受本条例所列举凭证的单位和个人，都是印花税的纳税义务人(以下简称纳税人)，应当按照本条例规定缴纳印花税。这里的单位和个人，是指国内各类企业、事业、机关、团体、部队以及中外合资企业、合作企业、外资企业、外国公司企业和其他经济组织及其在华机构等单位和个人。

凡是缴纳工商统一税的中外合资企业、合作企业、外资企业、外国公司企业和其他经济组织，其缴纳的印花税，可以从所缴纳的工商统一税中如数抵扣。

如果一份合同或应税凭证由两方或两方以上当事人共同签订，签订合同或应税凭证的各方都是纳税人，应各就其所持合同或应税凭证的计税金额履行纳税义务。

2．印花税的征税范围

印花税的征税范围如下。

(1) 购销、加工承揽、建设工程承包、财产租赁、货物运输、仓储保管、借款、财产保险、技术合同或者具有合同性质的凭证。

(2) 产权转移书据，是指单位和个人产权的买卖、继承、赠与、交换、分割等所立的书据。

(3) 营业账簿，是指单位或者个人记载生产经营活动的财务会计核算账簿。

(4) 权利、许可证照。

(5) 经财政部确定征税的其他凭证。

3. 印花税的税率

纳税人根据应纳税凭证的性质，分别按比例税率或者按件定额计算应纳税额。具体税率、税额的确定，依照《印花税暂行条例》所附《印花税税目税率表》执行。印花税的税率有两种形式，即比例税率和定额税率。对载有金额的凭证，如各类合同、资金账簿等，采用比例税率，税率为 0.5‰～1‰；对无法计算金额的凭证，或虽载有金额，但作为计税依据不合理的凭证，采用定额税率，以件为单位缴纳一定数额的税款。权利、许可证照，营业账簿中的其他账簿，均为按件贴花，税额为每件 5 元。

(二)车船税

车船税是指对在中国境内属于《中华人民共和国车船税法》(以下简称《车船税法》)中《车船税税目税额表》(见表 4-6)规定的车辆、船舶(以下简称车船)的所有人或者管理人征收的一种税。征收车船税，可以促使纳税人提高车船使用效益，督促纳税人合理利用车船，调节和促进经济发展。

1. 车船税的纳税人

在中华人民共和国境内属于《车船税法》所附《车船税税目税额表》规定的车辆、船舶(以下简称车船)的所有人或者管理人，为车船税的纳税人，应当依照《车船税法》缴纳车船税。管理人是指对车船具有管理权或者使用权，不具有所有权的单位和个人。

2. 车船税的征税对象和范围

《车船税法》里面的车辆、船舶是指：①依法应当在车船登记管理部门登记的机动车辆和船舶；②依法不需要在车船登记管理部门登记的，在单位内部场所行驶或者作业的机动车辆和船舶。

3. 车船税的税率

车船的使用税额，依照《车船税法》所附《车船税税目税额表》执行，《车船税税目税额表》中车船的税目适用范围由财政部、国税总局参照国家相关标准制定。

表 4-6 车船税税目税额表

税目		计税单位	年基准税额	备注
乘用车(按发动机汽缸容量也就是排气量分档)	1.0 升(含)以下的	每辆	60 元至 360 元	核定载客人数 9 人(含)以下
	1.0 升以上至 1.6 升(含)的		300 元至 540 元	
	1.6 升以上至 2.0 升(含)的		360 元至 660 元	
	2.0 升以上至 2.5 升(含)的		660 元至 1200 元	
	2.5 升以上至 3.0 升(含)的		1200 元至 2400 元	
	3.0 升以上至 4.0 升(含)的		2400 元至 3600 元	
	4.0 升以上的		3600 元至 5400 元	

续表

<table>
<tr><th colspan="2">税　目</th><th>计税单位</th><th>年基准税额</th><th>备　注</th></tr>
<tr><td rowspan="2">商用车</td><td>客 车</td><td>每辆</td><td>480 元至 1440 元</td><td>核定载客人数 9 人以上，包括电车</td></tr>
<tr><td>货 车</td><td>整备质量每吨</td><td>16 元至 120 元</td><td>包括半挂牵引车、三轮汽车和低速载货汽车等</td></tr>
<tr><td>挂车</td><td>—</td><td>整备质量每吨</td><td>按照货车税额的 50%计算</td><td>—</td></tr>
<tr><td rowspan="2">其他车辆</td><td>专用作业车</td><td rowspan="2">整备质量每吨</td><td>16 元至 120 元</td><td rowspan="2">不包括拖拉机</td></tr>
<tr><td>轮式专用机械车</td><td>16 元至 120 元</td></tr>
<tr><td>摩托车</td><td>—</td><td>每辆</td><td>36 元至 180 元</td><td>—</td></tr>
<tr><td rowspan="2">船舶</td><td>机动船舶</td><td>净吨位每吨</td><td>3 元至 6 元</td><td>拖船、非机动驳船分别按照机动船舶税额的 50%计算</td></tr>
<tr><td>游 艇</td><td>艇身长度每米</td><td>600 元至 2000 元</td><td>—</td></tr>
</table>

(三)城市维护建设税

城市维护建设税，是指以单位和个人实际缴纳的增值税、消费税、营业税(以下简称“三税”)的税额为计税依据而征收的一种税。

1．城市维护建设税纳税人和征税范围

根据《中华人民共和国城市维护建设税暂行条例》的规定，凡缴纳产品税、增值税、营业税的单位和个人，都是城市维护建设税的纳税人，都应当依照本条例的规定缴纳城市维护建设税。

凡由中央主管部门集中缴纳产品税、增值税、营业税的单位，如铁路运输、人民银行、工商银行、农业银行、中国银行、建设银行等五个银行总行和保险总公司等单位，在其缴纳产品税、增值税、营业税的同时，应按规定缴纳城市维护建设税。税款作为中央预算收入。

石油部、电力部、石化总公司、有色金属总公司直属企业缴纳的产品税、增值税、营业税，按财政部(84)财预字第 197 号文件规定，70%作为中央预算收入入库，30%作为地方预算收入入库。这些单位按产品税、增值税、营业税税额缴纳的城市维护建设税，不按比例上缴中央，一律留给地方，作为地方预算固定收入。

海关对进口产品代征的产品税、增值税，不征收城市维护建设税。

国营和集体批发企业以及其他批发单位，在批发环节代扣代缴零售环节或临时经营的营业税时，不代扣城市维护建设税，而由纳税单位或个人回到其所在地申报纳税。

根据全国人大常委会关于授权国务院改革工商税制发布有关税收条例草案试行的决定，国务院发布试行的税收条例草案，不适用于中外合资经营企业和外资企业。因此，对中外合资企业和外资企业不征收城市维护建设税。

2．城市维护建设税的税率

城市维护建设税税率如下。

(1) 纳税人所在地在市区的，税率为7%。

(2) 纳税人所在地在县城或镇的，税率为5%。

(3) 纳税人所在地不在市区、县城或镇的，税率为1%。

学习情境十　资源税法律制度

【案例 4-14】 2005 年，一家公路建设工程公司承接了县境内高速公路路段建设施工工程。施工期间，该公司从当地收购了 13 万多立方米的河沙、鹅卵石作为路基建设材料。据此，县地税局依照省地税局有关文件规定，核定该公司应上缴资源税 255 864.96 元，并责令其限期缴纳。该公司接到县地税局下达的税务处理决定后，认为河沙、鹅卵石不属于《中华人民共和国资源税暂行条例》(以下简称《资源税暂行条例》)及其实施细则所列举的应税矿产品，因此它们不是资源税纳税人，不应缴纳资源税。在足额缴纳 255 864.96 元税款后向该县地税局上级主管机关提出了税务行政复议申请。县地税局上级主管局作出了维持县地税局原税务处理决定的复议决定。于是，该公司向县人民法院提起行政诉讼，要求法院撤销县地税局作出的原税务处理决定，退还其已经缴纳的资源税税款 255 864.96 元。

【问题】 县人民法院应该怎么处理？

【结论】 该省地税局无权制定地方政府规章，省地税局有关文件设定河沙和鹅卵石为资源税的应税产品，违反了《资源税暂行条例》及其实施细则的规定，县人民法院经审理后，认定县地税局适用税收法律错误，依法作出了撤销县地税局原税务处理决定的判决。

资源税是为了调节资源开发过程中的级差收入，以自然资源为征税对象的一种税。

(一)资源税的纳税人

根据《资源税暂行条例》的规定，在中华人民共和国领域及管辖海域开采本条例规定的矿产品或者生产盐(以下称开采或者生产应税产品)的单位和个人，为资源税的纳税人，应当依照本条例缴纳资源税。这里的单位，是指企业、行政单位、事业单位、军事单位、社会团体及其他单位；个人，是指个体工商户和其他个人。

(二)资源税的征税范围

我国资源税目前只对矿产品和生产盐征收。

1. 矿产品

(1) 原油，是指开采的天然原油，不包括人造石油。

(2) 天然气，是指专门开采或者与原油同时开采的天然气。

(3) 煤炭，是指原煤，不包括洗煤、选煤及其他煤炭制品。

(4) 其他非金属矿原矿，是指上列产品和井矿盐以外的非金属矿原矿。

2. 生产盐

(1) 固体盐，是指海盐原盐、湖盐原盐和井矿盐。

(2) 液体盐，是指卤水。

(三)资源税的税目和税率

资源税的税目、税率，依照《资源税暂行条例》所附《资源税税目税率表》(见表 4-7)及财政部的有关规定执行。在税目、税率的部分调整由国务院决定。

纳税人具体适用的税率，在《资源税税目税率表》规定的税率幅度内，根据纳税人所开采或者生产应税产品的资源品位、开采条件等情况，由财政部商国务院有关部门确定；财政部未列举名称且未确定具体适用税率的其他非金属矿原矿和有色金属矿原矿，由省、自治区、直辖市人民政府根据实际情况确定，报财政部和国家税务总局备案。

资源税的应纳税额，按照从价定率或者从量定额的办法，分别以应税产品的销售额乘以纳税人具体适用的比例税率或者以应税产品的销售数量乘以纳税人具体适用的定额税率计算。

表 4-7　资源税税目税率表

税　目		税　率
一、原油		销售额的 5%～10%
二、天然气		销售额的 5%～10%
三、煤炭	焦煤	每吨 8～20 元
	其他煤炭	每吨 0.3～5 元
四、其他非金属矿原矿	普通非金属矿原矿	每吨或者每立方米 0.5～20 元
	贵重非金属矿原矿	每千克或者每克拉 0.5～20 元
五、黑色金属矿原矿		每吨 2～30 元
六、有色金属矿原矿	稀土矿	每吨 0.4～60 元
	其他有色金属矿原矿	每吨 0.4～30 元
七、盐	固体盐	每吨 10～60 元
	液体盐	每吨 2～10 元

学习情境十一　税收征收管理法律制度

【案例 4-15】 甲与乙就延期纳税申报问题进行了热烈的讨论。甲说，因不可抗力造成申报困难的，纳税人、扣缴义务人无须申请即可延期申报，但需事后报告；纳税人、扣缴义务人遇有其他困难难以按时申报的，要先向税务机关提出延期申请，经税务机关核准后才能延期申报。乙说，延期申报的含义也就包含了延期纳税。

【问题】 分析甲、乙的观点是否正确。

【结论】 甲的观点正确，乙的观点不正确。延期申报与延期纳税没有必然的联系，被核准延期申报并不意味着延期缴纳税款。经税务机关核准可以延期办理纳税申报、报送事项的，应当在纳税期内按照上期实际缴纳的税额或者税务机关核定的税额预缴税款，并在核准的延期内办理税款结算。

税收征收管理法是有关税收征收管理法律规范的总称，包括税收征收管理法及税收征收管理的有关法律、法规和规章。

我国现行的税收征收管理法的主要内容规定在《中华人民共和国税收征收管理法》(以下简称《税收征管法》)和《中华人民共和国税收征收管理法实施细则》中。凡依法由税务机关征收的各种税收的征收管理，均适用《税收征管法》的调整。

(一)税务管理

1．税务登记管理

(1) 设立税务登记。①从事生产、经营的纳税人领取工商营业执照的，应当自领取工商营业执照之日起 30 日内申报办理税务登记；②从事生产、经营的纳税人未办理工商营业执照但经有关部门批准设立的，应当自有关部门批准设立之日起 30 日内申报办理税务登记；③从事生产、经营的纳税人未办理工商营业执照也未经有关部门批准设立的，应当自纳税义务发生之日起 30 日内申报办理税务登记；④有独立的生产经营权、在财务上独立核算并定期向发包人或者出租人上交承包费或租金的承包承租人，应当自承包承租合同签订之日起 30 日内，向其承包承租业务发生地税务机关申报办理税务登记。

(2) 变更税务登记。变更税务登记是指纳税人办理设立税务登记后，因登记内容发生变化，需要对原有登记内容进行更改，而向主管税务机关申请办理的税务登记。变更税务登记的主要目的在于及时掌握纳税人的生产经营情况，减少税款的流失。

(3) 停业、复业登记。实行定期定额征收方式的个体工商户需要停业的，应当在停业前向税务机关申报办理停业登记。纳税人的停业期限不得超过 1 年。纳税人应当于恢复生产、经营之前，向税务机关申报办理复业登记。

(4) 外出经营报验登记。纳税人到外县(市)临时从事生产经营活动的，应当在外出生产经营以前，持税务登记证向主管税务机关申请开具《外出经营活动税收管理证明》(以下简称《外管证》)。《外管证》的有效期限一般为30日，最长不得超过180日。在同一地累计超过180日的，应当在营业地办理税务登记手续。

(5) 注销税务登记。纳税人发生解散、破产、撤销以及其他情形，依法终止纳税义务的，应当自宣告终止之日起15日内，持有关证件和资料向原税务登记机关申报办理注销税务登记。纳税人被工商行政管理机关吊销营业执照或者被其他机关予以撤销登记的，应当自营业执照被吊销或者被撤销登记之日起15日内，向原税务登记机关申报办理注销税务登记。

2. 账簿、凭证管理

从事生产、经营的纳税人应当自领取营业执照或者发生纳税义务之日起15日内，按照国家有关规定设置账簿。扣缴义务人应当自税收法律、行政法规规定的扣缴义务发生之日起10日内，按照所代扣、代收的税种，分别设置代扣代缴、代收代缴税款账簿。

从事生产、经营的纳税人应当自领取税务登记证件之日起15日内，将其财务、会计制度或者财务、会计处理办法报送主管税务机关备案。纳税人使用计算机记账的，应当在使用前将会计电算化系统的会计核算软件、使用说明书及有关资料报送主管税务机关备案。

3. 发票管理

税务机关是发票的主管机关，负责发票印刷、领购、开具、取得、保管、缴销的管理和监督。①增值税专用发票由国务院税务主管部门指定的企业印制；其他发票，按照国务院税务主管部门的规定，分别由省、自治区、直辖市国家税务局、地方税务局指定企业印制。②依法办理税务登记的单位和个人，在领取税务登记证后，向主管税务机关申请领购发票。③单位、个人在购销商品、提供或者接受经营服务以及从事其他经营活动中，应当按照规定开具、使用、取得发票。④发票保管分为税务机关保管和用票单位、个人保管两个层次，二者都必须建立严格的发票保管制度。⑤发票收缴是指用票单位和个人按照规定向税务机关上缴已经使用或者未使用的发票；发票销毁是指由税务机关统一将自己或者他人已使用或者未使用的发票进行销毁。

4. 纳税申报

纳税申报是指纳税人按照税法规定，定期就计算缴纳税款的有关事项向税务机关提交书面报告的一种法定手续。纳税申报是纳税人履行纳税义务、界定法律责任的主要依据。纳税人、扣缴义务人可以直接到税务机关办理纳税申报或者报送代扣代缴、代收代缴税款报告表，也可以按照规定采取邮寄、数据电文或者其他方式办理上述申报、报送事项。

(二)税款征收

税款征收是税务机关依照税收法律、法规的规定将纳税人应当缴纳的税款组织入库的一系列活动的总称。它是税收征收管理工作的中心环节，在整个税收征收管理工作中占有极其重要的地位。

1．税款征收方式

税款征收方式，是指税务机关根据各税种的不同特点和纳税人的具体情况而确定的计算、征收税款的形式和方法。①税款的确定方式有查账征收、查定征收、查验征收、定期定额征收；②税款的缴纳方式有纳税人直接向国库经收处缴纳、税务机关自收税款并办理入库手续、代扣代缴、代收代缴、委托代征。

2．税款征收措施

(1) 由主管税务机关调整应纳税额。纳税人有下列情形之一的，税务机关有权核定其应纳税额：①依照法律、行政法规的规定可以不设置账簿的；②依照法律、行政法规的规定应当设置但未设置账簿的；③擅自销毁账簿或者拒不提供纳税资料的；④虽设置账簿，但账目混乱或者成本资料、收入凭证、费用凭证残缺不全，难以查账的；⑤发生纳税义务，未按照规定的期限办理纳税申报，经税务机关责令限期申报，逾期仍不申报的；⑥纳税人申报的计税依据明显偏低，又无正当理由的；⑦未按照规定办理税务登记的从事生产、经营的纳税人以及临时经营的纳税人。

纳税人与关联企业业务往来时，应当按照独立企业之间的业务往来收取或者支付价款、费用；不按照独立企业之间的业务往来收取或者支付价款、费用，而减少其应纳税的收入或者所得额的，税务机关有权进行合理调整。

(2) 责令缴纳，加收滞纳金。纳税人未按照规定期限缴纳税款的，扣缴义务人未按照规定期限缴纳税款的，税务机关可责令限期缴纳，并从滞纳税款之日起，按日加收滞纳税款万分之五的滞纳金。

(3) 责令提供纳税担保。纳税担保，是指经税务机关同意或确认，纳税人或其他自然人、法人、经济组织以保证、抵押、质押的方式，为纳税人应当缴纳的税款及滞纳金提供担保的行为。

(4) 采取税收保全措施。税务机关责令具有税法规定情形的纳税人提供纳税担保而纳税人拒绝提供纳税担保或无力提供纳税担保的，经县以上税务局(分局)局长批准，税务机关可以采取下列税收保全措施：①书面通知纳税人开户银行或者其他金融机构冻结纳税人的金额相当于应纳税款的存款；②扣押、查封纳税人的价值相当于应纳税款的商品、货物或者其他财产。其他财产是指纳税人房地产、现金、有价证券等不动产和动产。

(5) 采取强制执行措施。从事生产、经营的纳税人、扣缴义务人未按照规定的期限缴纳或者解缴税款，纳税担保人未按照规定的期限缴纳所担保的税款，由税务机关责令限期缴纳，逾期仍未缴纳的，经县以上税务局(分局)局长批准，税务机关可以采取下列强制执行措施：①书面通知其开户银行或者其他金融机构从其存款中扣缴税款；②扣押、查封、依法拍卖或者变卖其价值相当于应纳税款的商品、货物或者其他财产，以拍卖或者变卖所得抵缴税款。

(6) 阻止出境。欠缴税款的纳税人或者法定代表人在出境前未按规定结清应纳税款、滞纳金或者提供纳税担保的，税务机关可以通知出境管理机关阻止其出境。

(三)税务检查

税务检查是指税务机关根据税收法律、行政法规的规定，对纳税人、扣缴义务人履行纳税义务、扣缴义务及其他有关税务事项进行审查、核实、监督活动的总称。税务机关有权进行下列税务检查。

(1) 检查纳税人的账簿、记账凭证、报表和有关资料，检查扣缴义务人代扣代缴、代收代缴税款账簿、记账凭证和有关资料。

(2) 到纳税人的生产、经营场所和货物存放地检查纳税人应纳税的商品、货物或者其他财产，检查扣缴义务人与代扣代缴、代收代缴税款有关的经营情况。

(3) 责成纳税人、扣缴义务人提供与纳税或者代扣代缴、代收代缴税款有关的文件、证明材料和有关资料。

(4) 询问纳税人、扣缴义务人与纳税或者代扣代缴、代收代缴税款有关的问题和情况。

(5) 到车站、码头、机场、邮政企业及其分支机构检查纳税人托运、邮寄应纳税商品、货物或者其他财产的有关单据、凭证和有关资料。

(6) 经县以上税务局(分局)局长批准，凭全国统一格式的检查存款账户许可证明，查询从事生产、经营的纳税人、扣缴义务人在银行或者其他金融机构的存款账户。

(四)法律责任

1．违反税务管理行为的法律责任

(1) 纳税人有下列行为之一的，由税务机关责令限期改正，可以处2000元以下的罚款；情节严重的，处2000元以上10 000元以下的罚款：①未按照规定的期限申报办理税务登记、变更或者注销登记的；②未按照规定设置、保管账簿或者保管记账凭证和有关资料的；③未按照规定将财务、会计制度或者财务、会计处理办法和会计核算软件报送税务机关备查的；④未按照规定将其全部银行账号向税务机关报告的；⑤未按照规定安装、使用税控装置，或者损毁或擅自改动税控装置的；⑥纳税人未按照规定办理税务登记证件验证或者换证手续的；⑦纳税人未按照规定的期限办理纳税申报和报送纳税资料的，或者扣缴义务

人未按照规定的期限向税务机关报送代扣代缴、代收代缴税款报告表和有关资料的。

(2) 纳税人未按照规定使用税务登记证件，或者转借、涂改、损毁、买卖、伪造税务登记证件的，处 2000 元以上 10 000 元以下的罚款；情节严重的，处 10 000 元以上 50 000 元以下的罚款。

(3) 扣缴义务人未按规定设置、保管代扣代缴、代收代缴税款账簿或者保管代扣代缴、代收代缴税款记账凭证及有关资料的，由税务机关责令限期改正，可以处 2000 元以下的罚款；情节严重的，处 2000 元以上 5000 元以下的罚款。

2. 偷税、抗税、骗税行为的法律责任

(1) 偷税行为的法律责任。纳税人采取伪造、变造、隐匿、擅自销毁账簿、记账凭证，或者在账簿上多列支出或者不列、少列收入，或者经税务机关通知申报而拒不申报或者进行虚假的纳税申报，不缴或者少缴应纳税款的，是偷税。纳税人偷税的，由税务机关追缴其不缴或者少缴的税款、滞纳金，并处不缴或者少缴的税款 50%以上 5 倍以下的罚款；构成犯罪的，依法追究刑事责任。

(2) 抗税行为的法律责任。抗税，是指纳税人、扣缴义务人以暴力、威胁方法拒不缴纳税款的行为。对抗税行为，除由税务机关追缴其拒缴的税款、滞纳金外，依法追究刑事责任。情节轻微，未构成犯罪的，由税务机关追缴其拒缴的税款、滞纳金，并处拒缴税款 1 倍以上 5 倍以下的罚款。

(3) 骗税行为的法律责任。骗税行为，是指纳税人以假报出口或者其他欺骗手段，骗取国家出口退税款的行为。纳税人有骗税行为，由税务机关追缴其骗取的出口退税款，并处骗取税款 1 倍以上 5 倍以下的罚款；构成犯罪的，依法追究刑事责任。对骗取国家出口退税款的，税务机关可以在规定的期间内停止为其办理出口退税。

◎ 情境综述

税收法律制度主要阐述了税收与税法的概念，增值税、消费税、营业税、关税、企业所得税、个人所得税、财产税、行为税。资源税和税收征收管理的相关法律规定。

◎ 技能训练

一、单项选择题

1. 税法的最基本的要素是(　　)。

A. 纳税人　　B. 征税对象　　C. 税率　　D. 税目

2. 下列属于营业税扣缴义务人的是(　　)。

A. 境外单位或个人在境内发生应税行为时的扣缴义务人

B. 境内单位或个人在境外发生应税行为时的扣缴义务人

C. 从事缝纫业务的个体户建筑业的扣缴义务人

D. 销售商品房的房地产公司文化体育业的扣缴义务人

E. 转让无形资产的扣缴义务人

3. 下列不属于营业税征税范围的是(　　)。

A. 长途运输业务　　B. 桥梁维修劳务

C. 机器设备销售业务　　D. 音乐茶座提供的服务

4. 下列所得中，依法免缴个人所得税的是(　　)。

A. 年终加薪

B. 股份有限公司派发给股东的股息股利

C. 出租个人自有住房取得的租金

D. 差旅费津贴

5. 某演员外出参加商业演出的出场费为税前 10 000 元，则其应该缴纳的个人所得税为(　　)元。

A. 1600　　B. 1800　　C. 1904.76　　D. 2000

6. 下列各项中，不属于企业所得税征税范围的是(　　)。

A. 居民企业来源于境外的所得

B. 非居民企业来源于中国境内的所得

C. 非居民企业来源于中国境外的、与所设机构没有实际联系的所得

D. 在中国设立机构、场所的非居民企业，取得的与其所设机构、场所有实际联系的所得

7. 下列行为中不缴纳契税的是(　　)。

A. 买房翻建新房

B. 房屋赠与

C. 以获奖方式取得房屋产权

D. 以自有房产作股投入本人独资经营的企业

8. 下列合同和凭证应当缴纳印花税的是(　　)。

A. 企业将财产赠给政府所书立的书据

B. 未按期兑现的合同

C. 企业与会计师事务所所签订的审计合同

D. 企业与主管部门签订的租赁承包合同

9. 下列属于房产税征税对象的是(　　)。

A. 室外游泳池　　B. 水塔

C. 工厂围墙　　D. 房地产公司出租的写字楼

10. 下列(　　)属于增值税的纳税人。

A. 为其所在单位修理发生故障的机器的职工

B. 加工玉器的某个人独资企业

C. 为出口的机械产品到销售地进行安装的某机械安装公司

D. 进口货物的出口方

二、多项选择题

1. 下列属于车船税纳税人的是(　　)。

A. 车船的驾驶人

B. 船舶的所有人

C. 对车船具有管理使用权，不具有所有权的单位和个人

D. 车辆的所有人

2. 下列属于企业所得税前可扣除的工资薪金的有(　　)。

A. 基本工资　　B. 奖金

C. 生育保险费　　D. 非现金形式的劳务报酬

E. 福利费支出

3. 下列各项中属于契税的纳税人的是(　　)。

A. 购买房屋的个体工商户

B. 转让土地使用权的农村村民

C. 接受对方捐赠房屋的外商投资企业

D. 出租房屋的国有经济单位

4. 下列项目中，免征或不征营业税的有(　　)。

A. 咨询公司从事技术咨询、技术培训业务

B. 个人继承不动产

C. 单位和个人提供的垃圾处置劳务

D. 对非营利性医疗机构取得的各项收入

5. 以下各项所得中适用20%个人所得税税率的有(　　)。

A. 稿酬所得　　B. 个体工商户的生产经营所得

C. 财产租赁所得　　D. 财产转让所得

E. 股息、红利所得

6. 下列应该自行纳税申报的情形有(　　)。

A. 年所得12万元以上的

B. 从两处或者两处以上取得工资、薪金所得的

C. 从中国境外取得所得的

D. 取得应纳税所得，没有扣缴义务人的

7. 下列可以征收资源税的有(　　)。

A. 原油　　B. 天然气　　C. 煤炭制品　　D. 卤水

8. 我国关税的纳税人，包括下列的(　　)。

A. 进口货物的收货人　　B. 出口货物的发货人

C. 进出境物品的所有人　　D. 进入中国境内的任何外国人

9. 下列属于我国消费税的征收范围的有(　　)。

A. 汽油和柴油　　B. 子午线轮胎

C. 卡丁车　　D. 高档手表

10. 根据《税收征收管理法》的规定，纳税人有下列(　　)情形的，税务机关有权核定其应纳税额。

A. 依照法律、行政法规的规定可以不设置账簿的

B. 虽设置账簿，但账目混乱或者成本资料、收入凭证、费用凭证残缺不全，难以查账的

C. 依照法律、行政法规的规定应当设置但未设置账簿的

D. 纳税人申报的计税依据明显偏低，又无正当理由的

三、计算题

1. 中国公民赵某2012年取得收入情况如下。

(1) 每月取得工资5580元，于2012年12月份取得年终奖12 000元。

(2) 2月份以10万元购买甲公司股权，于10月份以25万元将该股权转让给乙公司，不考虑相关的税费。

(3) 5月份出版一本专著，取得稿酬40 000元。

(4) 6月份取得建筑工程设计费30 000元，同时从中拿出9000元通过市民政局捐给红十字会。

要求：请根据以上资料，回答下列问题。

(1) 2012年赵某取得的工资和奖金收入应缴纳的个人所得税是多少？

(2) 赵某转让甲公司股权行为应该缴纳多少个人所得税？

(3) 赵某取得的稿酬收入应该缴纳多少个人所得税？

(4) 赵某取得的设计费收入应该缴纳多少个人所得税？

2. 某房地产开发公司2011年3月发生以下业务。

(1) 销售商品房600套，每套售价50万元，收取房款30 000万元。令代收有线电视安装费100万元、物业维修基金900万元。上述代收费用由开发公司向购房者开具票据。

(2) 将其名下的一幢价值200万元的别墅作为工程款抵付给施工企业。

(3) 开发并销售政府批准的经济适用房两幢，房屋已全部交付给安置对象，销售1800元/平方米，取得不动产销售收入800万元，另取得政府支付的建设补贴500万元。

(4) 将开发的部分门面房转为固定资产并对外租赁，按照合同约定，承租方3月1日应支付租金100万元，但是承租方直到3月20日才向其支付租金，房地产公司向其加收违约金2万元。

(5) 与某购房者签订销售售房协议，向购房者收取定金10万元，后来该购房者由于某种原因不想购房，终止了协议。

(6) 销售给某公司的房屋应收账款500万元，由于某公司破产无法收回。

(7) 发生退房，支付退房款100万元。

要求：根据上述资料请分析回答以下问题。

(1) 该房地产的营业额是多少？

(2) 3月份该房地产公司应缴纳的营业税是多少？

3. 中国公民王鹏是某国有企业员工，2012年的实际收入状况如下。

(1) 单位每月支付工资、薪金5000元，12月份取得劳动分红5000元。

(2) 购买安泰基金公司的基金，该基金公司投资方向为股票市场，年终分配上市公司的股息，王鹏获得股息26 000元。

(3) 10月购买体育彩票一张，中奖获得奖金500万元。

要求：根据上述资料请分析回答以下问题。

(1) 王鹏全年“工资薪金所得”项目应缴纳的个人所得税为多少？

(2) 基金公司应代扣王鹏的个人所得税为多少？

(3) 王鹏彩票中奖应支付的个人所得税为多少？

参 考 文 献

[1] 张新莉．经济法实用教程[M]．北京：中国经济出版社，2010.

[2] 李雪，刘悦．企业纳税实务[M]．北京：清华大学出版社，2013.

[3] 刘伟．税法[M]．北京：电子工业出版社，2012.

[4] 魏振瀛. 民法 [M]. 北京：北京大学出版社，2010.

[5] 李昌麒. 经济法 [M]. 北京：中国人民大学出版社，2011.

[6] 王晓晔. 反垄断法 [M]. 北京：法律出版社，2011.

[7] 刘大洪. 反不正当竞争法[M]. 北京：中国政法大学出版社，2005.

[8] 荣国权．经济法简明实用教程[M]．上海：立信会计出版社，2012.

[9] 张晓燕．经济法概论[M]．北京：清华大学出版社，2011.

[10] 蔡曙涛．企业经济法概论[M]．北京：中国人民大学出版社，2010.

[11] 王晓晔．经济法学[M]．北京：社会科学文献出版社，2010.

[12] 杨国明，卢静．经济法律法规[M]．北京：清华大学出版社，2009.

[13] 程艳霞．经济法概论[M]．武汉：武汉理工大学出版社，2009.

[14] 易文权．经济法新论[M]．武汉：武汉人民出版社，2008.

[15] 王英萍．经济学 [M]．上海：格致出版社，2008.

[16] 刘光华．经济法的分析实证基础[M]．北京：中国人民大学出版社，2008.

[17] 徐新意．公司企业法学[M]．上海：华东理工大学出版社，2012.

[18] 时建中．公司法原理精解案例与应用[M]．北京：中国法制出版社，2012.

[19] 李海燕．经济法实用教程[M]．北京：北京理工大学出版社，2012.

[20] 王欣新．企业和公司法学[M]．北京：中国人民大学出版社，2010.

参考文献